Fintech 中央财经大学金融科技书系

中央财经大学中国精算研究院
中央财经大学金融学院　　　　　　联合权威发布
零壹财经

中国金融科技创新发展指数报告（2018）

张宁 陈辉 赵亮 著

中国财经出版传媒集团
经济科学出版社
Economic Science Press

图书在版编目（CIP）数据

中国金融科技创新发展指数报告.2018/张宁，陈辉，赵亮著.—北京：经济科学出版社，2019.3

（中央财经大学金融科技书系）

ISBN 978 – 7 – 5218 – 0357 – 0

Ⅰ.①中…　Ⅱ.①张…②陈…③赵…　Ⅲ.①金融 – 科技发展 – 研究报告 – 中国 – 2018　Ⅳ.①F832

中国版本图书馆 CIP 数据核字（2019）第 045910 号

责任编辑：王　娟　凌　健
责任校对：靳玉环
责任印制：邱　天

中国金融科技创新发展指数报告（2018）

张　宁　陈　辉　赵　亮　著

经济科学出版社出版、发行　新华书店经销

社址：北京市海淀区阜成路甲 28 号　邮编：100142

总编部电话：010 – 88191217　发行部电话：010 – 88191522

网址：www. esp. com. cn

电子邮件：esp@ esp. com. cn

天猫网店：经济科学出版社旗舰店

网址：http://jjkxcbs. tmall. com

北京季蜂印刷有限公司印装

710 × 1000　16 开　16.5 印张　240000 字

2019 年 5 月第 1 版　2019 年 5 月第 1 次印刷

ISBN 978 – 7 – 5218 – 0357 – 0　定价：69.00 元

（图书出现印装问题，本社负责调换。电话：010 – 88191510）

（版权所有　侵权必究　打击盗版　举报热线：010 – 88191661

QQ：2242791300　营销中心电话：010 – 88191537

电子邮箱：dbts@ esp. com. cn）

中央财经大学科研创新团队支持计划（第五批）

教育部人文社会科学重点研究基地重大课题（编号：16JJD790060）

高等学校学科创新引智计划（编号：B17050）

中央财经大学教育教学改革基金（编号：2018GRZDJG03）

中央高校科研业务费专项资金资助项目

"中央财经大学金融科技书系"
编委会

"中央财经大学金融科技书系"编委会秘书处设在中央财经大学中国精算研究院

网址：http：//www. cias – cufe. org/info/1032/2515. htm

邮箱：zntop@ cufe. edu. cn

总　序

　　"中央财经大学金融科技书系"编委会成员长期专注于金融与人工智能交叉领域、金融中机器学习、金融科技与保险科技、大数据与小数据、互联网保险与相互保险、金融与区块链等前沿理论研究与实践探索。希望通过金融科技的"研究态、数据观、智能行、科技派"发现引爆点，构建连接线，打造智能面，描绘未来体。

　　"忽如一夜春风来，千树万树梨花开"，似乎在一夜之间，金融科技就红遍了南北半球，在神州大地更是一时风头无量；与此同时，金融科技仍仿佛笼罩在迷雾中，其未来在我们脑海中浮现出模糊的轮廓。重新审视我们的时代，进程中的第四次工业革命（新社会）、岔路中的文明路径选择（新文明）、浮现中的未来星球（黑科技）、奇妙中的不确定性（引爆点）、思想中的未来旅程（大智慧）慢慢浮现在我们的眼前，我们会缓缓揭开金融科技的神秘面纱，会逐步理解金融科技、重塑金融的力量，然后去描述无法预知的未来世界，去探索如何改变我们的世界，去推动我们重新认识我们。

　　中央财经大学在国内高校中率先成立金融科技系，以金融科技人才培养为导向，以金融科技学术前沿问题研究为支撑，打造人才培养、理论研究、创新引领的金融科技教育平台和开放型交流平台，我们还有国内一流的金融科技产业园，积极推动金融科技在行业的落地应用，支持金融科技的创新创业。近年来，"中央财经大学金融科技书系"编委会成员先后出版了多本与金融科技相关的专业书籍，为此，他们梳理了一套金融科技书系，希望通过金融科技书系去厘清金融科技的发展脉络；去提升金融科技的认知能力；去改变我们的思维方式；去升华我们的智慧。

世间诸事，何曾不是经历三重境界（见山是山，见水是水；见山不是山，见水不是水；见山只是山，见水只是水）之后，方见大成？金融科技的研究，也一定是一条上下求索之路；而金融科技的演进，也必定是过一座山，进一重境。

"中央财经大学金融科技书系"编委会成员专注于金融科技研究，他们不仅是一个团队，还是连接金融领域研究力量和人工智能大数据等领域研究力量的平台，希望"中央财经大学金融科技书系"的每一本书都开启一个"认知革命"的故事，一个"预见未来"的故事，成为金融科技理论研究与实践探索领域创新篇章的动听音符。

中央财经大学副校长

2018 年 3 月

序

　　这是一个属于又不属于我们的世纪，我们永远都会知道又不会知道它是谁，我们知道它是一个新的名词"金融科技"（Fintech），即便你以为已经懂了，即便我看上去也懂了，即便作者自嘲也懵懵懂懂了。事实上，我们现在所处"不确定时代"，其实，已经是"超级不确定时代"（The Age of Super Uncertainty），整个时代出现了系统的不确定性；我们现在所处一个"变革时代"，面临所谓"第四次工业革命"的大趋势、大机遇、大挑战，这是一场深刻的系统性变革。正如，查尔斯·狄更斯在100多年前所说那样："这是最好的时代，这是最坏的时代；这是智慧的时代，这是愚蠢的时代；这是信仰的时期，这是怀疑的时期；这是光明的季节，这是黑暗的季节；这是希望之春，这是失望之冬；人们面前有着各样事物，人们面前一无所有；人们正在直登天堂，人们正在直下地狱。"①

　　这个时代的到来，锐不可当。万物肆意生长，尘埃与曙光升腾，江河汇聚成川，无名山丘崛起为峰，天地一时，无比开阔。在历史的每一个转折点上，我们都要做出困难的抉择。人们往往会问：如果当时做出了其他的决定或者选择了另外的道路，历史会怎样？

　　这个时代，不需要我们去定义金融科技，我们也无法定义金融科技，我们所能做的就是去厘清金融科技的发展脉络；去提升对金融科技的认知；去改变我们的思维方式；去升华我们的智慧。正如，阿尔伯特·爱因斯坦所说的那样："我这辈子用很长时间悟得了一个道理，那就是我们所

---

　　① 狄更斯：《双城记》，上海译文出版社2006年版。

1

有的科学在被用于衡量现实时，都是原始而天真的——然而迄今为止这是我们最值得珍惜的财富。"

　　金融科技指数是中国精算研究院的重要成果之一，以张宁博士为首的金融科技团队在充分总结经验和挖掘金融科技认知的基础上，构建了成熟的评价体系、人工智能方法和数据逻辑，同时构建了数据工程基础和动态支持平台，实现了纸质版报告到电子版报告的跨越和动态更新。

　　保险和金融行业的深度变革在即，书中内容一定会有所助力。

教育部人文社会科学重点研究基地
中央财经大学中国精算研究院院长　陈建成
2018 年 9 月

前　言

2006 年，笔者刚从首届国家最高科学技术奖获得者、我国智能科学的奠基人、享誉世界的数学大师吴文俊先生的实验室毕业，方向是数学，论文是人工智能有关的自动推理证明，随后，在 Google 工作，那时完全没有想到 AI 发展如此迅速，更没有想到它和金融能够联系。

2011 年，笔者在滑铁卢大学访学期间，参加了源自深度学习之父辛顿教授（Hilton）多伦多大学深度学习兴趣小组，开始使用深度学习技术，也开始憧憬着它对金融的改变。

在中央财经大学做金融保险精算研究的这十多年中，除了深刻理解并探索这些学科自身的模型、理论和应用外，笔者一直努力将人工智能引入到其中，不断创新并推动行业认知的改变。当前，笔者组织的学术和应用研究团队（数据灯塔计划）已经在深度学习、大数据技术和区块链领域做了很多研究，这些研究成果当然不仅用于金融，也可以应用于不同的领域。正因为这些积累以及我们对"金融科技"（Fintech）领域未来的认知，笔者和朋友在众多行业专家、前辈和老友的支持下发起了"金融科技书系"编委会，这其中所做的当然不仅是编几本书，而是希望由此形成凝聚力、形成平台、形成一个国内国际都有影响的金融科技专业研究团队，并持续地推动金融行业的变革。

金融科技指数报告是金融科技书系的重要组成部分，同时它也自成体系，并提供在线形式和动态更新；相关的评价体系方法、评价的人工智能方法、基础的人工智能词云以及知识图谱数据体系都是过去数年研究的积累，相关的结果已经在业界得到应用，帮助一些金融企业进行了高效的金

1

融科技布局，也正是因为有这样的理论和应用基础，我们才在今年让它公开呈现，以期促进行业的更多进步，推动金融科技进化。

本书大体分工如下：张宁整体负责报告，负责框架、评价、数据部分，并主持金融人工智能核心程序和自动系统，负责第 2～7 章的撰写，参与第 1 章编写；陈辉和赵亮共同参与评价工作，其中陈辉负责第 1、8、9 章的编写；赵亮负责相关数据和评价的检验并参与第 1～2 章的编写。

付梓之际，即将迎来中央财经大学建校 70 周年，"财经黄埔"继续扬帆远航，以此祝贺！

目 录 CONTENTS

第 1 章

金融科技与金融科技指数

1.1 金融科技之势

1.1.1 金融科技的概念

金融科技（Financial Technology，Fintech）泛指技术进步驱动的金融创新，随着互联网与信息技术的突飞猛进，现在特指信息技术与金融服务的融合，类似"联姻"。在后金融危机时代，Fintech 是个非常时髦的名词，被政府、社会以及专业人士等热捧。

目前，比较权威的定义出自金融稳定理事会（Financial Stability Board，FSB）。作为协调跨国金融监管、制定并执行全球金融标准的国际组织，金融稳定理事会于 2016 年 3 月首次发布了关于金融科技的专题报告，报告中对"金融科技"给出的定义是：金融科技是指技术带来的金融创新，它能创造新的业务模式、应用、流程或产品，从而对金融市场、金融机构或金融服务的提供方式造成重大影响。

著名投资银行高盛将 Fintech 定义为：金融科技公司需要以技术为基础，并且专注于金融产品与服务价值链上的一部分或大部分。

毕马威对 Fintech 的理解是：非传统企业以科技为"尖刀"切入金融领域，用更高效率的科技手段抢占市场，提升金融服务效率及更好地管理风险。

易观智库对于 Fintech 的定义则更加具体：运用大数据、人工智能、

1

区块链等各类先进技术，帮助提升金融行业运转效率的一种新业态。它一方面可以帮助传统金融机构转型，另一方面通过技术的迭代和创新，发展出传统机构无法提供的高壁垒的新产品和新服务，而机构可以通过投资或合作，与新兴金融科技公司形成业务互补。

由此可见，对于到底什么是金融科技，目前只是一个没有形成普遍共识的初步定义，无论是内涵还是外延，都处于不断发展变化之中。但有一点可以肯定的是，金融科技强调了科技对金融创新、金融服务和效率带来显著的影响，两者紧密结合并形成众多新的金融业态。

科技类初创企业及金融行业新进入者，利用各类科技手段对传统金融行业所提供的产品及服务进行革新，提升金融服务效率，因此，可以认为Fintech的路径是从外向内升级金融服务行业。

和互联网金融相比，Fintech是范围更大的概念，Fintech不是简单的在"互联网上做金融"，更准确地来说，它是在互联网平台下，通过新的底层技术、新的路径思维对传统金融领域的各项业务、流程进行的"破坏性"创新。当然，它应用的技术也不仅仅是互联网、大数据、智能硬件、智能数据分析、人工智能、区块链的前沿技术，也都是Fintech的应用基础，如图1-1所示。

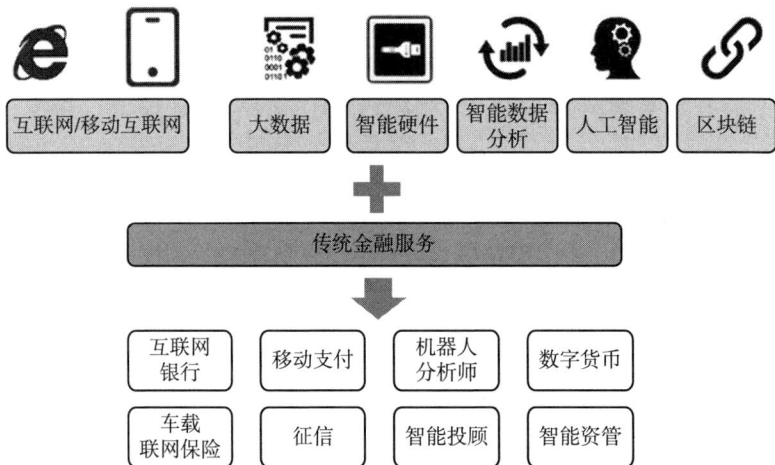

图1-1　金融科技体系的基本架构

资料来源：陈辉：《金融科技：框架与实践》，中国经济出版社2018年版。

1.1.2　金融科技的发展

科技的进步正在极大地重塑金融服务业，在展望金融服务业的未来时，我们可以适当地回顾过去，这对我们理解金融业的未来可能会有所帮助。早在 1967 年，当巴克莱银行（Barclays Bank）实实在在地在墙孔安装了一台 ATM 机时，人们承认这种做法是一种创新，但是直到 20 世纪 80 年代，当磁条卡成本下降使银行卡得到普及是能够大量使用时，ATM 机才得以广泛应用。科技的创新是有条件的，从历史的轴线上回望金融科技的发展，更能让我们看清楚金融与科技联合发展的脉络。

1946 年通用电子计算机诞生以来，基于计算机、软件、通信、互联网、大数据、人工智能等技术的数字经济，经历了数字技术向社会经济领域渗透的数字化发展阶段。1998 年，美国商业部发布《浮现中的数字经济》研究报告，在 IT 技术扩散和渗透的推动下，对从工业经济走向数字经济的发展趋势，做出了极富预见性的轮廓描述，可以称为数字经济 1.0 时代。经过近 20 年的技术进步、应用渗透、商业创新和生态演化，数字经济的发展进一步升级，迈入了以互联网平台为载体、以数据为驱动的数字经济 2.0 时代，呈现出平台化、数据化、普惠化的发展特征。在可以预见的未来，线上线下逐步融合、智能化和智慧化将逐步成为数字经济的新特征，平台经济体会成为最重要的经济组织形式之一，即数字经济 3.0 时代。

经济的发展与金融创新紧密相连，而金融创新又与科技进步息息相关。以计算机和互联网技术为代表的信息革命，创造出由科技驱动的金融创新——金融科技（Fintech）。伴随着数字经济的发展脉络，中国正在从依托互联网和移动互联网的 Fintech 1.0 阶段快速迈入云计算、大数据、区块链和人工智能等技术驱动的 Fintech 2.0 阶段。随着技术的发展、融合，全新的金融将逐步形成，即 Fintech 3.0 阶段。

《金融科技：框架与实践》一书定义了科技与金融融合的历史道路，具体包括三个层次：第一个层次是发展，技术逐渐成熟，落地应用大规模涌现；第二个层次是融合，技术走向融合，金融新物种大量出现；第三个层次是形成，全新金融基础设施形成，机器对人的替代开始萌芽。基于科技与金融融合的历史道路，金融科技三个阶段为：（1）Fintech 1.0：信息技术推动金融服务数字化；（2）Fintech 2.0：平台化、数据化、普惠化的数字金融；（3）Fintech 3.0：技术走向融合，金融新物种大量出现。

Fintech 3.0 将在优化整合的基础上来持续创新，具体如下三个方面。

第一，跨界合作日益加深。举例来说，传统银行一直有全方位覆盖贷款客户的痛点，特别是中小客户。2015 年 12 月，传统投行 JPMorgan 投资入股网络借贷平台 Prosper，同时与网络券商 OnDeck 合作开发小企业贷款产品。银行和网络借贷、网络券商平台的混合模式的合作，不仅可以通过银行进行信贷审核，而且可以由网络平台带来新客户、维系老客户。从风险管理、精准营销的角度来看，这是一个三方共赢的局面。跨界合作还体现在"人工智能 +""P2P 财富管理 +"等角度。

第二，产品形态持续优化技术和服务作为 Fintech 企业产品的核心价值，其重要性不言而喻。随着市场的日益成熟，Fintech 公司的市场扩张策略将从现有产品的市场渗透到全新产品的研究开发。另外，将产品线整合优化，利用更好更新的科技手段，实现产品服务之间的无缝对接，科技的核心作用将日益凸显。此外，金融和科技领域结合的产品迭代速度日渐加快，如何在拓展新市场的同时，提高保有客户的忠诚度，成为 Fintech 企业必修的课程。

第三，多层次智慧监管体系逐步构建，不再局限于监管机构多级管理的传统监管模式，尝试区块链等新兴技术来对金融机构、科技企业从事金融业务进行实时的、有效的、分中心化的公共管理。多层次智慧监管体系依赖于监管私有链的权限设置，对于不同的监管对象，设置相应的管理规则，加强监管层、行业协会、金融科技企业的合作交流，推动 Fintech 在松弛有度的适宜环境中健康有序地发展。

如果说 Fintech 1.0 阶段是信息技术对金融的改头换面和监管的助推，Fintech 2.0 阶段是大数据和云计算对于数据观的重塑和深化认识以及监管的调整和规范，那么 Fintech 3.0 阶段将会是以人工智能为核心的、区块链技术为保障的全社会所有主体间金融资源和数据资源的流动、感知和解放。

1.2 变革与创新

1.2.1 社会在变革

社会在变革，正在经历第四次工业革命。第一次工业革命始于 1775 年瓦特改造蒸汽机，第二次始于 19 世纪末的电气化革命，第三次始于 20 世纪 50 年代的计算机革命。而改变世界发展进程、助力全人类发展目标、席卷世界的第四次工业革命正如海啸一般席卷而来。

这一次工业革命不再局限于某一特定领域。无论是移动网络和传感器，还是纳米技术、大脑研究、3D 打印技术、材料科学、计算机信息处理……甚至它们之间的相互作用和辅助效用，均是此次工业革命涉足的领域，而这样的组合势必产生强大的联动力量。此外，此次工业革命不再是某一个产品或服务的革新，它是整个系统的创新。这场革命将对社会、经济、金融，包括个人带来巨大的影响。

第四次工业革命是否会改变世界经济格局？日新月异的新技术将以何种方式革新社会、经济、金融模式？社会在变革，经济在变迁，新社会和新经济正在向我们走来。

新社会与新经济，产生了新的生产力与生产关系。新经济是以技术进步为主要动力，在制度创新、需求升级、资源要素条件改变等多因素驱动下，以大量新产品、新服务、新模式、新业态、新产业蓬勃涌现为显著特征，以信息经济、生物经济、绿色经济等为主要方向的新经济形态。纵观历史，每当人类社会发生重大技术变革进而形成新的生产力，就会有新的生产关系与之相适应，新的技术经济范式即新经济概念随之产生。可见，新经济的本质是先进生产力及与其相适应的新的生产关系组合。新经济背后是新的基础设施、新的生产要素和新的分工体系。

经济、社会、活动的正常运作，有赖于基础设施发挥其支持功能，随着经济形态从"工业经济"向"信息经济"加速转变，基础设施的巨变也日益彰显。短短几十年间，"互联网"能够从诞生到普及，再到升级为"互联网＋"这一新变革力量，技术边界不断扩张，从而引发基础设施层次上的巨变，才是至为重要的原因。大力提升新信息基础设施水平，"互联网＋"才能获得不竭的动力源泉，在经济、社会、发展中彰显威力。"互联网＋"仰赖的新基础设施可以概括为"云、网、端"三部分。"云"是指云计算、大数据基础设施，生产率的进一步提升、商业模式的创新，都有赖于对数据的利用能力，而云计算、大数据基础设施将为用户便捷、低成本地使用计算资源打开方便之门。"网"不仅包括原有的"互联网"，还拓展到"物联网"领域，网络承载能力不断得到提高、新增加值持续得到挖掘。"端"则是用户直接接触的个人电脑、移动设备、可穿戴设备、传感器，乃至软件形式存在的应用，是数据的来源，也是服务提供的界面。

在经济上，人工智能可能带来一种新的变化，即向全球经济体系注入一种新的"生产要素"。一般而言，生产要素包括劳动、资本、土地、企业家才能、科技、信息、资源等几大类。人工智能的发展大致可以归到"科技"的要素范畴，但它又高度涉及"信息"这一要素，而且，人工智能的发展和应用，可能会部分形成企业家才能，甚至替代部分企业家管理。正如安邦智库研究人员所述：人工智能＝物联网＋大数据＋主算法＝管理＋信息＋技术。在某种意义上，人工智能可以被视为一种提升生产效率的新生产要素。

随着网络平台兴起、科技深化、消费观念转变，共享经济逐步发展成一种新型经济模式，并大有席卷全球之势。党的十八届五中全会更是明确将"共享"作为"十三五"时期重要发展理念。信息技术革命为分工协同提供了必要、廉价、高效的信息工具，也改变了消费者的信息获取和分析能力，其角色、行为和力量正在发生根本变化，从孤陋寡闻到见多识广，从分散孤立到群体互动，从被动接受到积极参与，消费者潜在的多样性需求被激发，市场环境正在发生重大变革。以企业为中心的产销格局转变为以消费者为中心的全新格局，以客户为导向、以需求为核心的经营策略迫使企业组织形式做出相应改变，新的分工协同形式开始涌现。

李克强总理在 2016 年政府工作报告中强调，"必须培育壮大新动能，加快发展新经济"，标志着"新经济"正式上升为国家战略，成为落实十八届五中全会"创新、协调、绿色、开放、共享"五大发展理念、培育经济发展新引擎新动力的重大顶层部署。"新经济"战略的提出，一方面将给中国经济带来以"互联网＋"、大数据、云计算、物联网、人工智能、3D 打印等为代表的新动能，另一方面将带动产业转型、改造升级传统动能。

新经济需要一种新的金融体系与此相适宜，2016 年 10 月 13 日的"杭州·阿里云栖大会"上，马云说："过去的金融 200 年来支持了工业经济的发展，过去的 200 年是 28 理论，只要支持 20% 的大企业就能拉动世界 80% 的发展。未来新金融必须支持八二理论，如何支持 80% 的中小企业、个性化企业、年轻人、消费者。金融是想支持 80% 的中小企业、创新创业者、消费者，但是 IT 的基础设施，原来的设计思考没法完成。互联网金融希望解决的是更加公平、更加透明，支持那些 80% 昨天没有被支持到的人，所以新金融的诞生势必对昨天的金融机构有一定的冲击和影响。"

刚刚过去的 20 世纪，特别是 20 世纪最后二三十年，对于人类现在与未来意义重大而又影响深远的势态发展，是自然科学与工程技术领域内的计算技术、新材料与生物工程；而在社会科学领域，特别是经济金融领域内，同样意义重大而影响深远的势态发展则是金融形态的变迁。中国著名资深经济金融学家白钦先先生曾经说过："离开了金融的经济，不再是现实的经济；离开了经济的金融，已不再是现实的金融。"时代不同了，此金融已非彼金融，金融的内涵与外延得到了扩大、金融与经济的关系越来越相互融合和渗透、金融的本质与特征不断变化和提升、金融功能不断地丰富、金融的地位与作用不断升级、实质经济与虚拟经济在不同时期成为矛盾的主要方面、传统金融与虚拟金融成为业界和学界关注的焦点……金融的变迁影响了全人类、全社会的变迁过程，并且在经济全球化、经济金融化、金融全球化和金融工程化的加速下，根本性地使传统金融"裂变"为新社会下的新金融。

1.2.2 金融在交替

传统金融主要与前三次工业革命相关联，并且随着工业革命的进程，金融介入的程度也在不断地加深。新金融既是第四次工业革命的产物，也是适应新的产业形式需要而产生的金融服务和中介方式。因此，对新金融的理解，必须放在工业4.0的这个大平台上，才有可能理解其产生的本质和应用范围，而不是简单地将其作为对传统金融的改造或技术上的革新。

移动互联网时代的结束让人们开始寻找新的破局点，互联网金融同样如此。在经历了移动互联网时代用户从线下迁移到线上带来的快速增长之后，整个行业陷入了新一轮的困境之中。P2P平台跑路、校园信贷乱象频出、ICO被定义非法，都是移动互联网时代互联网金融飞速发展之后留下的问题。在互联网金融发展的新阶段，如何借助新的手段和思路破解当前行业面临的困境和问题，成为众多企业面临的主要问题。

在金融与人们的生活联系日益紧密的背景之下，如何借助新的科技手段在这一市场当中找到新的增长点，成为很多互联网金融企业当下必须慎重考量的重要课题。从某种意义上来讲，以简单相加的为主导的互联网金融正在被以深度改变为主导的金融科技所取代。

如果我们将互联网金融时代对于金融行业的改造看作一场表皮手术的话，那么金融科技时代对于金融行业的改造更像是一种刮骨疗毒。不断有金融科技公司获得资本巨头的关注、不断有互联网巨头加入金融科技的洪流之中，都在说明互联网金融时代进入到金融科技时代已经不可避免。

当我们说起新金融，到底在谈论什么？笔者的理解是，新金融的核心是金融创新，包括传统金融机构发起的创新，还有新的金融机构发起的创新，以及两者合作推出的创新。互联网金融是还在稳定下来、逐渐破局寻求升级的新金融，金融科技是这两年新金融的又一波主流，指的是技术驱动的金融创新。

互联网公司、互联网金融新兴业者如P2P、众筹、垂直搜索等，通信运营商、基础设施提供商也将大量涌入。金融科技能够通过低成本、创新的商业模式来促进普惠金融的实现，提升小微融资覆盖和投资理财覆盖，降低金融业交易成本，还能推动中国金融体系进一步深化改革。无论是在外部监管还是内部竞争的作用下，金融科技都在逐渐回归冷静，建立新的市场秩序。寻找占领制高点的真正的"孙子兵法"。

1.3 技术与实践

1.3.1 技术在突破

突破光速、跨越时空是不少科幻作品的主题，人们认为它不可能实现。当文明科技发展至某个阶段，技术发展将发生极大而接近无限的进步。此时，旧有的世界将一去不复返，而未来的世界我们尚完全无法理解，就像金鱼无法理解人类文明一样。但实际上，现在我们的认知，还处在几个世纪以来，科学给我们塑造的框架中。可以说，这个认知正处在一个革命的前夜。一旦科技突破了关键的几个坎，人类将面临巨大的自我质疑与认知混乱，甚至时空已不再是人类所触及的极限。

科技可以成为人类器官的延伸，扩大人类的认知和活动范围、释放巨大的能力、创造巨大的财富。它也可以替代人类本身，将人类的认知和活动缩减到基础水平，而利用科技自身去感知更高层次的维度。人与科技的关系从来都不是单向的，我们往往只注意到人对科技的利用，却忽视了科技对人的改造。凯文·凯利在《科技想要什么》一书中开创性的将科技作为一种生命形态去解读，他认为科技是单细胞有机体、菌类、动植物等之外的第七种生命形态。它与人类是一种共生关系，两者在交互影响中不断演进，最终实现碳基生命和硅基生命的融合，创造出全新的文明。

当前，随着科学研究的日益深化，奠基在当代科学之上的技术在内在结构上呈现出一种不断"虚化"的趋势。对于传统技术，无论是其结构还是功能，它们在人们的日常生活中都是可检验、可感知和可体验的。而现代技术，如信息技术、生物技术，它们强调的是技术的功能或意向，技术的结构完全服务于其功能，这样既能方便使用，又能节约制造成本。从金、银到纸币再到信用卡，从现场到电视再到互联网，现代技术的由"实"入"虚"，也导致了人们的生活一步步地走向虚拟化。这种虚拟化的世界，是利用科技手段从物理元素中分离流量的一种方式。当人类的生活进入虚拟世界时。从这个角度讲，科技让人类跨越了时空。

"奇点"本是天体物理学术语，是指"时空中的一个普通物理规则不适用的点"。物理上把一个存在又不存在的点称为奇点，空间和时间具有无限曲率的一点，空间和时间在该处完结。经典广义相对论预言奇点将会发生，但由于理论在该处失效，所以不能描述在奇点处会发生什么。

科技的发展也总会遇到一个技术奇点，这个技术奇点是一个根据技术发展史总结出的观点，认为未来将要发生一件不可避免的事件，技术发展将会在很短的时间内发生极大的接近于无限的进步，使得机器智能超越人类智能，从而让社会乃至全人类措手不及。之所以被称为技术奇点，就好比物理学上引力接近无穷大时产生的黑洞的物理属性一样，已经超出一般正常模型所能预测的范围之内。

一般来说，技术奇点的发生是由人类所创造的超越人类智能的各种形式之智能（AI、机器、生物等）所引发。根据数学模型，在未来的某个时间内，技术发展将接近于无限大。在技术奇点到来前的几秒钟时间内，所有可发现的东西都将被发现和利用。无限接近技术奇点的时候，似乎所有能够用来调动的能量将被调用完。一旦创造出远超人类的智能，接下来的发展将超出人类的理解能力。而这些智能将会是人类的最后一项发明。

目前已经发明的技术和展望中的技术如下。

＊公元前 1500000 年　最早的石器（环境限制的突破）

＊公元前 300000 年　火（环境限制的突破）

＊公元前 70000 年　绘画（环境限制的突破）

＊公元前 45000 年　贸易系统（环境限制的突破）

＊公元前 40000 年　木船（环境限制的突破）

＊公元前 5000 年　车轮（环境限制的突破）

＊公元前 3000 年　楔形文字（文化限制的突破）

*公元前 500 年　指南针（环境限制的突破）

*公元前 100 年　造纸术（文化限制的突破）

*公元 800 年　火药（环境限制的突破）

*公元 1800 年　蒸汽机（环境限制的突破）

*公元 1879 年　电话（环境限制的突破）

*公元 1903 年　飞机（环境限制的突破）

*公元 1945 年　原子弹、计算机（环境限制的突破）

*公元 1957 年　人造卫星（环境限制的突破）

*公元 1969 年　最早的计算机网络（环境限制的突破）

*公元 1980 年　试管婴儿（生物限制的突破）

*公元 1996 年　克隆技术（生物限制的突破）

*公元 2007 年　DNA 端粒延长（寿命延长技术）（生物限制的突破）

*公元 2029 年　超越人类智能的机器

*公元 2045 年　纳米技术的普及（生物在化学物质基础限制的突破）

*公元 2070 年　仿生物技术的大规模普及（生物在化学物质基础限制的突破）

*公元 2080 年　意识上传（意识突破肉体限制）、狭义技术奇异点（生物在化学物质基础限制的突破）

*21 世纪以后　突破物理定理的限制（突破引力、光速）（物理限制的突破）

*21 世纪以后　能量表达方式突破三维空间的限制（数学限制的突破）

*21 世纪以后　突破时间的限制，观察到过去、现在和未来，在未来的那个时刻创造我们现在生活的世界广义技术奇异点（因果逻辑限制的突破）

在美国未来学家雷蒙德·库兹韦尔的理论中，他提出了"加速回报定律"（The Law of Accelerated Return）。如果一项科技符合加速回报定律，那么这项科技越先进，它进行的速度就越快，在一段时间以后就会实现指数级进度，这与摩尔定律极为相似，出现重大技术进步的时间间隔在缩短。

如果上述观点是真实存在的，那么金融科技的发展也将会出现一个奇点，在一定的时间内有些金融科技一定会产生，并且在某个时间内会加速爆发。也就是说，人类或早或晚都会通过科技发现一个关于金融的基本定理，然后开始有足够的实力去改变金融这个原有的定理，它的技术形态绝不仅仅是利用大数据、云计算去进行用户画像、智能投顾这种弱人工智能的形式，到最后，金融科技的形态有可能已经超出我们所能预测的范围，突破到三维空间以外的地方以其他的形式来表达金融的存在。

1.3.2 应用在创新

目前来看，Fintech 主要改造了资产端、资金端、通道建设、传统机构、投资管理五个方面的经营思维。

1.3.2.1 Fintech 在资产端

从资产端来看，我们举三个小例子来说明。（1）P2P：大数据量化建模可以通过对借款人用户行为、借款用途和过往信用状况进行分析，指导决策；（2）消费金融：同样是通过大数据，来采集交易、社交数据来构建用户画像并形成完整的数据库；（3）供应链金融：通过大数据、机器学习等技术对核心企业、经销商、供应商的经营数据进行分析，简化供应链融资流程。在资产端，Fintech 不仅强调了数据的作用、搭建了高效率的风控模型，更加传播了两个共识：一是风控信息共享。为了使量化结果的可信度更高，不同平台间的信用数据必须要打破孤立的形式，形成联网共享的状态。二是跨领域合作。通过与各类资金端对接，提升自身算法和数据分析水平，并引进第三方征信数据、政府数据库、网络公开信息来提升运营效率。

1.3.2.2 Fintech 在资金端

从资金端方面来看，我们主要从以下几个角度来认识。首先是财富管理或资产管理平台，Fintech 为这些平台提供了一个便捷操作的范式，就是搜索、推荐功能，在搜索推荐功能的基础上提供个性化的财富管理、资产配置方案。与去专业的财富管理公司进行咨询相比，这大大降低了用户的管理门槛。其次是交易平台，线上交易平台早已不是新鲜物，但是 Fintech 通过算法设计量化交易策略并帮助用户实现套利听起来就"高大上"了。最后是工具的角度，Fintech 通过生物识别、图像识别等技术，能够简化用户日常管理现金流的事务性工作，如录入票据、整理消费信息等，通过工具的革新将过去无法直接搜集的数据可视化，形成可以识别获取的有效数据。

1.3.2.3　Fintech 在通道端

在通道建设方面，Fintech 通过创建优质的技术方案来改善支付平台、支付集成、跨境支付、支付安全等领域的支付体验。比如，移动支付市场的主流平台，支付宝和微信支付通过二维码收付款、小额免密支付、手机银行等提升支付的便捷性；境外接入国内支付渠道以适应不同国家的支付习惯、利用区块链点对点支付来省略结算流程使得跨境支付不再烦琐；指纹识别、人脸识别、动态验证码等方式为支付安全增加了可靠性。

1.3.2.4　Fintech 在机构端

Fintech 与传统金融机构的竞合关系成为近期来大家讨论的热点。最明显的一个例子是，银行业相当可观的一部分业务收入正被一些新型金融科技公司所分流，传统银行必须要加速向智能化、轻型化方向转型。我们看到现在有三家网络银行：微众银行、网上银行和天津金城银行。它们在 IT 建设、数据分析、风险预警和数字化营销方面可以为传统银行提供可以参考的经营方案，同时，服务类的金融科技公司也正在从这几个方面帮助银行进行流程优化、风控方案和业务解决方案的设置，使传统银行尽快转型。

更加宽泛一点说，Fintech 使传统金融机构从单一渠道向高水准场景化、垂直化转型。效果最快、最显著的非保险企业莫属了。

众安科技认为科技是保险价值链运行的基础，如图 1-2 所示。显而易见的是，渠道入口、产品创新和产品定价已经借新的基础设施的东风迅速地丰富起来了，价值链得到了横向和纵向的拉长。以互联网保险为例，互联网保险公司主要开展细分领域的保险服务，逐渐发展为针对个人或企业定制保险、提供差异化服务的垂直型网站或是代销平台。2017~2018 年，互助保险的发展得到了多方的支持，其运作形式主要是自发组织平台、收取小额费用，在成员发生需要赔付的情况时，利用互助资金池实时帮助，这十分有利于风控体系的搭建。

13

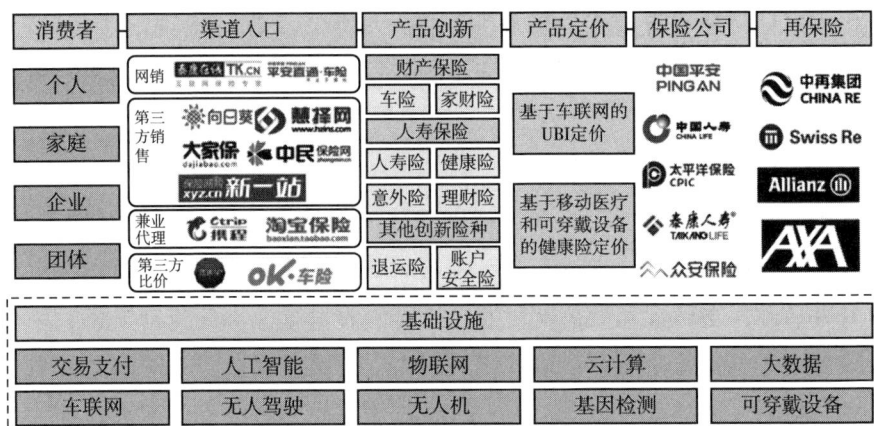

图1-2 保险价值链运行示意图

资料来源：陈辉：《金融科技：框架与实践》，中国经济出版社2018年版。

　　保险科技下，新的保险生态系统由传统保险公司、初创科技企业、金融投资机构、保险中介机构、保险消费者、其他行业巨头和监管机构组成。传统公司现在已经在推广如精准营销、移动理赔和保险投顾等服务都归功于保险科技的应用，核心业务如险种开发、产业服务模式创新也在积极稳步推进中。初创科技企业可以改变信息采集、分析和使用的方式，比如现在已经广泛运用的无人机查勘定损、可穿戴设备的量化自我及物联网技术下的医药供应链管理等，这些科技企业能够拓展保险服务的外延，以技术促进服务。保险中介机构通过运用大数据等技术进行定价，实现供给与需求、线上与线下的匹配和互动。而保险消费者能够受惠于保险科技的浪潮、量化自身风险、认知自身需求、与保险公司紧密沟通、有效交互、主动消费；而和保险产品相关的上下游企业也是保险科技的主要呈现者，比如汽车厂商、医疗机构、电商平台、共享经济下的产品提供者等。毫无疑问，监管机构将会推进优化现有监管制度，并且采取松紧适宜的监管政策鼓励和规范保险科技的发展。众安科技总结了保险科技在保险行业应用的机遇，如图1-3所示。

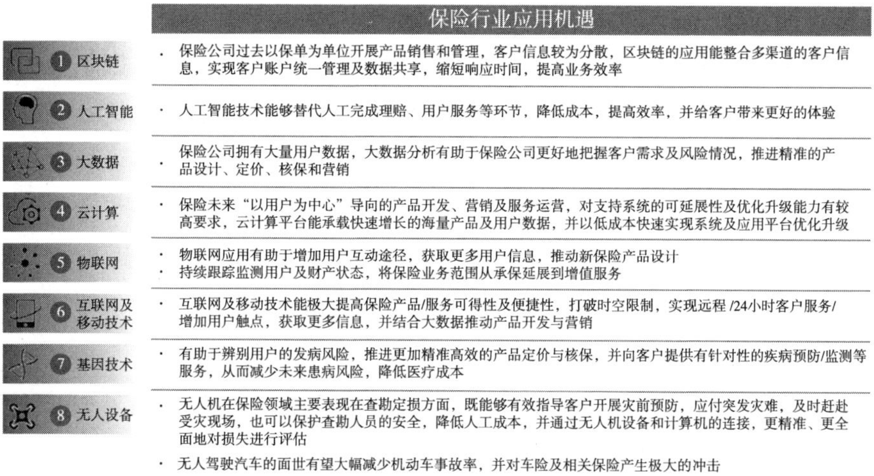

保险行业应用机遇	
❶ 区块链	保险公司过去以保单为单位开展产品销售和管理，客户信息较为分散，区块链的应用能整合多渠道的客户信息，实现客户账户统一管理及数据共享，缩短响应时间，提高业务效率
❷ 人工智能	人工智能技术能够替代人工完成理赔、用户服务等环节，降低成本，提高效率，并给客户带来更好的体验
❸ 大数据	保险公司拥有大量用户数据，大数据分析有助于保险公司更好地把握客户需求及风险情况，推进精准的产品设计、定价、核保和营销
❹ 云计算	保险未来"以用户为中心"导向的产品开发、营销及服务运营，对支持系统的可延展性及优化升级能力有较高要求，云计算平台能承载快速增长的海量产品及用户数据，并以低成本快速实现系统及应用平台优化升级
❺ 物联网	物联网应用有助于增加用户互动途径，获取更多用户信息，推动新保险产品设计 持续跟踪监测用户及财产状态，将保险业务范围从承保延展到增值服务
❻ 互联网及移动技术	互联网及移动技术能极大提高保险产品/服务可得性及便捷性，打破时空限制，实现远程/24小时客户服务/增加用户触点，获取更多信息，并结合大数据推动产品开发与营销
❼ 基因技术	有助于辨别用户的发病风险，推进更加精准高效的产品定价或核保，并向客户提供有针对性的疾病预防/监测等服务，从而减少未来患病风险，降低医疗成本
❽ 无人设备	无人机在保险领域主要表现在查勘定损方面，既能够有效指导客户开展灾前预防，应付突发灾难，及时赶赴受灾现场，也可以保护查勘人员的安全，降低人工成本，并通过无人机设备和计算机的连接，更精准、更全面地对损失进行评估 无人驾驶汽车的面世也有望大幅减少机动车事故率，并对车险及相关保险产生极大的冲击

图 1－3　科技在保险行业应用的新机遇

资料来源：陈辉：《金融科技：框架与实践》，中国经济出版社 2018 年版。

1.3.2.5　Fintech 在投资端

Fintech 很好地解决了长期以来投资管理业务的痛点：信息不对称和交易成本。这里主要指的是数字化资产配置或是智能投顾。智能投顾能够降低用户门槛，同时服务多个客户，并为客户一键定制多元化组合的资产管理方案，利用算法分散投资风险，利用技术节省线下成本，并且能够客观理性地做出决策。具体的操作步骤也不难理解，就是三步走战略：（1）收集投资人历史行为数据，分析风险承受能力和风险容忍度；（2）自动识别金融产品的风险程度进行筛选；（3）推荐匹配投资人状况的资产配置组合。虽然好理解，但是真正实现智慧、智能，需要一套非常"人性化"的细分算法。

以上结合了保险科技的发展，大概将金融科技在金融领域的变革进行了概述——颠覆正在切实发生。不过，颠覆的表现形式并不是让既有的公司因为科技创新的崛起而倒闭，而是促使它们转型。当然，并不是所有的公司都能完成转型。有些公司脱颖而出，有些公司落伍，落伍者很可能会被迫退出角逐。从长远看，监管部门是会赞同这种转变，还是会为了金融稳定反对这种转变呢？

金融业务的风险具有隐蔽性、滞后性和重大性等特点，金融机构的风险存在巨大的外部效应，因此，代表社会公众利益的监管者对从事金融业务的机构进行兼顾也是必要的。在金融科技和与之伴随的金融创新迅猛发展的今天，监管理念和监管手段也在随之变革，但金融监管的核心目标始终不变，即：维护金融系统稳定、保障消费者权益、维持金融市场运作秩序。金融科技除了给行业带来了技术输入以外，更加重要的是为行业带来了思维模式的切换：参与和关注金融科技发展的各方，及时跟进监管动态，与监管者保持良性互动，共同推动新创领域的立法立规，支持金融科技行业的健康发展。

在中国经济结构转型的背景下，金融科技的诞生与发展除了与系统内部的"技术流"密不可分之外，还与外部环境息息相关。

从宏观角度看，首先，政策环境为金融科技在我国的发展提供了支持：比如，互联网金融首次被纳入政府工作报告，并被写进"十三五"规划；政府围绕建设科技强国的战略目标，陆续发布一系列鼓励科技创新的政策，如鼓励促进大数据发展、人工智能发展以及国家信息化发展等。其次，经济环境为金融科技的发展创造了条件：居民可支配收入增加使得居民对金融资产的配置需求加大、长尾客户对差异化财富管理方式的需求提升；供给侧改革核心之一是金融改革，也就是降低企业的融资成本，提升资金利用率。再其次，社会环境的复杂化和国际化使得金融对创新的诉求日益强烈：互联网金融"由表及里"进程深化，渴望接轨国外互联网金融模式；围绕数据的基础设施搭建逐渐完善，移动终端的普及和成熟。最后，技术环境为金融科技的落地生根提供了动能：大数据技术的快速普及、物联网技术的萌芽、生物识别和语言处理等技术带来的变革。

1.4　金融科技指数

1.4.1　金融科技指数概述

近些年来，金融科技逐渐成为世界的焦点，同时，重塑着全球金融业的版图，而中国的金融科技在金融失衡①、技术进步、市场呼唤、用户拥抱、政府支持、监管包容等因素的综合推动下取得了"爆发式"的发展，并逐渐成为全球金融体系中一股推动性的力量。可以说，从未有一个金融业态，让人们离"人人生而平等"的金融普惠愿景如此之近；从未有一个金融业态，让中国离世界之巅如此之近。正因如此，了解中国金融科技现状、找准未来发展道路、总结中国金融科技实践、引领世界金融科技发展才显得尤为重要。这一切最直接、最明了的方式就是通过金融科技指数去度量中国在金融科技发展、创新的程度。

金融科技指数（Fintech Index）是金融科技发展、创新程度的指标，是衡量一个国家、组织、行业、法人机构（非营利组织和企业）在金融科技方面的发展程度。下面我们通过几个金融科技指数，了解金融科技指数的逻辑。

1.4.1.1 KBW 纳斯达克金融科技指数

2016 年 7 月 18 日，美国 KBW 投资银行、Stifel 金融公司与纳斯达克联合推出由 49 家公司组成的金融科技指数——KBW 纳斯达克金融科技指数（KBW Nasdaq Financial Technology Index，KFTX），代码 KFTX，旨在准确追踪那些利用高科技发行金融产品和服务方面具有影响力的公司的表现。经过 2016 年 12 月调整，目前该指数成分股为美国 50 家金融科技公司。具体类别和公司数量以及分类市值如表 1-1 所示。

表 1-1　　　　　　　　KFTX 指数包含的类别

类别	公司数量（个）	分类市值（亿美元）
支付类	12	1 935.11
借贷类	2	840.97
银行类	2	45.17
交易处理类	4	4 293.11
数据服务类	13	1 939.3

---

① 陈辉：《金融科技：框架与实践》，中国经济出版社 2018 年版。

类别	公司数量（个）	分类市值（亿美元）
交易所类	6	1 188.74
技术解决方案类	11	845.14
合计	50	11 087.54

资料来源：纳斯达克网站 https：//www.nasdaq.com/，截至 2017 年 10 月 23 日。

截至 2017 年 9 月 24 日收盘，KFTX 指数 50 家公司市值为 11 087.54 亿美元，比指数发布时的 7 850 亿美元相比增长 41.24%；KFTX 指数同比上涨 28.6%，跑赢同时期标普 500 的 19.38%、纳斯达克的 24.5% 和道琼斯工业指数的 27.9%，见图 1-4 所示。

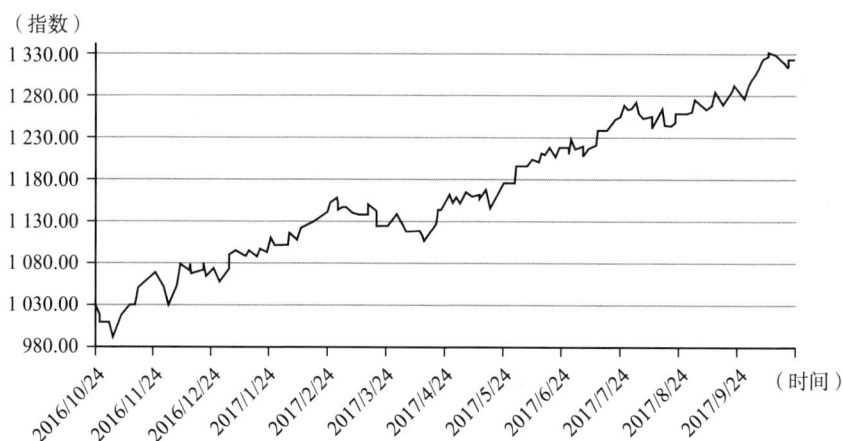

图 1-4　KFTX 指数走势

资料来源：纳斯达克网站 https：//www.nasdaq.com/。

KFTX 指数包括 50 个科技金融股，遴选原则包括以下三点：（1）该公司为银行服务提供技术支持（如 Fiserv、Thomson Reuters 等），且排除并不专注于银行业的公司（如 IBM、微软等）；（2）相比于实体产业，该公司更注重电子产业（如通过交易大厅进行电子交易）；（3）公司收益基于费用而不是资本，因为后者更类似于传统银行业承担风险并持有资产的盈利模式（如贷款业务）。

KFTX 指数该指数包含的公司覆盖了美国可供投资金融部门的 1/5，市场总额高达 7 850 亿美元（2016 年 7 月 18 日发布时）。该指数使用等权值法，并在季度基准上进行调整。

KBW 提供一系列金融部门指数，其中部分以 ETFs、银行业、资产管理、中间商、保险、权益型房地产投资信托和抵押贷款等子部门为基础分别如下。

（1）KBW Nasdaq 银行业指数（KBW Nasdaq Bank Index，BKX）；

（2）KBW Nasdaq 地区银行业指数（KBW Nasdaq Regional Banking Index，KRX）；

（3）KBW Nasdaq 资本市场指数（KBW Nasdaq Capital Markets Index，KSX）；

（4）KBW Nasdaq 保险指数（KBW Nasdaq Insurance Index，KIX）；

（5）KBW Nasdaq 资产和意外事故指数（KBW Nasdaq Property & Casualty Index，KPX）；

（6）KBW Nasdaq 保险收益率和房地产投资信托指数（KBW Nasdaq Premium Yield Eq. REIT Index，KYX）；

（7）KBW Nasdaq 金融部门股利收益率指数（KBW Nasdaq Financial Sector Dividend Yield Index，KDX）；

（8）KBW Nasdaq 全球金融（除美国）指数（KBW Nasdaq Global Financials（ex – U. S.）Index，KGX）；

（9）KBW Nasdaq 按揭金融指数（KBW Nasdaq Mortgage Finance Index，MFX）。

1.4.1.2 香蜜湖金融科技指数

2017 年 6 月 9 日，深圳市福田区金融发展事务署与深圳证券信息有限公司联合发布了香蜜湖金融科技指数（代码"399699"），该指数以 2017 年 5 月 26 日为基日，基点为 3 000 点；该指数主要是为了反映深圳市场金融科技相关上市公司整体表现，向市场提供更丰富的业绩基准和投资标的。

香蜜湖金融科技指数界定产业覆盖分布式技术（包括区块链、云计算）、互联技术（电子及网络支付）、金融安全以及互联网金融（网络借贷等）领域。香蜜湖金融科技指数包括纯价格指数和全收益指数，纯价格指数通过深交所行情系统发布实时行情数据，全收益指数通过国证指数网发布收盘行情数据。

截至 2017 年 6 月 9 日，A 股市场与金融科技相关的上市公司共 71家，其中 59 家在深交所上市，总市值超过 6 400 亿元。深圳市场在金融科技产业领域已形成一定规模，具有较高的市场代表性。2017 年 6 月 9日以深交所上市的与金融科技相关的企业为样本，选取满足入围标准的所有股票构成指数样本股，最新一期样本股数量为 56 只。指数每年 1 月和 7月的第一个交易日实施样本股定期调整。

自 2011 年 12 月底至 2017 年 5 月底，香蜜湖金融科技指数实现累计收益 189.28%，同期沪深 300 累计收益为 48.90%，说明在此期间金融科技相关的上市公司得到了市场的广泛认同。

香蜜湖金融科技指数作为首只反映我国金融科技产业发展的股票指数，将在中国资本市场中树立金融科技产业标杆，为引导我国金融科技产业做大做强提供支持，为投资者分享金融科技产业成长红利提供新渠道。

1.4.1.3　金融科技中心指数

2017 年 9 月 29 日，浙江大学互联网金融研究院联合浙江互联网金融联合会/联盟在杭州共同发布了 2017 中国金融科技中心指数（Fintech Hub Index，FHI），以城市为单元描绘我国金融科技发展之全貌，彰显金融科技发展的区域特色，把脉金融科技中心的崛起之势。下面根据 FHI 发布的内容，简要介绍一下该指数。

（1）FHI 编制。FHI 从企业、用户和政府这三大市场参与主体出发，以金融科技产业、金融科技体验、金融科技生态 3 个一级指标，五大金融科技行业、五类金融科技体验、宏观商业环境、基础设施、科研实力、政策环境、监管环境、社会关注度等 16 个二级指标以及企业数量、市场体量、资本实力、人才供给、借贷线上化、募资线上化、人均 GDP、百度热点等 39 个三级指标构建指标体系。一二级指标具体如表 1 - 2 所示。

表 1－2   FHI 指数编制框架

金融科技产业（企业视角）	金融科技体验（用户视角）	金融科技生态（政府视角）
网贷行业	网贷体验	宏观商业环境
众筹行业	众筹体验	基础设施
第三方支付行业	第三方支付体验	科研实力
大数据征信行业	大数据征信体验	政策环境
区块链行业	区块链体验	监管环境
		社会关注度

资料来源：FHI 报告。

    在行业选择上，由于金融科技尚处在发展初级阶段，业态发展尚不均衡，业务模式不稳定，数据质量参差不齐，因此 FHI 指数目前仅挑选了网贷、众筹、第三方支付、大数据征信、区块链这五大行业，对未被纳入指标体系的互联网银行、互联网保险、互联网证券等业态将会在报告中进行简要分析。在城市选择上，FHI 指数选择了全国 37 个直辖市、计划单列市、副省级城市和省会城市为样本对象进行数据采集和指数计算，并基于指数结果最终选取了排名前 20 名的城市，进行数据呈现和报告分析。通过逐级、分层、加权的方式计算指数，具体包括数据标准化、指标赋权、指数分层计算、指数更新等步骤。在数据采集上，FHI 指数结合了传统统计数据与大数据技术，从多渠道广泛采集的数据覆盖了全国 2 953 家金融科技企业，以及以上企业的 30 000 余条招聘信息、700 余条风投记录、2 500 余份调查问卷和网贷、众筹平台的 20 多万条项目，等等。

    FHI 指数由金融科技产业、体验和生态三大分指数构成。金融科技产业是城市金融科技发展的核心动力，金融科技体验是城市金融科技发展的重要纽带，金融科技生态是城市金融科技发展的深厚土壤，三者构成了城市金融科技发展的统一整体，相互依存，互相促进。

    （2）FHI 核心价值。第一，评估城市金融科技发展水平，直观反映区域金融科技现状。作为全国首个覆盖国内主要城市的金融科技类指数，金融科技中心指数可以动态记录各城市金融科技发展的历史轨迹，直观反映城市金融科技的发展水平及全国地位，挖掘金融科技中心城市。同时，对不同城市之间金融科技发展差异的有效衡量和评价，有利于城市间的相互借鉴和学习。

第二，明晰金融科技发展努力方向，有的放矢攻克薄弱环节。FHI 指数在经济学理论指导下，分别从企业、用户和政府三大视角出发构建指标体系并相应地设立分指数，以完整地涵盖和评价城市的每类参与主体，有助于城市通过各项指标按图索骥寻找其在金融科技发展中的薄弱环节，揭示发展机遇和努力方向，以便其更加有针对性地推进金融科技发展工作。

第三，推广中国优秀实践成果，助力人类社会普惠发展。在全球各国大力发展金融科技的背景下，我国虽已在金融科技领域取得了举世瞩目的成绩，但在国际上话语权较弱、发声频率较低等问题仍普遍存在。金融科技中心指数的编制和发布有利于未来将中国的优秀实践成果及评价标准从国内城市推向全球，为金融科技发展的国际对比增加有力的依据，更为人类社会的普惠发展作出重要的贡献。

1.4.1.4　全球金融科技中心指数

2018 年 6 月 13 日，继发布 2017 中国金融科技中心指数，浙江大学互联网金融研究院司南研究室又推出了全球金融科技中心指数（Global Fin-tech Hub Index，GFHI），力图以区域和城市为单元描绘全球金融科技发展之全貌，彰显金融科技发展的区域特色，把脉全球金融科技中心的崛起之势。

（1）指标体系。全球金融科技中心指数承袭 2017 中国金融科技中心指数的编制理念，亦从企业、用户和政府这三大市场参与主体出发，以金融科技产业、金融科技体验、金融科技生态等为 GFHI 的一级维度构建指标体系。

金融科技产业：以优秀金融科技企业数量、资本实力等指标，衡量区域/城市的金融科技产业发展。

金融科技体验：以金融科技应用率等指标，衡量区域/城市的民众对金融科技产品的使用比例和接纳程度，反映金融科技为人们生活带来的变化。

金融科技生态：以宏观经济环境、高校科研、政策监管等指标，衡量区域/城市的金融科技发展潜力及政府重视程度。

（2）涵盖区域和城市。将以金融科技实力、区域影响力等作为遴选标准，得出一份全球金融科技区域排名和一份核心城市排名。

具体而言，将选择京津冀、长三角、粤港澳大湾区、旧金山湾区（硅谷）、纽约湾区、东京湾区、大伦敦地区等全球 20 多个区域以及北京、上海、杭州、香港、纽约、伦敦、巴黎、阿姆斯特丹、迪拜等 30 多个核心城市为对象进行数据采集和指数计算，并基于指数结果最终选取了区域排名前 17 和城市排名前 30 进行数据呈现和报告分析。

（3）数据采集。结合传统统计数据与大数据技术，充分考虑了数据的广度和代表性，从多渠道广泛采集了各国家、区域及城市的政府公开信息、统计年鉴、金融科技企业官网、风险投资数据等，并开展了为期数月的全球金融科技调研，以期多维度精准量化各区域金融科技发展情况。

（4）指数计算。通过逐级、分层、加权的方式计算指数，具体包括数据标准化、指标赋权、指数分层计算、指数更新等步骤。

1.4.1.5　全球金融科技指数

全球金融科技指数（Global Fintech Index，GFI）是零壹智库于 2016 年 1 月推出的我国首个金融科技指数，主要包括投融资活跃度、投融资成熟度、社会认知度等指标。该指数以 2016 年 1 月为基期，基数为 100，每月发布一次。

零壹财经全球金融科技指数系列报告包括指数报告和动态报告。其中，指数报告定期（每月/季度/年）发布全球金融科技指数，旨在揭示全球金融科技投融资和社会认知情况，它包括两大一级指数（投融资指数和社会认知指数）和五大二级指数（投融资活跃度指数、投融资成熟度指数、百度搜索指数、谷歌趋势指数和微信搜索指数）；动态报告包括金融科技监管、已上市和拟上市金融科技公司以及各大子业态（支付、征信、区块链、网贷、互联网保险和互联网理财等）的动态，其 2017 年 7 月~2018 年 5 月走势情况如图 1-5 所示。

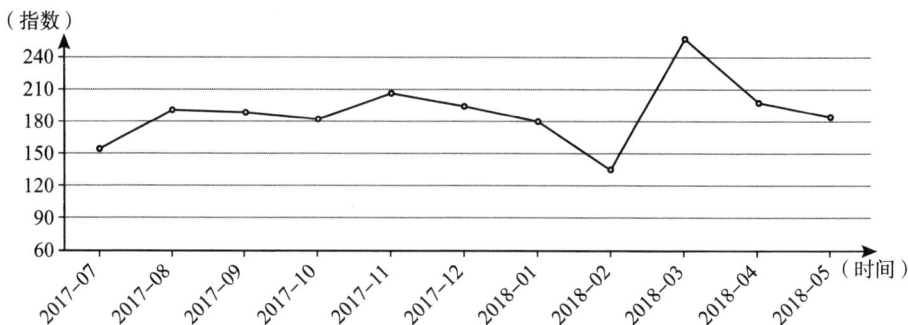

图 1-5　零壹 GFI 指数走势

资料来源：零壹财经网站 http://www.01caijing.com/。

2018 年 1 月 10 日，零壹财经发布了《2017 全球金融科技发展指数（GFI）和投融资年报》，其主要内容是：最新的 GFI 指数、投融资情况分析、中美上市公司分析、中国金融科技 2017 年回顾与展望。

2017 年，以金融科技公司集体上市为背景，零壹财经全球金融科技发展指数（GFI）屡创新高，在 11 月达到了全年最高值 193，并在 12 月收于次高点 192。百度搜索指数更是一路大涨到 405，较基准值涨幅达 305%。

1.4.2　央财金融科技指数

1.4.2.1　背景

已有的金融科技指数从不同角度进行评价，为市场、投资和宏观决策提供了重要依据，但是仍然存在一些空白之处尚需弥补。

（1）在金融科技化的背景下，金融企业的金融科技创新能力评价尚没有一个成熟的体系和模型。事实上，众多金融企业在和科技融合过程中，不断迂回探索，在摸索中前行，而不能直接获得一个自我的评价标准。这说明，针对金融企业的金融科技创新能力需要有一个类似的"竞争力"的指数，这种指数可以进行横向比较并能够反映出市场平均创新程度。

（2）已有的评价方法没有充分考虑到大数据和人工智能的影响，这个影响的含义是说，在评价过程中没有融入大数据和人工智能的方法，相当于用传统的方法去评价新的能力，这在方法学上存在一定的逻辑问题。

众所周知，金融科技最重要的能力就是大数据能力、人工智能能力和区块链能力，这些新的能力称为被评价的对象，也要求评价的方法与时俱进。这说明，需要更新一套新的体系和模型来支撑金融科技的评价。

（3）大多数金融科技评价没有考虑到认知层面的因素。尽管在传统的利润、竞争力评价中可以排除认知因素[①]，但是金融科技却需要认知的支撑，实际上从管理层到普通员工再到社会，都需要考虑认知因素，因为它本身不是一个简单的"采用过程"，而是一个研究、融合、进化的过程，技术进步规律表明，这样的过程都需要认知的支撑，而且作用非常重要。这说明，金融科技评价也需要进化，考虑认知因素。

针对这三点，并基于多年的人工智能、大数据、区块链研究和应用的积累及多方的支持，我们推出了央财金融科技指数。

央财金融科技指数（Yangcai Fintech Index，YFI）是中国精算研究院金融科技中心分析研究编制，由中央财经大学中国精算研究院、中央财经大学金融学院、零壹财经图零工作室联合发布，由英烁智能和鲸媒体提供工程支持，主要用于衡量一个国家、组织、行业、法人机构（非营利组织和企业）在金融科技方面的发展、创新程度。

与其他指数不同的是，我们的金融科技指数有以下特色。

一是形成了完善的、稳健的、高效的、动态的企业金融科技创新能力评价体系，基于成熟的大数据技术和人工智能技术，我们的评价是完全动态、实时的。

二是基于我们过去三年研究积累的金融词云和金融知识图谱人工智能技术，充分体现了深度学习在自然语言处理的应用价值，具体应用和介绍请参考本书第 2 章内容。

三是基于大数据和人工智能技术，完成了认知层面的因素捕捉和量化。[②]

1.4.2.2　央财金融科技指数介绍

央财金融科技指数主要基于创新认知理论，从四个层次对金融科技发

---

① 实际上，企业家才能也需要认知层面的因素，但是因为很难获得，所以通常不予考虑。
② 张宁：《金融保险：深度学习》，经济科学出版社 2018 年版。

25

展、创新程度进行了量化，分别为：金融科技禀赋基础、金融科技业务发展、金融科技认知以及金融科技核心能力。

（1）金融科技禀赋基础是企业和国家拥有发展金融科技的资源和基础，代表着过去的积累和现在的环境；（2）金融科技业务发展是企业和国家现在进行金融科技发展的情况，代表着现在的状态；（3）金融科技认知水平包括自我认知与社会认知，表示自我发展的认同程度，代表着内外一致的程度以及外界环境的承认水平；（4）金融科技核心能力表示企业和国家金融科技核心水平的掌握情况，代表着未来发展的动力和基石。

基于以上四个层次，央财金融科技指数将从多个维度衡量金融科技的发展、创新程度，主要包括以下两个指数。

央财金融科技发展指数（Yangcai Fintech Development Index，YFDI），主要从宏观意义上进行指数编制，可以包括一个国家或者国家政府组织，是对一个国家或者国家政府组织所有行业中金融科技发展的程度的度量。由于金融行业的特殊性，它作为资金融通的工具，广泛渗透和连接了诸多行业，所以金融科技也会与诸多行业有关，并在诸多行业中体现，这使得金融科技指数不仅仅局限于金融行业，或者说从金融科技指数角度看，行业的界限是模糊的。

央财金融科技创新指数（Yangcai Fintech Innovation Index，YFII），主要从微观意义上进行指数编制，可以包括一个企业或者一个行业，是对企业（特别是金融企业）的金融科技发展的多维度评价的综合结果。金融企业在许多场景下使用科技能力，随着科技增能、科技赋能和科技产能的程度越来越多，金融企业的所有业务将不可避免科技化，这个过程中，企业之间会产生分化，企业之间较少同步，那些通过科技手段降低成本的金融企业会面临巨大的竞争力。

此外，央财金融科技指数还将推出一系列金融部门指数，如银行业、保险业、证券业、信托业、金融科技公司等部门指数，主要包括央财银行科技指数（Yangcai BanTech Index，YBTI）；央财保险科技指数（Yangcai InsurTech Index，YITI）；央财监管科技指数（Yangcai RegTech Index，YRTI）；央财金融科技公司指数（Yangcai Fintech Company Index，YFCI）等。

1.4.2.3　央财金融科技指数应用

央财金融科技指数研究和公开发布预计可达到以下目的。

（1）观察我们金融创新发展现况，并将持续以指数编制方式进行追踪分析，以协助国家、组织、行业、法人机构等掌握我国金融科技创新发展之趋势，提供这些部门创新发展方向之建议；（2）掌握互联网、大数据、人工智能、区块链等金融科技所引发之金融创新趋势，以协助国家、组织、行业、法人机构等转化为竞争优势，提出创新经营模式与竞争策略；（3）开拓金融产业新蓝海，以协助国家、组织、行业、法人机构等发展新的商业模式、风险控管、营运形态与商品规划，并提供金融创新经营环境整体政策参考；（4）通过金融科技指数为国家、组织、行业、法人机构等提供更多对金融科技认知的相关资料，帮助这些部门深入了解金融科技，理解金融科技的禀赋基础、业务发展、认知水平和核心能力等；（5）通过金融科技指数让国家、组织、行业、法人机构等了解自身对金融科技功能认识上的差距和对金融科技服务提供者（金融科技专业机构）认识上的差距，帮助这些部门正确认识金融科技的发展水平及未来发展；（6）通过金融科技指数提高社会对金融科技的关注，提高金融科技在国家、组织、行业、法人机构中的战略位置，让金融科技在这些部门未来的发展中发挥更大的作用；（7）通过金融科技指数从多个维度描绘金融科技发展之全貌，彰显金融科技发展的区域、行业等特色，把脉金融科技的崛起之势。从指数的定义上看，广义地讲，有利于国家、组织、行业、法人机构等通过同类指数的对比，来了解自身金融科技的发展水平；狭义地讲，有利于国家、组织、行业、法人机构等通过自身指数的对比，来测定自身不同场合下金融科技能力的综合变动。

科技发展为金融行业的发展带来了新的动力，也给传统金融机构带来了挑战与机遇。传统金融企业若想得到发展，势必需要重新审视企业的整体战略，从顶层战略规划、组织架构、技术采用、人力资源、产品与服务、市场营销等各个方面适应市场的变化，持续创新，并把握与金融科技的合作机会，弥补业务上的短板，以适应日新月异的市场变化，甚至要能开辟新的领域，满足趋向个性化的客户需求。同时，金融科技公司与传统企业的充分合作也是进一步发展的良好机遇。在未来，央财金融科技指数编制组将继续为各行各业提供更多更高效的专业服务，实现各方的互利互惠，促进企业、行业的稳定与发展。

1.4.2.4　央财金融科技指数载体

为了实现以上目的，我们将动态融入指数特色中。金融科技发展指数和金融科技创新指数是金融科技指数中最主要的指数，它们都是动态的。为了能够支撑动态的指数发布和查询，我们将指数载体设定为两类。

其一，印刷出版物：主要提供年度的指数评价报告，本书属于此类，主要提供针对企业的金融科技创新指数。

其二，在线形式：我们通过专业网站和发布的 App 提供动态指数，包括金融科技创新指数和金融科技发展指数以及其他的专门的分析指数和咨询报告。这里的在线形式包括在线的 PDF、在线查询、在线自动生成等多种形式，在这些形式中，我们后台大量依赖于人工智能技术来优质地完成请求。

第 2 章
金融科技发展和创新指数评价理论与方法

2.1 评 价 标 准

编制金融科技指数是一个系统的工作，除了对整个行业能够编制一个足够好的代表指数——金融科技发展指数外，我们还期望能够对一家法人机构（公司）给出金融科技创新指数，使得企业之间可以进行横向比较：通过和同行的比较发现自己在金融科技方面的不足、劣势或者优势；通过和行业平均水平比较发现自己的潜力和发展方向；通过不同维度的比较来获得发展的具体方向等。

本书第 1 章已经给出了金融科技发展指数的定义，从金融科技发展阶段来看可以分为金融科技发展指数和金融科技创新指数①。

基于金融科技发展指数的定义，本书认为衡量金融科技指数需要基于全面原则、一致原则和有效原则。

（1）全面原则。对国家来说，金融科技是一个较广泛的概念，涵盖了金融行业和科技行业，其中科技行业所涉及的具体行业有很多；而对于具体公司来说，金融科技不是一个简单的工具，而是和业务融合渗透的形式，是改变传统业务基因的模式。这些特点决定了金融科技发展的评价需要多角度考虑，除了从业务层面考虑还需要从时间角度、管理角度、公司

---

① 具体解释请参考第 1 章内容。

文化角度三方面来考虑，也就是说要保持全面原则。

（2）一致原则。在相同类别的金融科技发展评价中，获得指数的过程应该是相同的，这保证了不同的结果可以相互比较、相互借鉴。任何评价的结果不是吸引眼球，而是为企业所用、为行业作用、为国家决策所用。一致原则还使得不同的经验可以在个体之间进行迁移，使得模块可以进行复用。从行业发展角度来看，一致性还保证了时间角度的对比是有意义的，通过长时间的时间序列分析，我们可以发现有规律的趋势和方向。

（3）有效原则。任何评价都不应该是空谈，而应该以具体的数据来进行衡量，所以金融科技发展程度的评价也应该以能够体现金融科技特点的数据为基础，这意味着评价的基础来源于公司自身的数据以及外部对公司的数据，在这样的基础上，评价不但在固定样本时能够进行下去，而且在新样本加入的时候仍然能够进行，这就是有效原则。有效原则避免了过多的理论上的纠缠，也避免了其他因素的影响，从数学上说，有效原则需要有数学机制保证评价结果的稳健性。

（4）数据原则。我们在评价金融科技发展程度的时候，会考虑大数据和人工智能因素，或者说这本身就是金融科技发展程度的重要的指标之一。在评价过程中，我们也会使用这些技术，相当于用这些技术来评价不同的公司使用这些技术的水平。基于数据来评价是坚守客观的基础，这避免了专家评价方法的不一致、相互矛盾、过于主观等诸多问题。我们也认为，基于数据的客观方法比各种主观方法更能够令人信服，也能够更好地反映真实的自身情况。现实中，专家的主观臆断会导致一些问题，同时我们还考虑到：与传统的金融保险不同，对金融科技熟悉的专家非常少，许多"金融科技"专家，其实只是熟悉金融，并不了解科技甚至没有实际运作过深度学习或者区块链在金融中的落地，不能够深刻理解金融科技，这样依赖专家给出的评价可能是有问题的，可能会有悖于我们的金融科技发展和创新指数的初衷：希望能够给组织、行业和企业提供参考和方向。

（5）智能原则。在评价金融科技发展程度时，我们的其中一项评估指标是"评价人工智能的能力"同时在评价过程中也会将人工智能作为一项评价工具，简而言之是"用人工智能的方法"来评价金融企业人工智能的能力，这是非常有挑战性的任务。事实上，评价自身也是一种人类的认知行为，这种客观的认知行为，某种程度上也是计算机能力替代的方向之一，我们在本次评价中开创性地运用机器学习等诸多新一代人工智能方法，并构建了最庞大的金融"语义"智能词云和知识图谱，来进行认知层面的提升，从而形成有效的方法和体系。

（6）开放原则。我们遵从当前科技的主流力量——开放原则，认为金融科技评价中的新方法和新技术有很多可以迁移使用。我们将通过网页和App 开放上亿数据的金融的词向量检索和应用，开放金融人工智能情感判定应用，开放部分深度循环网络训练数据，以及部分金融知识图谱的体验。

（7）动态原则。金融科技本身是不断发展的，其指数应该是动态的。在传统模式下，没有大数据和人工智能技术的支撑，实施动态的指数评价是不现实的。在金融科技指数评价中，我们提出了动态模式，除了本身技术上完全基于大数据架构和人工智能技术外，在载体上，我们也对金融科技指数评价建立了"印刷出版 + 在线"组合模式：印刷出版的报告主要呈现的是静态的金融科技创新指数，数据截至 2018 年 3 月（其中，年报数据截至 2017 年 12 月）；而在线的网站和 App 形式则呈现相关动态的发展指数和创新指数，同时以 API 形式对特定企业和行业可以进行专项评价。

2.2 基于企业智能化发展理论的创新能力基础维度分析

根据第 1 章内容，金融科技创新能力涉及的因素可以分为四个层次，分别是：金融科技禀赋基础、金融科技业务发展、金融科技认知以及金融科技核心能力。这里重新以企业为评价对象重新陈述它们的含义并就此引出评价框架。金融科技禀赋基础是企业和国家拥有发展金融科技的资源和基础，代表着过去的积累和现在的环境；金融科技业务发展是企业和国家现在进行金融科技发展的情况，代表着现在的状态；金融科技认知包括两个角度的认知，分别是自我认知与社会认知，自我认知是企业金融科技自我的认知情况，而社会认知表示社会对该企业金融科技相关方面的认同程度，组合起来代表着内外一致的程度以及外界环境的承认水平；金融科技核心能力表示企业和国家金融科技核心水平的掌握情况，这代表着未来发展的动力和基石。

这四个层次的划分是基于企业数字化发展的反馈机制给出的，互联网经济模式下，企业将逐步进化为数据化、链接化和智能化，此时，企业基于数据驱动的有效链接成为企业的核心竞争力，而智能化是维持和提升链接价值的可靠保证，也是数据化和链接化后的最终进化方向。

本质上，金融企业在金融科技化的过程中，实际上分别落脚在以下三个角度：数据化、链接化和智能化。

我们认为，智能化不是一蹴而就的，而是通过企业基于自身基础，不断与外界反馈更新、提升金融科技能力，最终才能实现智能化。

将企业大脑看作目标的话，金融科技评价实际上是在评价从企业智能化角度看，企业的能力大小（程度）。

所以将评价划分为四个象限，两个维度，如图 2－1 所示。第一个维度是企业自身和外界链接能力，这种能力是双向的；第二个维度是企业的进化反馈，拥有的基础以及外界给予的反馈。这样产生四个象限，分别是：（1）侧重外部反馈及作用的认知（评价）；（2）侧重内部反馈及作用的核心能力（评价）；（3）侧重外部基础的业务发展（评价）；（4）侧重内部基础的基础禀赋（评价）。

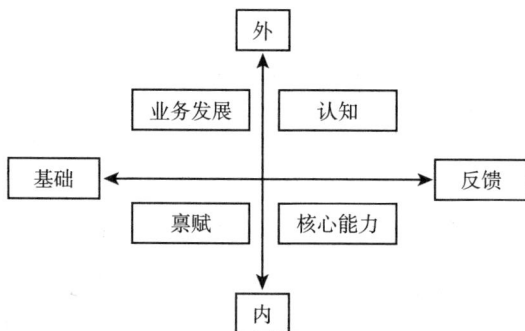

图 2－1　金融科技指数评价指标象限图

当然，理论上四个象限的评价包含的因素众多，部分评价需要深入跟踪并需要持续的智能化方法来量化，这在多个企业评价中存在一定的困难；同时考虑到企业所处的市场和环境是类似的（需要一定的条件，例如同一个行业、同一个领域等），每个象限可以选取一些代表因素来作为基础指标。

为了适应国内的企业金融科技创新能力评价，我们构建了指标系统和稳健的方法的同时我们利用了人工智能的技术，这样做的好处是：（1）规则和模型是固定的、量化的，尽管存在着不可解释的问题；（2）能够处理大量数据，且评价是动态的；（3）能够足够稳健且可以比较。

2.3　方法与框架

所有的评价都是将足够多的相关因素以合理的形式降维到一个结果，形成一个能够代表整体情况的数值，由此表示程度或者横向对比。

用数学表示就是如下的映射过程：

$$f: \{X \mid X \in R^n\} \rightarrow \{I \mid I \in R^1\} \qquad (2-1)$$

这里 n 表示考虑的因素（或者变量），X 表示各样本（待评价对象）的因素向量，而 I 就是最后的评价结果（分数或者概率等）。

金融科技创新发展指数评价的评价过程就是：选取 n 个相关的因素，然后通过一系列客观的数学运算和方法，得到最终的分数。

在这个过程中有两个关键的过程影响到评价的质量：第一就是选取 n 个相关因素；第二就是获得相关因素的高质量数据；第三就是评价方法的模型。

2.3.1　利用知识图谱选取基础维度的影响因素

一些经济学研究较少考虑合理的因素的选择，而是预先假定好了因素，然后在此基础上进行研究，但是实际问题不是这样，而是有一个合理因素选择的过程，甚至连模型选择都要有一个科学化的过程。

在这里我们基于大数据原则："没有明确证据证明没有关联的因素，都加以考虑"。①

请注意，这和传统的经济学分析思路不同：考虑（研究者认为）有关系的因素。

但是如何获得这些因素？我们使用的是"类人"的思考方法，更准确地说是人工智能方法。人类对因素的考虑其实是基于语义考虑的，我们也是利用了强大的词云技术，来获取相关的因素。

我们基于2.2节的象限划分方法确定了四个基础维度后，利用金融科技的知识图谱技术，来客观衍生出这四个维度分别对应的子维度（或者叫作二级指标，考虑得更细节的信息等），再通过构建好的金融科技知识图谱（20171231版本）给出。

下面列出了对应的各基础维度，金融科技知识图谱关联强度超过0.1的结果，即在考虑截至2017年12月31日，整体金融科技知识认知中，对这些基础维度影响（关联）最主要的因素，如表2-1所示。

表2-1　　　　　　　　　　基础纬度关联强度表

金融科技禀赋基础 （第三象限）		金融科技业务发展 （第二象限）		金融科技自我认知与 社会认知（第一象限）		金融科技核心能力 （第四象限）	
管理禀赋	0.671	创新业务发展	0.89	自我认知	0.93	数据能力	0.77
数据禀赋	0.529	链接技术支撑	0.57	社会静态认知	0.55	智能能力	0.69
经营禀赋	0.312	连接智力支撑	0.29	社会思考认知	0.31	区块链与安全技术能力	0.39
信息基础设施	0.210	—	—	—	—	—	—

【说明】因当前行业刚刚开始探索应用区块链，在实际认知、项目操作、落地实践中，大多数金融机构还不能够给出清晰的结果或者实施的路径，这导致如果搜集数据的话，其实大多数接近于0，导致考虑这

---

① 张宁：《关于金融拥抱人工智能的15个问题》世界模式识别大会发言，2018年8月。

个维度没有意义。所以尽管其关联强度达到了 0.39，但在本次评价中不予考虑。

这里使用的技术是：词云和知识图谱，基于我们金融科技中心的金融词云和金融科技知识图谱结果模型，版本如表 2-2 所示。

表 2-2　　　　　　　　　　金融科技技术版本表

分项	金融词云	金融科技知识图谱
版本	20180319	20171231
大小	8.96G	1.96G

词云技术和知识图谱是人工智能中的重要技术，词云是基于深度学习，准确地说我们使用的是基于 Google 的 Word2Vec；知识图谱是包括深度学习技术在内的多种人工智能技术综合运用的集成技术，目的是形成类似人的语义理解和探索，这两者的具体技术介绍在 2.7 节与其他具体技术统一介绍。

下面对上述二级指标进行定义和说明，如表 2-3 所示。

表 2-3　　　　　　　　　　二级指标阐述表

金融科技基础禀赋类	
管理禀赋	公司管理理念中适合金融科技发展的要素
数据禀赋	公司经营过程中数据积累情况，金融科技的所有科技要素都离不开数据，数据是重要的资源和能源
经营禀赋	公司在生产经营过程中应对外界反映形成的秩序与模式，本文通过分析公司的年报并获得年报中有关"金融科技"的因素给予评价
信息基础设施	发展金融科技的必备基础
金融科技业务发展类	
创新业务发展	互联网经济模式下的业务创新形式与现状：互联网与 App 业务
链接技术支撑	业务合作中有助于金融科技发展的链接和有效链接，这里主要指技术合作
链接智力支撑	业务发展中的人力资本现状和变化趋势，这里主要通过招聘信息反映

金融科技自我认知与社会认知	
金融科技自我认知	公司文化中对金融科技的认知程度和现状
金融科技社会认知	外界对公司和金融科技关联和表现得认知程度和现状
金融科技核心能力	
数据应用能力	大数据技术研发和应用能力，例如非结构化数据存储、使用和开发能力等
人工智能能力	企业构建智能大脑模式的各类方向评测

2.3.2 综合利用多种方法获得高质量数据并进行预处理

数据整体上来源于四类。

第一类：公开披露信息及报表（A）；

第二类：调查数据（包括访谈调查、人工智能问卷调查数据等）（B）；

第三类：搜索（关键词关联数据）（C）；

第四类：语义关联（词云数据）（D）。

分别说明如下。

2.3.2.1 公开披露信息及报表（A）

这类数据主要利用的是对应公司按照法规对外披露的报表数据及其他按照要求披露的数据，对于本次评价，由于我们针对的是保险公司和上市银行，所以对应的强制要求披露法规分别对应保险和银行。

保险公司的"公开披露信息及报表"，依据的是 2010 年版《保险公司信息披露管理办法》，根据中国银保监会的发文，新的《保险公司信息披露管理办法》已于 2018 年 7 月 1 日实施，在新的披露管理办法中，保险公司披露的内容将更加丰富，同时新增"保险责任准备金"这项应披露信息；与此同时，保险公司在风险管理、产品经营、重大事项、公司治理等方面将需要披露更多细节，以反映保险公司的实际经营情况；新增加的"实际控制人及其控制本公司情况的简要说明"一项，也将让神秘的保险公司实控人无处遁形。在下一年的金融科技创新指数评价中，我们将"公开披露信息及报表"数据基于新的《保险公司信息披露管理办法》

（2018 年 7 月 1 日实施）。具体数据来源于各保险公司网站以及保险行业协会的信息披露网站（http：//icid. iachina. cn/）。

上市银行的"公开披露信息及报表"，依据的是证监会根据《证券法》发布的《上市公司信息披露管理办法》（2007），《上市公司重大重组管理办法》（2014），《关于规范上市公司信息披露及相关各方行为的通知》《信息披露内容与格式准则》等部门规章和规范性文件，也包括相关交易所的要求等。具体数据来源于 Wind 数据库以及企业网上公开公布的资料。

2. 3. 2. 2　调查数据（包括访谈调查、人工智能问卷调查数据等）（B）

这类数据是通过调查获得的。包括三类。

（1）面对面访谈（在征得同意的情况下，支持视频人工智能分析）。这类访谈是通过问答内容和反应来给出目标数据。

（2）针对性 AI 自动反馈问答。这类调查是基于动态树方式来获得目标数据。

（3）问卷（主要是互联网方式）。这类是普通问答方式获得固定数据。

2. 3. 2. 3　搜索（关键词关联数据）（C）

这类数据是基于搜索引擎的搜索，并加以自然语言理解处理后获得数据。搜索引擎主要考虑以下几个。

微软必应搜索：www. bing. com（考虑国内和海外版）

百度搜索：www. baidu. com

谷歌搜索：www. google. com

搜狗搜索：www. sogou. com

2. 3. 2. 4　语义关联（词云数据）（D）

这类数据是基于训练好的词云和构建好的金融科技知识图谱。

以下各类数据所包含的数据来源，用 ABCD 表示。

（1）金融科技禀赋基础（第三象限）：

管理禀赋：股权与高管　　　（A，C）　　　{6}

数据禀赋：数据量　　　　　（A，C）　　　{6}

经营禀赋：年报统计　　　　（A）　　　　{7}

信息基础设施 　　　　　（A，B，C）　　{11}

（2）金融科技业务发展（第二象限）：

创新业务发展：互联网与 App 业务　（A，B，C）　　{5}

链接技术支撑：技术合作 　　　　　（A）　　　　{7}

连接智力支撑：招聘信息 　　　　　（A，C）　　{8}

（3）金融科技自我认知与社会认知（第一象限）：

自我认知：企业认知 　　　　（B，C，D）　　{5}

社会静态认知：搜索关联 　　（B）　　　　　{9}

社会思考认知：词云关联 　　（D）　　　　　{13}

（4）金融科技核心能力（第四象限）：

数据能力：数据应用能力 　　（B，C，D）　　{11}

智能能力：人工智能能力 　　（B，C，D）　　{9}

上述"{}"为原始数据的维度，当然很多样本的对应维度是空的，例如，有一些公司我们无法获得较清晰的 Tensorflow 等深度学习平台的应用情况。这意味着有些维度基于公平的原则可能要被舍弃（当该维度空值数据的样本超过50%时），具体的数据处理与模型考虑在一起处理。这样原始数据维度达到了97维度。

在进行了一定程度的数据预处理和空值弥补后，主要是删除一些当前没有办法收集到（超过50%比例）的维度后，数据维度降低到69维度，具体情况如下。

（1）金融科技禀赋基础（第三象限）：

管理禀赋：股权与高管 　　（A，C）　　{6}

数据禀赋：数据量 　　　　（A，C）　　{6}

经营禀赋：年报统计 　　　（A）　　　{7}

信息基础设施 　　　　　　（A，B，C）　{7}

（2）金融科技业务发展（第二象限）：

创新业务发展：互联网与 App 业务 　　（A，B，C）　{5}

链接技术支撑：技术合作 　　　　　　（A）　　　{6}

连接智力支撑：招聘信息 　　　　　　（A，C）　{5}

（3）金融科技自我认知与社会认知（第一象限）：

自我认知：企业认知　　　　　　　（B，C，D）　　　{5}

社会静态认知：搜索关联　　　　　（B）　　　　　　{5}

社会思考认知：词云关联　　　　　（D）　　　　　　{6}

（4）金融科技核心能力（第四象限）：

数据能力：数据应用能力　　　　　（B，C，D）　　　{6}

智能能力：人工智能能力　　　　　（B，C，D）　　　{5}

2.3.3　用信息熵做总体评价模型，并建立应对模型不确定性的机制

主成分分析是找到基础因子的多个线性组合，事实上是找到合适的投影方向使得样本在这些投影上方差最大（差异最大），这样，这些线性组合可以形成新的因子，较大程度反映评价的目标，然后根据这些因子进行排序，这时候有两种情况。

（1）如果一个新因子的方差贡献率已经很高，比如超过了80%，这时候该新的因子一定程度可以代表样本的特征；（2）通常进行了 PCA 后，仍然会有很多因子（少于原始基础因子）综合方差贡献率超过一定数值（80% 或者 90%），此时只是将基础因子数量减少了一些，仍然需要继续减少（到 1 个）来评价。通常的做法有方差权重组合和熵散度组合，两者的共同点都是利用权重将剩余的因子组合成一个，差别是权重的构成不同，但从数学上看，某种程度都是一种"离散"的权重表示。但这当中对主成分的再加权，其实是构造了一个新的"因子"，仍然是基础因子的线性组合。

如果直接使用了主成分分析方法，这意味着，直接将其用于全部二级指标，但其结果并不理想，在考虑到了 12 个主成分后，累积方差率仍然达不到 50%。

使用稳健主成分分析方法效果稍好一点，但考虑 10 个主成分，也达不到 50%。

这使得主成分分析直接应用遇到困难。

同时，考虑到我们最终目标是使得结果是一个相对的结果，公司之间可以发现差距，弥补不足，但主成分分析中多个主成分的再加权获得的结果，其实是基础因子的一个新的线性组合，只能反映出一定程度的"倾向"。

我们同时考虑了非线性降维方法 T–SNE 的机器学习方法，该方法的结果与熵值法类似，但熵值法受众面更广，所以再大的框架熵，我们选用了熵值法进行最终的评价。

尽管主成分分析方法不适合直接从 69 个维度获得最后的评价，但是它可以用于具体二级指标相关因素的筛选，通过选择权重较大的因子，将二级指标相关的因子数量大幅度降低。

最终的结果如表 2-4 所示。

表 2-4　　　　　　　　　　　最终结果因子归类

基础禀赋	股权与高管	3	A11	A12	A13	
	数据量估计	5	A21	A22	A23	A24
	年报统计	1	A31			
	信息基础设施	4	A41	A42	A43	A44
业务发展	互联网保险	4	B11	B12	B13	B14
	技术合作	2	B21	B22		
	招聘信息	2	B31	B32		
认知	调查数据	3	C11	C12	C13	
	搜索数据	1	C21			
	词云数据	1	C31			
能力	数据应用能力	1	D11			
	人工智能能力	1	D21			

从表 2-4 可以看到，原始的数据通过预处理从 97 维降到了 69 维，然后通过主成分分析又从 69 维降低到了 28 个维度。

熵权值或者 T–SNE 最终利用这 28 个维度完成评估。

为了不破坏整体框架介绍，具体相关的方法，将在 2.4 节进行详细介绍。

2.4 涉及方法的介绍

本质上，任何评价方法都是将多维度数据降维为一维，然后进行评价。评价的目的是获得相对的位置，查缺补漏。信息熵是一种有助于推进"进化"的方法。整体框架使用的是信息熵方法；对于有清晰多元指标的象限，我们用 PCA 方法来抽取一些最关键的指标，为了避免样本进入带来的影响（不稳健），我们使用了稳健 PCA 方法。对于没有清晰多元指标，或者非线性明显的细分指标，我们用 T－SNE 方法来进行降维，并形成关键指标。对于细分指标中很难直接确定关系的，我们使用人工智能方法来构建指标。

本书中使用的方法及对应的简单描述如表 2－5 所示。

表 2－5   方法应用列表

方法	应用	描述	计算量
PCA 方法	二级指标相关因子选取	线性降维	一般
Robust－PCA 方法	二级指标相关因子选取	线性降维	很大
T－SNE 方法	可用于最终评价	非线性降维	较大
熵值法	用于最终评价	信息熵理论	一般
人工智能－词云	获取强度关联，获取基础指标数据	深度学习技术 Word2vec，人工智能的自然语言理解技术	非常大，需要 GPU 计算
人工智能－知识图谱	获取强度关联，综合信息抽取，部分获取基础指标	人工智能—知识图谱技术，多类技术综合	非常大，需要 GPU 计算

2.4.1 传统主成分方法

在各个领域的科学研究中，往往需要对反映事物的多个变量进行大量的观测，收集大量数据以便进行分析寻找规律。多变量大样本无疑会为科学研究提供丰富的信息，但也在一定程度上增加了数据采集的工作量，更重要的是在大多数情况下，许多变量之间可能存在相关性而增加了问题分析的复杂性，同时给分析带来不便。如果分别分析每个指标，分析又可能是孤立的，而不是综合的。盲目减少指标会损失很多信息，容易产生错误的结论。因此，需要找到一个合理的方法，减少分析指标的同时，尽量减少原指标包含信息的损失，对所收集的资料做全面的分析。由于各变量间存在一定的相关关系，因此有可能用较少的综合指标分别综合存在于各变量中的各类信息。主成分分析就是把多个指标化为少数几个综合指标的统计分析方法，它通过几个综合因子（主成分）来代表原来众多的变量，使这些主成分尽可能多地反映原来变量的信息，而且彼此之间互不相关。

主成分分析的步骤如下。

设有 p 项指标的 n 个样本构成矩阵 X：

$$X = \begin{bmatrix} x_{11} & x_{12} & \cdots & x_{1p} \\ x_{21} & x_{22} & \cdots & x_{2p} \\ \vdots & \vdots & & \vdots \\ x_{n1} & x_{n2} & \cdots & x_{np} \end{bmatrix}$$

（1）进行原始数据的标准化：

$$Z_{ij} = \frac{X_{ij} - \overline{X}_j}{S_j}, \ i = 1, 2, \cdots, n; j = 1, 2, \cdots, p \qquad (2-2)$$

其中 $\overline{X}_j = \frac{1}{n} \sum_{i=1}^{n} X_{ij}$ 为第 j 个变量的均值；$S_j^2 = \frac{1}{n-1} \sum_{i=1}^{n} (X_{ij} - \overline{X}_j)^2$ 为第 j 个变量的样本方差。

（2）计算样本的相关系数矩阵 R：

$$R = (r_{ij})_{p \times p}, \ 其中 \ r_{ij} = \frac{1}{n-1} \sum_{k=1}^{n} Z_{ki} Z_{kj}, \ i, j = 1, 2, \cdots, p \qquad (2-3)$$

（3）求矩阵 R 的特征值 $\lambda_1 \geqslant \lambda_2 \geqslant \cdots \geqslant \lambda_p$ 和特征向量 $U = (u_{ij})_{p \times p}$。

特征值 λ_i 是特征方程 $|R - \lambda E| = 0$ 的根，它的大小反映了各个主成分在描述所评价对象上所起的作用的大小，λ_i 对应的特征向量 U_{*j} 由方程 $(R - \lambda_i E) U_{*j} = 0$ 给出。

第 i 个主成分可以表示为 $F_i = \sum_{j=1}^{p} U_{ij} Z_{*j}$，$i = 1, 2, \cdots, p$。

（4）选取主成分数目的判定准则。

第 i 个主成分的方差贡献率表示该主成分能解释的原始变量的信息量，$\alpha_i = \lambda_i / \sum_{i=1}^{p} \lambda_i$，对于一般的主成分分析，通常约定累计方差贡献率 $q \geqslant 85\%$，对于约定的累计方差贡献率 q_0，如果有如下关系成立：$\sum_{i=1}^{k-1} \lambda_i / \sum_{i=1}^{p} \lambda_i < q_0 \leqslant \sum_{i=1}^{k} \lambda_i / \sum_{i=1}^{p} \lambda_i$，则取前 k 个主成分进行分析评价。

（5）利用主成分得分进行评价分析。

利用所得到的前 k 个主成分 F_i 作为变量，相应的方差贡献率 λ_i 作为权重，得到主成分加权平均后的得分 $G = \sum_{i=1}^{k} \lambda_i F_i / \sum_{i=1}^{k} \lambda_i$，根据分数的高低可以对各个样本进行排名。

2.4.2 稳健主成分分析方法

同主成分分析（PCA）一样，稳健主成分分析（Robust PCA）本质上也是寻找数据在低维空间上的最佳投影问题。

回顾 PCA 方法，它假设数据中的噪声是高斯分布的，这使得最终结果容易被大的噪声或者严重的离群点干扰，使得结果并不稳健。Robust PCA 针对此问题，通过一系列操作来保证结果的稳健性，即使样本差异较大也仍然保持结果的可靠。

更具体来说，PCA 的计算过程基于协方差计算。很早就有学者发现了样本协方差和样本均值的计算对异常值非常敏感，部分学者还对其敏感程度进行了数学分析[①]。

表 2-6 可以直观说明这一点：该实验所用的两组样本数据为二维正态分布随机生成，均值为 1，方差为 1，相关系数为 0.6（协方差也为 0.6），接下来随机为每组改变一定数量的样本值，改变后的数值为原来的 2 倍。

---

① Grubel R. A, Minimal characterization of the covariance matrix, Metrika, 1988, 35, 49–52.

表 2 - 6   协方差计算对异常值的敏感性说明

改变数值的数量	样本值变化（增加）百分比（%）	协方差变化百分比（%）
1	100	103
2	100	137
5	100	216
10	100	732

可以看到，表 2 - 6 展示的协方差变化剧烈，这正是因为协方差计算对异常值非常敏感所致。这意味着，当用于评估的样本中出现差异较大的个体的时候，将会导致协方差发生巨大变化，从而也导致基于协方差估计的主成分提取产生较大变化，最终会使得评估结果产生较大偏移（不稳健）。

对于该问题，大体有两种解决途径，一种是罗瑟夫（Rousseeuw）提出来的最小协方差矩阵估计（Minimum Covariance Determinant，MCD）[1]，该方法直接有效，后续发展了许多加快效率的办法；另一种是基于投影追踪（Projection pursuit），针对指标维度超过样本数量以及稀疏矩阵的情形。

本书选择了 MCD 方法作为稳健主成分分析的基础方法，原因如下。

（1）在过去许多实际应用场景下，两种方法对比中，MCD 方法更稳定一些，这是由于大多数实际评价工作中噪声分布式严重尖峰厚尾的，即所有指标侧重点较分散，在进行投影追踪时选择一个合适的超平面其实并不容易做到。

（2）我们已经在过去许多案例中应用了该方法，并形成了成熟的提升和改进策略。

（3）我们的计算平台实现了对 MCD 方法的 GPU 并行计算，支持快速MCD 算法（FAST - MCD）以及我们改进的快速逼近 MCD，这使得令人头痛的 MCD 计算量问题不成为问题，时间可以大大缩短[2]。

---

[1]   Peter J. Rousseeuw，Least median of squares regression，Journal of the American Statistical Association，1984，79，871 - 880.

[2]   具体可以参考我们的论文《稳健协方差方法及其在上市公司信息披露质量评价中的应用》，这里给出其原始计算过程。

MCD 方法实际上是利用迭代思想，不断计算离群点和中心的马氏距离，最终找到一个稳定的中心群点，形成所需要的协方差估计，具体过程如下。

第一步，考虑一个矩阵 $X_{n \times p}$，从中随机抽取 h 个样本（对于选择的600 家公司，我们选取 $h = 512$），计算这些样本的均值和协方差矩阵，作为初始值，记为 T_1，S_1；

第二步，计算全部 n 个样本到第一个初始中心 T_1，S_1 的马氏距离，并选取出其中最小的 h 个样本点：

$$d_1(i) = \sqrt{(x_i - T_1) S_1^{-1} (x_i - T_1)} \qquad (2-4)$$

第三步，由上述新的 h 个样本形成新的均值和协方差矩阵，T_2，S_2，然后重复第一步和第二步的过程；

迭代终止：当 $Det(S_m) = Det(S_{m-1})$，此时再通过最后的协方差矩阵进行加权计算得到稳健的协方差估计。

可以看到，该基础计算过程有明显的几何意义，即不断寻找包含 h 个样本的超椭球体，使其到样本中心距离最短，这样椭球体之外的点就是例外点（Outlier），这些例外点可以用于经济金融的进一步研究使用。

2.4.3 非线性降维：SNE 方法与 T－SNE 方法

PCA 以及 PCA 变体方法都是线性降维，尽管使用核函数方法可以解决一些非线性问题，但仍然受制于其核心的"线性基因"。

为了能够进行非线性降维，有许多新的方法提出，本书使用的是SNE 方法，原因在于：（1）它在非线性降维领域效果明显，速度也较快；（2）它与新一代人工智能（深度学习）有一定的相关性。

SNE 即 stochastic neighbor embedding，是深度学习之父、多伦多大学教授辛顿（Hinton）在 2002 年提出来的一个算法，它基于这样一个朴素的原理：在高维空间相似的数据点，映射到低维空间距离也是相似的！

通常，人们常规的做法是用欧式距离表示这种相似性，但 SNE 创新将这种距离关系转换为一种条件概率来表示相似性。

考虑高维空间中的两个数据点 x_i 和 x_j，x_i 以条件概率 $p_{j|i}$ 选择 x_j 作为它的邻近点。考虑以 x_i 为中心点的高斯分布，若 x_j 越靠近 x_i，则 $p_{j|i}$ 越大。

反之，若两者相距较远，则 $p_{j|i}$ 极小。因此，可以这样定义 $p_{j|i}$：

$$p_{j|i} = \frac{\exp\left(\dfrac{-\parallel x_i - x_j \parallel^2}{2\sigma_i^2}\right)}{\sum_{k \neq i}\exp\left(\dfrac{-\parallel x_i - x_k \parallel^2}{2\sigma_i^2}\right)} \qquad (2-5)$$

其中，σ_i 表示以 x_i 为中心点的高斯分布的方差。由于我们只关心不同点对之间的相似度，所以设定 $p_{i|i}=0$。

当把数据映射到低维空间后，高维数据点之间的相似性也应该在低维空间的数据点上体现出来。这里可以同样用条件概率的形式描述，假设高维数据点 x_i 和 x_j 在低维空间的映射点分别为 y_i 和 y_j 类似的，低维空间中的条件概率用 $q_{j|i}$ 表示，并将所有高斯分布的方差均设定为 $\dfrac{1}{\sqrt{2}}$，所以有：

$$q_{j|i} = \frac{\exp(-\parallel y_i - y_j \parallel^2)}{\sum_{k \neq i}\exp(-\parallel y_i - y_k \parallel^2)} \qquad (2-6)$$

同理，设定 $q_{i|i}=0$。

可以看到，若 y_i 和 y_j 真实反映了高维数据点 x_i 和 x_j 之间的关系，那么条件概率 $p_{j|i}$ 与 $q_{j|i}$ 应该完全相等。

很显然只考虑了 x_i 与 x_j 之间的条件概率是不够的，需要考虑 x_i 与其他所有点之间的条件概率，此时可构成一个条件概率分布 p_i；同理，在低维空间存在一个条件概率分布 Q_i，且应该与 p_i 一致。

接下来是衡量两个分布之间的相似性。经典的 KL 距离（Kullback - Leibler Divergence）可以完成此任务。

这样，SNE 最终目标就是对所有数据点最小化这个 KL 距离，具体的优化求解可以使用梯度下降算法，即最小化如下代价函数：

$$C = \sum_i KL(P_i \parallel Q_i) = \sum_i \sum_j p_{j|i}\log\frac{p_{j|i}}{q_{j|i}} \qquad (2-7)$$

因为 KL 距离是一个非对称的度量，最小化代价函数的目的是让 $p_{j|i}$ 和 $q_{j|i}$ 的值尽可能地接近，即低维空间中点的相似性应当与高维空间中点的相似性一致。

从代价函数的形式可以看出，当 $p_{j|i}$ 较大，$q_{j|i}$ 较小时，代价较高；而

$p_{j|i}$ 较小，$q_{j|i}$ 较大时，代价较低。这表明：高维空间中两个数据点距离较近时，若映射到低维空间后距离较远，那么将得到一个很高的惩罚值；高维空间中两个数据点距离较远时，若映射到低维空间距离较近，将得到一个很低的惩罚值。

前者是我们希望的，但是后者有些问题，需要将很低的惩罚值转化为较高的惩罚值。换句话说，SNE 的代价函数更关注局部结构，而忽视了全局结构。

SNE 代价函数对 y_i 求梯度后的形式如下：

$$\frac{\delta C}{\delta y_i} = 2 \sum_j (p_{j|i} - q_{j|i} + p_{i|j} - q_{i|j})(y_i - y_j) \qquad (2-8)$$

这个梯度有一定的物理意义，可以用分子之间的引力和斥力进行解释。低维空间中点 y_i 的位置是由其他所有点对其作用力的合力所决定的。其中，某个点 y_j 对其作用力是沿着 $y_i - y_j$ 方向的，具体是引力还是斥力占主导就取决于 y_j 与 y_i 之间的距离了，其实就与 $(p_{j|i} - q_{j|i} + p_{i|j} - q_{i|j})$ 这一项有关。

需要注意的是，在原始的 SNE 中，$p_{i|j}$ 与 $p_{j|i}$ 是不相等的，低维空间中 $q_{j|i}$ 也是不相等的。所以如果能得出一个更加通用的联合概率分布更加合理，即分别在高维和低维空间构造联合概率分布 P 和 Q，使得对任意 i，j，均有 $p_{ij} = p_{ji}$，$q_{ij} = q_{ji}$。

在低维空间中，可以这样定义 q_{ij}：

$$q_{ij} = \frac{\exp(-\|y_i - y_j\|^2)}{\sum_{k \neq l} \exp(-\|y_k - y_l\|^2)} \qquad (2-9)$$

在高维空间中类似做如下定义是有问题的：

$$p_{ij} = \frac{\exp\left(\frac{-\|x_i - x_j\|^2}{2\sigma^2}\right)}{\sum_{k \neq l} \exp\left(\frac{-\|x_k - x_l\|^2}{2\sigma^2}\right)} \qquad (2-10)$$

例如，考虑一个离群点 x_i，它与所有结点之间的距离都较大，那么对所有 j，p_{ij} 的值均较小，所以无论该离群点在低维空间中的映射点 y_i 处在什么位置，惩罚值都不会太高。所以 SNE 方法采用一种更简单直观的方式定义 p_{ij}：

$$p_{ij} = \frac{p_{j|i} + p_{i|j}}{2n} \tag{2-11}$$

这里，n 为数据点的总数，这既满足了对称性，又保证了 x_i 的惩罚值不会过小。

此时，可以利用 KL 距离写出如下代价函数：

$$C = KL(P \parallel Q) = \sum_i \sum_j p_{ij} \log \frac{p_{ij}}{q_{ij}} \tag{2-12}$$

梯度变为：

$$\frac{\delta C}{\delta y_i} = 4 \sum_j (p_{ij} - q_{ij})(y_i - y_j) \tag{2-13}$$

该梯度更加简化，计算效率更高。

那么对于高维空间中相距较近的点，为了满足 $p_{ij} = q_{ij}$，低维空间中的距离需要稍小一点；而对于高维空间中相距较远的点，为了满足 $p_{ij} = q_{ij}$，低维空间中的距离需要更远。

我们使用自由度为 1 的 t 分布重新定义 q_{ij}：

$$q_{ij} = \frac{(1 + \parallel y_i - y_j \parallel^2)^{-1}}{\sum_{k \neq l}(1 + \parallel y_k - y_l \parallel^2)^{-1}} \tag{2-14}$$

依然用 KL 距离衡量两个分布之间的相似性，此时梯度变为：

$$\frac{\delta C}{\delta y_i} = 4 \sum_j (p_{ij} - q_{ij})(y_i - y_j)(1 + \parallel y_i - y_j \parallel^2)^{-1} \tag{2-15}$$

再利用随机梯度下降算法训练即可。

这就是 SNE 改进的算法——T-SNE 算法，本质上，它是在 SNE 的基础上增加了两个改进：一是把 SNE 变为对称 SNE，二是在低维空间中采用了 t 分布代替原来的高斯分布。

2.4.4　熵值

熵本是热力学中的一个名词，用来度量系统的无序性。1948 年，信息论的开创者香农（Shannon）在《贝尔系统技术期刊》（Bell System Technical Journal）上发表了"关于通讯的数学理论"（*A Mathematical Theory of Communication*）一文，正式将熵的概念引入信息论中。在论文中，他从概率的角度定义了信息熵，并用来衡量了信息量的大小。信息量越大，不确定性就越小，熵也就越小；信息量越小，不确定性越大，熵也越大。换句话说，熵值可以判断一个事件的随机性及无序程度，也可以用熵值来判断某个指标的离散程度，指标的离散程度越大，该指标对综合评价的影响越大。因此，可根据各项指标的变异程度，利用信息熵这个工具，计算出各个指标的权重，为多指标综合评价提供依据。

设 X 为离散随机变量，取值范围为 $\{x_1, x_2, \cdots, x_n\}$，概率质量函数为 $p(x_i)$，$i=1, 2, \cdots, n$ 则该随机变量的信息熵 $H(x)$ 定义为：

$$H(x) = E(-\ln(p(x))) = \sum_{i=0}^{n} -p(x_i)\ln(p(x_i)) \quad (2-16)$$

信息熵能够度量一个样本信息量的大小，从而在信息传递、信息压缩以及信息评估方面得到应用。[①]

熵模型中的输入数据必须为大于 1 的数，通常为了方便计算，在具体应用时，常常让输入数据位于 1~2 之间。为了能够使用熵模型进行评估，初始信息指标矩阵需要进行变换。

一般来说，初始矩阵中的指标分为三类，分别采取不同的处理方法。

第一类是取值为 0 和 1 的指标：变换只需要将 0 变为 1，对应熵模型的信息量为 0，将 1 变成 2 即可；

第二类是取值为 0~1 之间的指标：只需要将其结果加 1 即可，这样结果就位于 1~2 之间；

第三类是其他取值为整数的指标：变换时使用距离法，设该指标初始为 t_origin，所有样本的原始指标的最大值为 max，最小值为 min，变换后的指标为 t，则变换公式为 $t = 1 + \dfrac{(t\_origin - min)}{(max - min)}$，结果为一个 1~2 之间的数。

有了变换后的矩阵 T 我们就可以用熵模型进行信息量的计算。

$$T = \begin{pmatrix} t_{1,1} & \cdots & t_{1,j} \\ \cdots & \cdots & \cdots \\ t_{i,1} & \cdots & t_{i,j} \end{pmatrix}$$

---

① 这里简单介绍熵模型评估过程，更具体的内容请参考我们的论文。张宁：《保险公司 2013 年度信息披露质量评估研究》，载《保险研究》2013 年第 7 期。

熵模型计算过程如下。

第一步：根据初始矩阵，计算第 j 项指标中，第 i 家公司所占有的比重，公式如下：

$$P_{ij} = \frac{t_{i,j}}{\sum_i t_{i,j}} \qquad (2-17)$$

第二步：计算第 j 项指标的熵值，公式如下：

$$E_j = -\sum_i P_{ij} \times \ln(P_{ij}) \qquad (2-18)$$

此熵值反映了 j 项指标所反映的信息量的大小，我们还需要据此确定每项指标在所有指标中所占有的比例，即权重。

第三步：计算第 j 项指标的权重，公式如下：

$$\omega_j = \frac{E_j}{\sum E_j} \qquad (2-19)$$

第四步：根据权重，计算每个公司的信息披露总体质量，用 k 表示：

$$k_i = \sum_j \omega_j P_{ij} \qquad (2-20)$$

第五步：为使结果清晰容易理解，由第四步结果计算百分数，0 分为最低分，100 分为满分，计算公式如下：

$$S_i = \frac{k_i - k_{\min}}{k_{\max} - k_{\min}} \times 100, \quad i = 1, 2, \cdots, i \qquad (2-21)$$

2.4.5 深度学习[①]

深度学习的结构实际上是多层神经网络，基于辛顿（Hinton）在 2006 年的两篇划时代论文[②]，人们对深度网络可以进行"有效的"训练，并获得有强大泛化能力的结果。例如，自动驾驶、AlphaGo 都是深度学习的具体体现。

[①] 关于深度学习得更详细内容（例如数学基础、工程技术等）请参考张宁：《金融保险：深度学习》，经济科学出版社 2018 年版。

[②] 论文 1：Hinton, G. E. & Salakhutdinov, R. Reducing the dimensionality of data with neural networks. Science 313, 504－507, 2006.

论文 2：Hinton, G. E., Osindero, S. & Teh, Y. - W. A fast learning algorithm for deep belief nets. Neural Comp. 18, 1527－1554, 2006.

当前深度学习技术是新一代人工智能技术的核心，也是包括中国在内的诸多国家的战略发展领域。尽管深度学习应用中依靠更多工程能力和经验，但它其实有深刻的数学基础，即所谓的通用逼近定理。

【通用逼近定理】① 令激活函数 ϕ 是一个非常数，有界且单调递增的连续函数。$I_m = \{0, 1\}^m$ 表示 m 维空间的单位超立方体，$C(I_m)$ 表示其上的连续函数空间。那么给定任意的连续函数 $f \in C(I_m)$，$\in > 0$，存在一个正整数 $n > 0$，实常数 α_i，ω_{ij}，$b_i (1 \leq i \leq n, 1 \leq j \leq m)$，使得：

$$F(X_I, x_i, \cdots, x_m) = \sum_{i=1}^{n} \alpha_i \phi \left(\sum_{j=1}^{m} \omega_{ij} x_j + b_i \right)$$

对输入的空间所有的 $x_1, x_2, \cdots, x_m$，满足：

$$| F(x_1, x_2, \cdots, x_m) - f(x_1, x_2, \cdots, x_m) | < \in$$

遗憾的是，像许多数学理论一样，这并非构造性的，也并不能清晰说明神经网络的权重的具体可解释性，即从应用角度来说，对结果的调整可操作性几乎没有，这和通常的 SVM 方法或者最简单的线性回归等方法一样，可以调整一个参数使其稍大或者稍小。

事实上，神经网络是典型的非线性系统，微小的调整很有可能会产生非线性系统固有的混沌现象，即蝴蝶效应（butterfly effects）。

接下来，在训练层面（逼近过程）遇到同样困难的问题，BP 方法可以训练浅层网络，但是多个隐含层如何反向传播？更重要的是，这种传播即使有也几乎不可行，因为每层网络的参数本身巨大，更多层意味着复杂度指数上升。研究者们训练过深度网络，但是几乎无法进行，这也是浅层学习技术占上风的根本原因。

因为数学理论已经表明，如果训练可行，通用逼近定理已经说明，深度网络不会比任何浅层技术差，实际上通过更多层次引入，一定会超过任何给定的浅层学习技术。

① 论文 1：G Cybenko. Approximation by superpositions of a sigmoid function. Math. of Cont., Sign., and sys., 2：303 –314, 1989.

论文 2：K Funahashi. On the approximate realization of continuous mapping by neutral networks. Neur. Net., 2：183 –192, 1989.

论文 3：K Hornik. Approximation capabilities of multilayer feedforward networks. Neur. Net, 4（2）：251 –257, 1991.

更深入地深度学习技术，请参考相关资料，本书中所提到的"人工智能"能力，就是评价一个企业深度学习应用的能力；同时本书在评价过程中也使用深度学习技术，这主要体现在基于自编码器的词云技术和多种人工智能技术综合的知识图谱。

2.4.6 词云与 Word2Vec 技术

无论是否在金融领域，自然语言处理都必须要处理这样一件事：那就是将文字转化成数字。

图 2-2 是深度学习大师本吉奥（Bengio）等在 2003 年提出的神经网络模型①，对大量的语言（语句训练）可以最终获得针对特定内容的匹配的一个输出，这等价于一个条件概率的计算。该模型应用场景是针对前 n 个输入的词语，给出第 n+1 个词，相当于预测一段文字后最可能出现的字或者词。

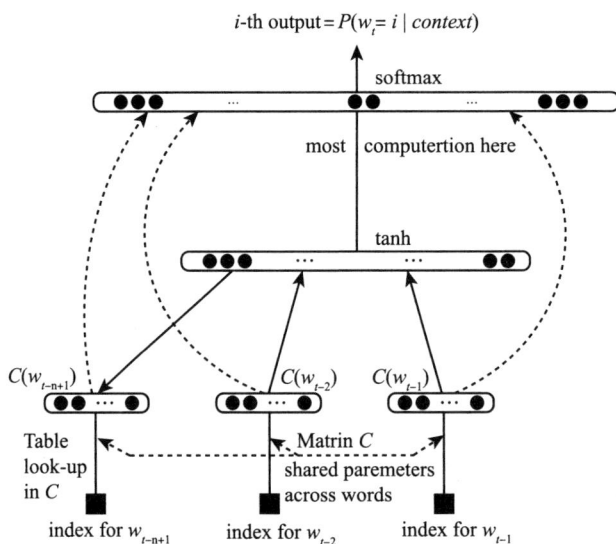

图 2-2 本吉奥等人 2003 年提出的神经语言模型图形化结构

资料来源：Yoshua Bengio, Réjean Ducharme, Pascal Vincent, Christian Jauvin, A Neural Probabilistic Language Model, Journal of Machine Learning Research, 3, 1137—1155, 2003.

---

① Yoshua Bengio, Réjean Ducharme, Pascal Vincent, Christian Jauvin, A Neural Probabilistic Language Model, Journal of Machine Learning Research, 3, 1137—1155, 2003.

很显然，要完成这样的计算，一个直接的任务就是将文字转化成数字，这里的数字不能用 ASCII 码表示，也不可能用 Unicode 表示，因为一段话的语义是由词构成的，而不是英文字母或者单独一个汉字。

更深刻的含义在于，单纯的一个字母或者汉字在语境中，将我们交流的语言看作先验信息的话，这些字母和汉字其实具有顺序以外（也就是 ASCII 码或者 Unicode 码以外）的信息，正是这些高维度特征才使得文字的顺序有固定的规律，能够表达特定的含义，这个字连接那个字的概率比其他的字概率大。

所以，只用简单的计算机内部编码表示，是学不到任何信息的，他们只是记录了计算机存储设定的"顺序"，而不是语言的"顺序"。

显然，必须将文字提升到高维度才能尽量多地保留这些信息，所以，本质上就是如何将这些字词转化成能够尽量多的保留信息的"高维度向量"。

最常用的表示方法是独热表示（One-hot Representation），这种方法把每个词表示为一个很长的向量。这个向量的维度是词表大小，其中绝大多数元素为 0，只有一个维度的值为 1，这个维度就代表了当前的词。这种表示配合上 SVM 等算法已经在经典模式下很好地完成了自然语言处理领域的许多主流任务。

这当然是最大维度的表示，但带来了稀疏性的问题，实际中的训练也因此困难重重。为了避免稀疏性，必须将信息进行"压缩"，实际上就是新的向量带有一部分特定语言信息。深度学习中，叫作分布式表示（Distributed Representation），它是一种相对低维实数向量。

例如，$[0.892, -0.1, -0.1, 0.199, \cdots]$ 就是一种表示。

通常来说，50 维或 100 维的比较常见，但需要注意的是，这种向量的表示不是唯一的。

一般来说，这种向量表示，可以让相关或者相似的词距离上有其自身"语言"的意义，其实是获取了训练样本的内置信息。

这里可以用最传统的欧氏距离来衡量，也可以用余弦夹角来衡量。

例如，在金融行业中，"信息披露"与"上市"距离较近，而与"时间序列"距离较远。

分布式表示，现在常常被叫作词向量，获得词向量的方案有很多种，当前最著名的是 Google 提出的 Word2vec 模型。Word2vec 是 Google 在 2013 年开发的词向量工具，沿着上述我们提到的思路，利用深度学习训练来获得"压缩特征表示"，把对文本内容的处理转化为一定维度向量空间中的向量运算，在这种模式下，向量空间上的相似度可以用来表示文本语义上的相似度。Word2vec 训练后输出的词向量可以被用来做很多 NLP 相关的工作，比如聚类、找同义词、词性分析，等等。

下面是我们基于数 T 的数据训练的金融词向量，本书的词云搜索、大数据能力、人工智能能力等评价都借助了它。

例 1：计算相近词语，看有哪些词语与"工商银行"靠近（类似）。

$In[6]:w2v\_model.most\_similar(positive = test)$

$Out[6]:$

[('建设银行', 0.8008387088775635),

('工行', 0.7958858013153076),

('农业银行', 0.7769032716751099),

('中国银行', 0.7498339414596558),

('招商银行', 0.7126613259315491),

('农行', 0.6875090003013611),

('交通银行', 0.684104323387146),

('兴业银行', 0.677731990814209),

('中信银行', 0.674721360206604),

('浦发银行', 0.6724499464035034)]

例 2：计算相近词语，看有哪些词语与"风险"靠近（类似）。

$In[7]:w2v\_model.most\_similar(positive = "风险")$

$Out[7]:$

[('经营风险', 0.672216534614563),

('提示', 0.6595293283462524),

('高风险', 0.6192442178726196),

('系统性', 0.6101350784301758),

（'信用风险',0.5802841782569885），

（'不确定性',0.5781236886978149），

（'防范',0.5527215003967285），

（'审慎处理',0.5385251045227051），

（'潜亏',0.5377846956253052），

（'适度性',0.5334267616271973）]

例3：计算相近词语，看有哪些词语与"人寿"靠近（类似）。

$In[9]:w2v\_model.most\_similar(positive="人寿")$

$Out[9]:$

[（'财险',0.6834219098091125），

（'人寿保险',0.6832354068756104），

（'国华人寿',0.6452443599700928），

（'太保',0.6386627554893494），

（'寿险',0.6372939348220825），

（'人寿保险有限公司',0.6261402368545532），

（'利安',0.6252745985984802），

（'弘康',0.6174520254135132），

（'寿与中',0.6169217824935913），

（'都邦',0.6143752336502075）]

例4：看一下"人寿""泰康"与"科技"的靠近程度，某种程度衡量了保险科技的能力，我们在金融科技指数评价中，将其作为一个维度（但进行了公平的尺度调整）。

$In[10]:w2v\_model.similarity("人寿","科技")$

$Out[10]:0.16110268189889804$

$In[11]:w2v\_model.similarity("泰康","科技")$

$Out[11]:0.097623488850440962$

例5：具体看一下"人寿"的词向量形式。

$In[12]:w2v\_model['人寿']$

$Out[13]:$

$$array([-0.31633499, -0.58635902, -0.30167699, \cdots, 0.28900099,$$
$$-0.43794, 0.022852], dtype = float32)$$

例6：找出不同类的"公司"，通过自然语言处理。

$In[15]: mylist = ['人寿','人保','工商银行']$

$In[16]: w2v\_model. doesnt\_match(mylist)$

$Out[16]: '工商银行'$

2.4.7　知识图谱技术

知识图谱的构建要更加复杂，它需要利用非关系型数据库和深度学习计算技术，其中语义理解起了很大作用。知识图谱基于几个概念，分别陈述如下。

本体：相关领域术语集合，在金融科技知识图谱中，就是金融科技领域术语集合。

知识库：相关的知识集合。

知识图谱：图状的，且具有关联性的知识集合。换句话说，金融科技知识图谱就是图形状的具有相互关联信息的知识集合。

知识图谱本质上是语义网络，这是一种基于图的数据结构，由传统图论中的节点（point）和边（edge）组成。

在知识图谱里，每个节点表示现实世界中存在的"实体"，每条边为实体与实体之间的"关系"。知识图谱是关系的最有效的表示方式。通俗地讲，知识图谱就是把所有不同种类的信息连接在一起而得到的一个关系网络。知识图谱提供了从"关系"的角度去分析问题的能力。所以，在我们导出二级指标的时候，会有一个知识图谱关联强度。实际上，构建知识图谱是一系列结构化数据的处理方法，它涉及知识的提取、表示、存储、检索等诸多技术。从渊源上讲，它是知识表示与推理、数据库、信息检索、自然语言处理等多种技术发展的融合。但传统的知识处理方法，在实际的工程应用，特别是互联网应用中，面临实施成本高、技术周期长、熟悉该类技术的人才缺乏、基础数据不足等诸多现实制约。

在特定任务中构建知识图谱，需要充分利用成熟的工业技术，不拘泥于特定的工具和方法，特别是不盲目追求标准化、技术的先进性或者新颖性，以实际的业务出发，循序渐进推进工程的实施。深入的知识图谱介绍需要基于图论、数理逻辑、深度学习等，可以参考相关专业资料。

2.5　金融科技发展指数编制与分类

金融科技发展指数是一个宏观指数，通过分析目前宏观背景下金融科技的发展水平，以达到评价行业、地区或者国家的金融科技发展能力的目的。

我们的金融科技发展指数是一个动态指数，根据对象不同分为如下几类。

2.5.1　金融行业的金融科技发展指数

该发展指数基于所采样的金融企业的金融科技创新指数而来，设有 n 个金融企业，则行业的金融科技发展指数为：

$$FFI = \sum_i^n \omega_i FC_i$$

这里 FFI 为金融行业金融科技发展指数，FC 为企业的创新指数。

2.5.2　金融科技行业发展指数

该指数是针对金融科技公司的动态统计，基于简单加权形成的最后指数，其更新周期为季度。该指数同时考虑金融科技公司的几个维度，分别是：

（1）技术能力；（2）资本吸引力（融资情况）；（3）人类资本；（4）规模与盈利。

2.5.3　地区（省、市、地区等）金融科技发展指数

该指数是动态指数，基于中国精算研究院金融科技中心的大数据平台，动态给出相应的指数，同时考虑如下维度：

（1）人才与就业；（2）资本；（3）政策友好与政策效应；（4）环境；（5）企业表现。

2.5.4　国家金融科技发展指数

该指数也是动态的，主要是进行时间维度的比较。当前，中国精算研究院金融科技中心的金融科技指数大数据平台，每天处理一百余万条[①]数据，并基于人工智能分析，生成隐含指数，并在月底生成一个最终金融科技发展指数。

以上指数涉及众多工程和数据分析内容，我们将通过平台进行公布。

本书主要针对金融企业金融科技创新指数，即金融企业的金融科技创新能力的评价。相关金融科技公司的金融科技创新能力评价将通过在线形式和发布会形式发布。

2.6　印刷版报告的公司样本

印刷版报告主要进行金融科技创新能力评价，并对金融企业给出具体分数，形成指数。因数据搜集和出版周期限制，这里所考虑的银行和保险公司一共163家，在线版报告将提供更多公司和动态指数。其中，参与评价的保险公司一共138家，具体如表2-7所示（其中，编号是为方便统计，与排名无关）：

表2-7　　　　　　参与评价的保险公司名称

编号	公司名	编号	公司名	编号	公司名
1	新华人寿	4	中国人寿	7	光大永明人寿
2	珠江人寿	5	幸福人寿	8	君龙人寿
3	和谐健康	6	平安人寿	9	生命人寿

① 张宁，金融科技指数的编制过程，金融科技创想峰会2018，2018年10月。

续表

编号	公司名	编号	公司名	编号	公司名
10	平安养老	39	汇丰人寿	68	安邦养老
11	君康人寿	40	陆家嘴寿险	69	中德安联
12	同方全球人寿	41	弘康人寿	70	永诚财险
13	中邮人寿	42	中美联泰	71	中银保险
14	华泰寿险	43	恒大人寿	72	安诚财产保险有限公司
15	英大泰和	44	友邦人寿	73	平安财险
16	工银安盛人寿	45	人保寿	74	永安财险
17	百年人寿	46	人保健康	75	众诚汽车保险
18	天安人寿	47	东吴人寿	76	安信农业保险
19	信泰人寿	48	华夏人寿	77	信达
20	太保寿险	49	瑞泰人寿	78	安邦财产保险
21	合众人寿	50	北大方正人寿	79	阳光农业保险
22	信诚人寿	51	前海人寿	80	国元农业保险
23	渤海人寿	52	农银人寿	81	天安财险
24	中银三星	53	上海人寿	82	都邦保险
25	招商信诺	54	利安人寿	83	国泰产险
26	复星保德信人寿	55	平安健康	84	华安保险
27	中英人寿	56	交银康联	85	富邦财险
28	建信人寿	57	安邦人寿	86	鼎和保险
29	吉祥人寿	58	太保安联	87	亚太财险
30	泰康人寿	59	中荷人寿	88	华泰财险
31	中宏人寿	60	昆仑健康保险	89	阳光财险
32	中法人寿	61	国华人寿	90	长安保险
33	阳光人寿	62	长城人寿	91	中国人寿财险
34	新光海航	63	恒安标准人寿	92	安华农险
35	民生人寿	64	太平养老	93	日本兴业财险
36	德华安顾人寿	65	中韩人寿	94	人保财险
37	中融人寿	66	长生人寿	95	渤海财险
38	太平人寿	67	国联人寿	96	紫金财险

续表

编号	公司名	编号	公司名	编号	公司名
97	太平财险	111	美亚保险	125	东京海上日动（中国）
98	富德财险	112	爱和谊保险	126	众安保险
99	安联财险	113	华海保险	127	中国铁路保险
100	利宝保险	114	中煤保险	128	瑞再企商
101	锦泰保险	115	安达保险	129	中意财险
102	太保产险	116	华农保险	130	长江财产保险、长江保险
103	英大财险	117	日本财险	131	苏黎世保险
104	劳合社	118	中路保险	132	史带财险
105	安盛天平	119	北部湾保险	133	中航安盟
106	中华保险	120	恒邦保险	134	三井住友
107	中国大地保险	121	鑫安汽车保险	135	中原农业
108	燕赵财险	122	合众财险	136	诚泰财险
109	三星财产（中国）	123	浙商保险	137	泰山财险
110	中石油财险	124	信利财险	138	现代财险

参与评价的银行一共 25 家，具体如表 2-8 所示（其中，编号是为方便统计，与排名无关）。

表 2-8　　　　　　　　参与评价的银行

编号	银行名	编号	银行名
1	中信银行	9	浦发银行
2	中国银行	10	平安银行
3	招商银行	11	农业银行
4	张家港银行	12	宁波银行
5	兴业银行	13	南京银行
6	吴江银行	14	民生银行
7	无锡银行	15	交通银行
8	上海银行	16	江阴银行

编号	银行名	编号	银行名
17	江苏银行	22	光大银行
18	建设银行	23	工商银行
19	华夏银行	24	常熟银行
20	杭州银行	25	北京银行
21	贵阳银行		

2.7 报告内容说明

本书第 3～6 章分别介绍四个基础维度的分析。

第 3 章：金融科技禀赋基础评价分析；第 4 章：金融科技业务发展评价分析；第 5 章：金融科技认知评价分析；第 6 章：金融科技核心能力评价分析。

在以上各章的具体各节，按照如下逻辑进行编排。

保险业基础维度评价分析；银行业基础维度评价分析；银行保险业基础维度评价分析；保险业二级指标统计和说明；银行业二级指标统计和说明。

其中，金融科技禀赋基础的二级指标分别是指：

管理禀赋：股权与高管；数据禀赋：数据量；经营禀赋：年报统计；信息基础设施。

其中，金融科技业务发展的二级指标是指：

创新业务发展：互联网与 App 业务；链接技术支撑：技术合作；链接智力支撑：招聘信息。

其中，金融科技认知评价的二级指标是指：

自我认知：企业认知；社会静态认知：搜索关联；社会思考认知：词云关联。

其中，金融科技核心能力评价分析：

数据能力：数据应用能力；智能能力：人工智能能力。

第 7 章是基于四个基础维度进行综合金融科技发展与创新分析和评价，即给出金融科技发展指数评价结果。

第 8 ~ 9 章是基于评价结果给出的发展建议，分为保险业和银行业。

相关报告的更多信息和动态指数请访问网站、央财金融大数据 App 或央财保险大数据 App。

第3章

金融科技禀赋基础评价分析

3.1 综合分析

3.1.1 保险公司情况

参与金融科技禀赋基础分析的保险公司一共138家，其分类如表3-1所示。

表3-1　　　　　　　参与金融科技禀赋基础分析的保险公司

公司分类	人身险公司	财产险公司
合计	69	69

人身险公司和财产险公司合计138家。这些保险公司的确定完全依赖于数据获取，尽管当前新的保险公司不断出现，但所涵盖的数量仍然达到了当前保险公司总数的90%以上。

综合指标分析的统计结果如表3-2所示。

表 3 - 2   保险公司金融科技禀赋基础统计结果：分位数和基础统计

类别	最小值	1/4 分位点	2/4 分位点	3/4 分位点	最大值
数值	60	68.22	72.94	77.90	100

类别	均值	方差	标准差
数值	78.85	62.77	7.92

可以看到，从金融科技禀赋基础角度来说，2/4 分位点（中位数）为 72.94，分布还算均匀，但也意味着超过一半的保险公司金融科技禀赋基础低于平均水平——从 1/4 分位点更能说明这点。从均值和方差角度看，公司之间差异还是较大的。

保险公司金融科技禀赋基础整体情况如表 3 - 3 所示。

表 3 - 3   保险公司金融科技禀赋基础整体情况

公司名	得分	排名	公司名	得分	排名
中国人寿	100	1	中融人寿	82.95791	17
人保健康	94.96132	2	利安人寿	82.32677	18
众安保险	92.18063	3	农银人寿	82.21087	19
人保寿	90.67973	4	永安财险	82.16218	20
上海人寿	90.64297	5	复星保德信人寿	82.11086	21
平安人寿	90.48709	6	天安财险	81.67087	22
北大方正人寿	89.85918	7	太平人寿	81.39156	23
华夏人寿	89.32082	8	中国人寿财险公司	80.76488	24
前海人寿	87.96235	9	吉祥人寿	80.07104	25
同方全球人寿	87.66167	10	众诚汽车保险	79.50325	26
友邦人寿	87.42024	11	国联人寿	79.25764	27
新光海航	86.63497	12	君康人寿	78.72121	28
安邦财产保险	86.13168	13	华安保险	78.69427	29
弘康人寿	85.99641	14	民生人寿	78.66057	30
新华人寿	85.94786	15	珠江人寿	78.59364	31
阳光财险	84.80897	16	安邦人寿	78.5023	32

续表

公司名	得分	排名	公司名	得分	排名
汇丰人寿	78.16685	33	太保安联	73.8712	62
和谐健康	78.04344	34	中法人寿	73.84721	63
中美联泰	77.92664	35	瑞再企商	73.6992	64
恒大人寿	77.82776	36	中石油财险	73.64899	65
安诚财产保险	77.60672	37	劳合社	73.46912	66
长安保险	77.60165	38	安华农险	73.16398	67
东吴人寿	77.51656	39	鼎和保险	73.06768	68
三井住友	77.22184	40	中韩人寿	72.95675	69
交银康联	77.22093	41	光大永明人寿	72.93671	70
中荷人寿	77.00844	42	中英人寿	72.87513	71
恒安标准人寿	76.95061	43	中宏人寿	72.73934	72
华海保险	76.9312	44	鑫安汽车保险	72.67147	73
中德安联	76.68845	45	永诚财险	72.66118	74
国泰产险	76.49226	46	平安养老	72.56928	75
瑞泰人寿	76.20799	47	平安财险	72.56128	76
亚太财险	75.97417	48	阳光人寿	72.55623	77
安信农业保险	75.7384	49	中路保险	72.48496	78
昆仑健康保险	75.73436	50	陆家嘴寿险	72.42593	79
信达	75.7031	51	太平养老	72.16493	80
长城人寿	75.58425	52	中煤保险	72.00054	81
太保产险	75.23657	53	长生人寿	71.84795	82
平安健康	75.01267	54	中意财险	71.79715	83
安盛天平	74.84453	55	信泰人寿	71.76691	84
国华人寿	74.81693	56	合众人寿	71.45601	85
阳光农业保险	74.60137	57	安达保险	71.38208	86
泰康人寿	74.39204	58	史带财险	70.83792	87
长江财产保险、长江保险	74.34798	59	建信人寿	70.76091	88
燕赵财险	73.99931	60	生命人寿	70.6779	89
渤海人寿	73.93917	61	幸福人寿	70.64087	90

公司名	得分	排名	公司名	得分	排名
安邦养老	70.36648	91	天安人寿	66.73583	115
美亚保险	69.71286	92	太保寿险	66.68254	116
信诚人寿	69.65724	93	都邦保险	66.56003	117
恒邦保险	69.65144	94	中银三星	66.44351	118
中航安盟	69.50958	95	华泰寿险	66.42614	119
德华安顾人寿	69.30895	96	英大泰和	66.29092	120
中国大地保险	69.19361	97	富德财险	65.58223	121
苏黎世保险	69.01928	98	紫金财险	65.31062	122
招商信诺	68.92982	99	信利财险	64.27493	123
中原农业	68.88486	100	日本财险	64.07794	124
百年人寿	68.5819	101	渤海财险	63.62281	125
人保财险	68.29961	102	浙商保险	63.3338	126
工银安盛人寿	68.27113	103	三星财产（中国）	62.91066	127
北部湾保险	68.20544	104	国元农业保险	62.76227	128
合众财险	68.14624	105	中银保险	62.74566	129
太平财险	68.05201	106	诚泰财险	62.7091	130
华农保险	67.69061	107	富邦财险	61.5754	131
利宝保险	67.60841	108	东京海上日动（中国）	61.38246	132
英大财险	67.50342	109	华泰财险	61.29704	133
日本兴业财险	67.35641	110	中华保险	60.66405	134
安联财险	67.30579	111	现代财险	60.51662	135
中邮人寿	67.00652	112	爱和谊保险	60.39912	136
锦泰保险	66.97706	113	泰山财险	60.33479	137
君龙人寿	66.75599	114	中国铁路保险	60	138

保险公司金融科技基础禀赋分布情况统计及直方图如图 3-1 和图 3-2 所示。

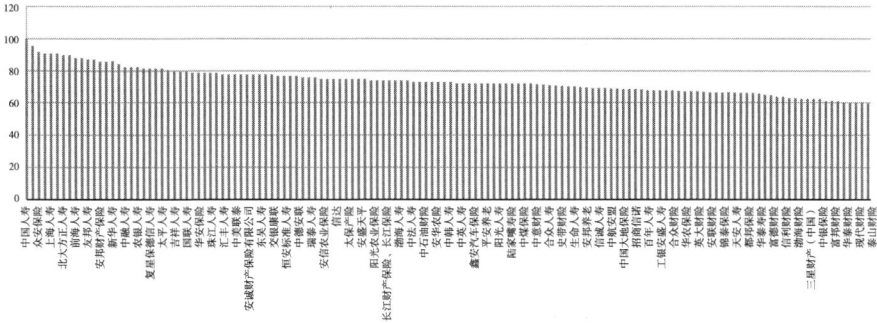

图 3-1 保险公司金融科技基础禀赋分布

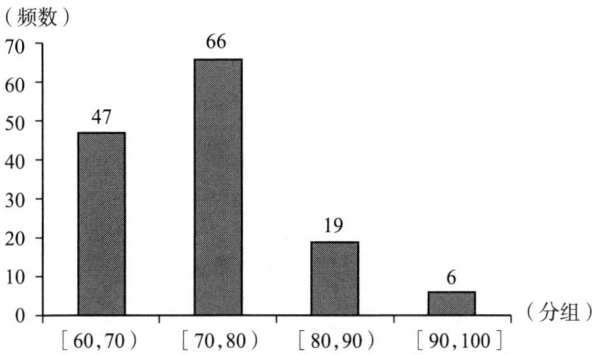

图 3-2 频数分布直方图

从图 3-2 可以看到，保险公司金融科技基础禀赋是左倾的（即左侧占比较大，共 113 家公司，而右侧只有 25 家公司），大多数公司金融科技基础禀赋较弱，印证了前面的分位数观点。

接下来，进一步分析人身险公司和财产险公司各自的平均值、最大值和最小值。统计结果如表 3-4 和图 3-3 所示。

表 3-4　　人身险公司和财产险公司金融科技基础禀赋统计结果

类别	人身险公司	财产险公司
最小值	60	60
1/4 分位点	66.93	68.30
2/4 分位点	72.40	73.27

类别	人身险公司	财产险公司
3/4 分位点	79.07	76.19
最大值	100	100
均值	73.62	72.90
方差	92.52	55.59
标准差	9.62	7.46

从分位数来看，财产险公司和人身险公司差异不大，但是从标准差来看，人身险公司相互之间差异要超过财产险公司相互之间的差异。

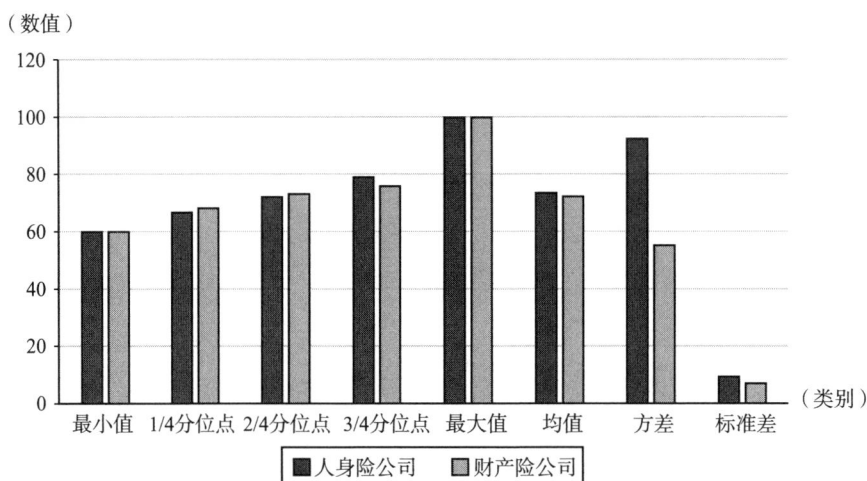

图 3-3　人身险公司和财产险公司金融科技基础禀赋对比

人身险公司和财产险公司金融科技禀赋基础整体情况如表 3-5 所示。

表 3-5　　人身险公司和财产险公司金融科技禀赋基础整体情况

人身险公司	得分	排名	财产险公司	得分	排名
中国人寿	100	1	众安保险	100	1
人保健康	97.75101	2	安邦财产保险	89.88986	2
人保寿	92.1283	3	阳光财险	86.49145	3

续表

人身险公司	得分	排名	财产险公司	得分	排名
上海人寿	90.78805	4	天安财险	84.49666	4
前海人寿	90.42207	5	永安财险	84.19971	5
北大方正人寿	89.5515	6	华安保险	83.41801	6
平安人寿	89.2748	7	三井住友	81.93069	7
新华人寿	88.71958	8	中国人寿财险	81.78969	8
华夏人寿	88.46951	9	众诚汽车保险	80.41941	9
同方全球人寿	85.57664	10	长安保险	79.64713	10
友邦人寿	85.44009	11	安诚财产保险	79.3314	11
新光海航	84.1905	12	亚太财险	79.24092	12
弘康人寿	83.74633	13	国泰产险	79.16073	13
太平人寿	81.31079	14	太保产险	78.89787	14
中融人寿	80.40012	15	平安财险	77.83496	15
和谐健康	80.19657	16	华海保险	77.44199	16
复星保德信人寿	79.61973	17	安达保险	77.34251	17
利安人寿	79.07347	18	安信农业保险	76.19175	18
农银人寿	78.9116	19	阳光农业保险	76.14887	19
珠江人寿	76.5279	20	史带财险	75.68878	20
吉祥人寿	76.1564	21	人保财险	75.50327	21
中美联泰	75.96261	22	长江财产保险、长江保险	75.49707	22
泰康人寿	75.83995	23	鑫安汽车保险	75.49553	23
民生人寿	74.91724	24	信达	75.39661	24
君康人寿	74.84832	25	瑞再企商	75.13741	25
国联人寿	74.80178	26	燕赵财险	74.76748	26
安邦人寿	74.31884	27	中路保险	74.54092	27
恒安标准人寿	74.11553	28	安盛天平	74.19149	28
汇丰人寿	73.97894	29	安华农险	73.87496	29
恒大人寿	73.88231	30	中煤保险	73.79937	30
东吴人寿	73.63295	31	劳合社	73.50381	31
中德安联	73.45163	32	中航安盟	73.49298	32

人身险公司	得分	排名	财产险公司	得分	排名
长城人寿	72.59991	33	鼎和保险	73.42412	33
合众人寿	72.56329	34	中意财险	73.33967	34
交银康联	72.39544	35	永诚财险	73.26604	35
中荷人寿	72.15001	36	中石油财险	73.12221	36
瑞泰人寿	71.22741	37	太平财险	72.9991	37
昆仑健康保险	70.9263	38	合众财险	72.13177	38
国华人寿	70.39663	39	中国大地保险	71.76974	39
阳光人寿	69.89243	40	利宝保险	71.43194	40
平安健康	69.71953	41	美亚保险	71.37198	41
太保安联	68.78865	42	英大财险	71.25185	42
渤海人寿	68.7536	43	华农保险	71.0936	43
太平养老	68.72541	44	安联财险	70.80233	44
光大永明人寿	68.56462	45	苏黎世保险	70.54156	45
中法人寿	68.449	46	日本兴业财险	70.40291	46
陆家嘴寿险	68.01403	47	中原农业	70.18699	47
中英人寿	67.6691	48	恒邦保险	69.97201	48
长生人寿	67.64336	49	锦泰保险	69.69834	49
中韩人寿	67.34405	50	北部湾保险	69.65512	50
中宏人寿	67.04257	51	都邦保险	68.53529	51
平安养老	66.92996	52	紫金财险	68.30159	52
信泰人寿	66.39073	53	富德财险	68.07793	53
信诚人寿	65.99436	54	日本财险	66.80046	54
建信人寿	65.08664	55	渤海财险	66.71031	55
生命人寿	65.05142	56	诚泰财险	65.27349	56
幸福人寿	64.93333	57	信利财险	65.09666	57
招商信诺	64.68559	58	三星财产（中国）	64.14938	58
安邦养老	64.37948	59	浙商保险	64.02197	59
工银安盛人寿	63.85649	60	中银保险	63.99416	60
德华安顾人寿	63.19256	61	东京海上日动（中国）	63.87618	61
百年人寿	62.75557	62	华泰财险	63.61483	62
太保寿险	61.76213	63	国元农业保险	63.42551	63

续表

人身险公司	得分	排名	财产险公司	得分	排名
天安人寿	61.38656	64	富邦财险	62.02162	64
中邮人寿	61.07825	65	中华保险	61.67089	65
中银三星	60.83135	66	现代财险	61.40447	66
君龙人寿	60.78795	67	爱和谊保险	61.05039	67
华泰寿险	60.04664	68	泰山财险	60.87084	68
英大泰和	60	69	中国铁路保险	60	69

人身险公司和财产险公司金融科技赋禀基础分布对比如图 3-4 所示。

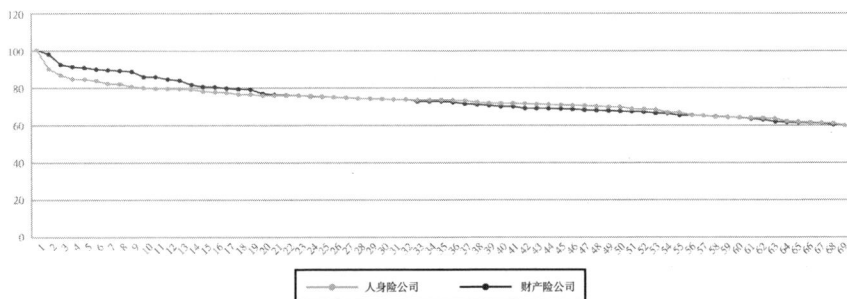

图 3-4　人身险公司和财产险公司金融科技赋禀基础分布对比

从图 3-4 可见,人身险公司和财产险公司禀赋基础分布相差不大。

3.1.2　上市银行情况

一共有 25 家上市银行,统计结果如表 3-6 所示。

表 3-6　上市银行金融科技基础禀赋统计结果:分位数和基础统计

类别	最小值	1/4 分位点	2/4 分位点	3/4 分位点	最大值
数值	60	65.98	68.96	77.86	100

类别	均值	方差	标准差
数值	72.51	90.54	9.52

银行的情况和保险类似,仍然是大多数公司没有达到平均水平,这是

金融科技刚开始发展的必然阶段和特征。

上市银行金融科技基础禀赋整体情况如表3-7所示。

表3-7　　　　　　　　上市银行金融科技基础禀赋整体情况

银行名	得分	排名	银行名	得分	排名
工商银行	100	1	北京银行	68.82839	14
建设银行	86.82237	2	上海银行	68.06382	15
中国银行	84.461	3	南京银行	67.48099	16
农业银行	83.10492	4	宁波银行	67.376	17
民生银行	81.72066	5	中信银行	66.66161	18
浦发银行	80.55463	6	杭州银行	65.97521	19
招商银行	77.86494	7	光大银行	65.3139	20
交通银行	76.56435	8	贵阳银行	64.54118	21
兴业银行	75.09524	9	张家港银行	63.32195	22
平安银行	73.99507	10	江阴银行	62.95813	23
常熟银行	71.53683	11	吴江银行	61.30305	24
华夏银行	70.20966	12	无锡银行	60	25
江苏银行	68.95748	13			

上市银行金融科技基础禀赋分布情况统计及直方图如图3-5和图3-6所示。

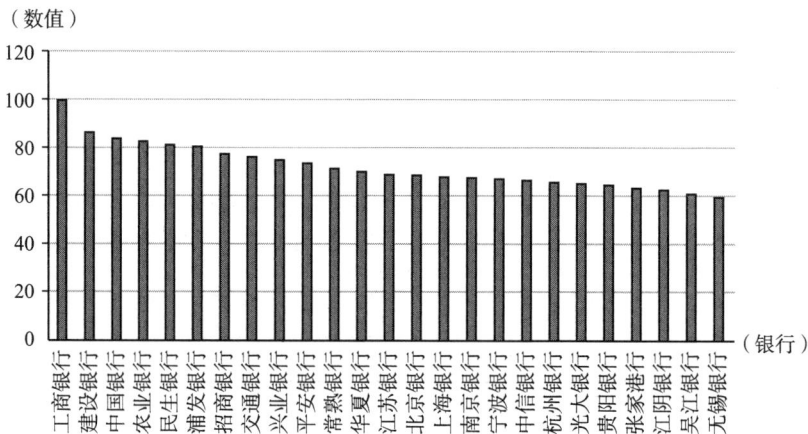

图3-5　上市银行金融科技基础禀赋分布

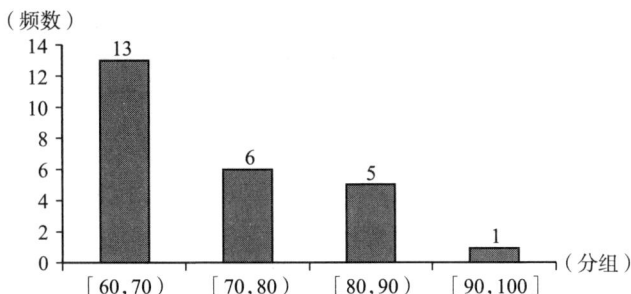

图 3 - 6　频数分布直方图

　　银行整体差距更加明显，大多数银行金融科技禀赋基础都在 60 ~ 70 分之间，与保险公司集中在 60 ~ 80 分不等，另外这大多数银行金融科技禀赋基础仍需提升。

3.2　分类情况报告

3.2.1　股权与高管

保险公司综合情况如下。

（1）"有技术背景股东名称"中，96 家公司的股东无技术背景，占比约 70%，42 家公司的股东有技术背景，占比约 30%。由此可见，超过一半以上的保险公司的股东是没有技术背景的。

（2）"有技术背景股东股权占比"中，最大值为 1（即技术背景的股东占比 100%），最小值为 0，均值约为 0.14，方差约为 0.08，标准差约为 0.28。

　　其中，有技术背景股东股权占比低于 50% 的有 122 家，占比约为 88%，高于 50% 的有 16 家，占比约为 12%。

（3）"总分"统计结果中，其统计结果如表 3 - 8 所示。

表 3 - 8　　　　　　变量"总分"统计结果：分位数和基础统计

类别	最小值	1/4 分位点	2/4 分位点	3/4 分位点	最大值
数值	0	0	0	10	55

类别	均值	方差	标准差
数值	6.74	141.48	11.89

3.2.2　数据量估计

3.2.2.1　保险公司情况

（1）"公司开业年限"中，开业年限＜10 年的公司有 51 家，占比约 37%，开业年限≥10 年且＜20 年的公司有 70 家，占比约 51%，开业年限≥20 年的公司有 17 家，占比约 12%。

最小值为 3，最大值为 99，均值约为 13，方差约为 133.44，标准差约为 11.55。

（2）"公司子公司数量"中，最大值为 2 668，最小值为 0，均值约为 36.51，方差约为 52 277.39，标准差约为 228.64。

（3）"公司主营业务"中（此处数据化的过程是以公司主营业务的个数和），最大值为 6，最小值为 1，均值约为 1.88，方差约为 0.87，标准差约为 0.93。

（4）"公司去年收入"中（单位：亿元），如表 3 - 9 所示。

表 3 - 9　　保险公司变量"公司去年收入"统计结果：分位数和基础统计

类别	最小值	1/4 分位点	2/4 分位点	3/4 分位点	最大值
数值	0.03	6.54	29.73	103.94	6 965.35

类别	均值	方差	标准差
数值	241.25	55 698 385 812 561.4	746.31

（5）"公司客户量估计"中（此处数据化的过程是分为四个等级，"空值"或"0"的数据定为 0，一千万人以下为 1，一千万人到一亿人为

2，一亿人以上的为 3）：最大值为 3，最小值为 0，均值约为 0.47，方差约为 0.76，标准差约为 0.87。

3.2.2.2 上市银行情况

（1）"公司开业年限"中，开业年限 <10 年的公司有 1 家，占比 4%，开业年限 ≥10 年且 <20 年的公司有 9 家，占比 36%，开业年限 ≥20 年的公司有 15 家，占比 60%。

最大值为 34，最小值为 9，均值约为 21，方差约为 50.58，标准差约为 7.11。

（2）"公司子公司数量"中，最大值为 32，最小值为 0，均值约为 10.25，方差约为 100.68，标准差约为 10.03。

（3）"公司主营业务"中（此处数据化的过程是以公司主营业务的个数和），最大值为 37，最小值为 8，均值约为 18.84，方差约为 60.31，标准差约为 7.77。

（4）"公司去年收入"中（单位：亿元），如表 3-10 所示。

表 3-10　　上市银行变量"公司去年收入"统计结果：分位数和基础统计

类别	最小值	1/4 分位点	2/4 分位点	3/4 分位点	最大值
数值	24.17	124.44	504	1 686.19	7 265.02

类别	均值	方差	标准差
数值	1 514.40	444 025 449 500 086	2 107.20

（5）"公司客户量估计"中，最大值为 92 046，最小值为 285.74595，均值约为 14 989，方差约为 785 105 568，标准差约为 28 019.74。

3.2.3　信息基础设施

3.2.3.1　"信息技术投资"

此处数据化的过程是将信息技术投资的程度分为 3 个等级，有少量或简单的投资的定义为 1，有大量投资的定义为 2，空值或 0 定义为 0：定义为 1 的有 57 家，占比约为 41%，定义为 2 的有 45 家，占比约为 33%，定义为 0 的有 36 家，占比约为 26%。

由此我们可以看到，相当一大部分的保险公司都会有信息技术投资，只不过投资的程度不同而已。

3.2.3.2 "专业软件程序"

此处数据化的过程是根据其对专业软件的描述分为 3 个等级，0 和无都定义成 0，简单描述的定位为 1，具体清晰大量描述的定义为 2：定义为 1 的有 31 家，占比约为 23%，定义为 2 的有 44 家，占比约为 32%，定义为 0 的有 62 家，占比约为 45%。

由此可见，有超过一半的保险公司会有专业软件，并且在这些有专业软件的保险公司中，也有一大部分的公司有一定水平的专业软件程序。当然，我们也可以看到，有 45% 的保险公司是完全没有这方面的经验的，有待加强。

3.2.3.3 "是否是独立研发或者软件中心"

"独立研发或者软件中心"的有 35 家，占比约 25%，"非独立研发或者软件中心"的有 103 家，占比约 75%。由此可见，大部分保险公司在独立研发方面，仍需加强。

值得一提的是，大多数保险公司和银行都没有设置首席数据官，更不用说人工智能科学家职位，所以没有独立研发是可以理解的，同时，独立研发和软件中心本身带来的薪酬成本和建设成本也是许多规模一般的保险公司和银行所难接受的。

第4章

金融科技业务发展评价分析

4.1 综合分析

4.1.1 保险公司情况

在本书选取的 138 家公司中，综合指标分析的统计结果如表 4 - 1
所示。

表 4 - 1　　　　保险公司金融科技业务发展统计结果：分位数和基础统计

类别	最小值	1/4 分位点	2/4 分位点	3/4 分位点	最大值
数值	60	68.39	72.10	77.78	100

类别	均值	方差	标准差
数值	73.34	54.85	7.41

保险公司金融科技业务发展统计和禀赋基础类似，仍然是多数公司没
有达到平均线，公司之间差异与禀赋基础类似。

保险公司金融科技业务发展整体情况如表 4 - 2 所示。

表 4 - 2 保险公司金融科技业务发展整体情况

公司名	得分	排名	公司名	得分	排名
中国人寿	100	1	昆仑健康保险	79.92971	28
和谐健康	91.34425	2	长安保险	79.34858	29
招商信诺	90.62873	3	众安保险	79.02889	30
生命人寿	89.95101	4	光大永明人寿	78.9718	31
阳光人寿	89.40347	5	天安财险	78.5351	32
建信人寿	89.34487	6	国华人寿	78.17241	33
泰康人寿	87.98957	7	友邦人寿	77.86438	34
平安人寿	87.25764	8	弘康人寿	77.78877	35
中英人寿	84.84494	9	中华保险	77.77156	36
珠江人寿	83.44471	10	东吴人寿	77.72353	37
人保寿	83.23877	11	前海人寿	76.71052	38
人保健康	83.21766	12	平安健康	76.58983	39
民生人寿	83.13551	13	平安养老	76.58689	40
君康人寿	83.08646	14	中国大地保险	76.57066	41
中融人寿	82.73786	15	幸福人寿	76.56753	42
中国人寿财险公司	82.41378	16	君龙人寿	76.49618	43
新华人寿	82.36329	17	中银三星	75.89683	44
中法人寿	82.22151	18	安华农险	75.68026	45
同方全球人寿	82.13749	19	工银安盛人寿	75.6287	46
中邮人寿	82.01137	20	合众人寿	75.42821	47
太保寿险	81.73706	21	天安人寿	75.23041	48
德华安顾人寿	81.71675	22	信泰人寿	75.14785	49
中宏人寿	81.40385	23	复星保德信人寿	74.74921	50
阳光农业保险	80.85775	24	太保产险	74.7417	51
吉祥人寿	80.79132	25	安盛天平	74.534	52
阳光财险	80.25489	26	安联财险	74.425	53
华泰寿险	80.18966	27	利安人寿	74.39774	54

续表

公司名	得分	排名	公司名	得分	排名
美亚保险	74.06363	55	长城人寿	71.18488	82
交银康联	73.69164	56	中韩人寿	71.18488	83
农银人寿	73.62876	57	国联人寿	71.18488	84
北大方正人寿	73.40718	58	安邦养老	71.18488	85
国元农业保险	72.89035	59	永诚财险	71.13376	86
长江财产保险、长江保险	72.82584	60	华泰财险	71.06003	87
渤海人寿	72.68831	61	永安财险	71.05799	88
中德安联	72.65049	62	百年人寿	71.04021	89
太保安联	72.4461	63	人保财险	70.90729	90
中银保险	72.44571	64	现代财险	70.88279	91
鼎和保险	72.31908	65	中荷人寿	70.55267	92
爱和谊保险	72.12059	66	安邦财产保险	70.54018	93
华海保险	72.12059	67	国泰产险	70.53954	94
中石油财险	72.11512	68	信诚人寿	70.51025	95
中煤保险	72.10788	69	渤海财险	69.89872	96
安信农业保险	72.08551	70	瑞再企商	69.77713	97
平安财险	71.8721	71	都邦保险	69.26952	98
英大财险	71.86746	72	安邦人寿	69.20782	99
安诚财产保险有限公司	71.65103	73	华安保险	69.11644	100
富德财险	71.28911	74	中意财险	69.10814	101
恒大人寿	71.28733	75	富邦财险	68.9509	102
陆家嘴寿险	71.24336	76	燕赵财险	68.86554	103
恒安标准人寿	71.23464	77	亚太财险	68.23728	104
中美联泰	71.21944	78	上海人寿	68.2263	105
太平养老	71.21271	79	瑞泰人寿	67.99212	106
华夏人寿	71.21178	80	三星财产（中国）	67.45963	107
长生人寿	71.19967	81	恒邦保险	67.44532	108

续表

公司名	得分	排名	公司名	得分	排名
中航安盟	67.44214	109	东京海上日动（中国）	65.29116	124
太平财险	67.43755	110	新光海航	64.99357	125
中国铁路保险	67.41338	111	苏黎世保险	63.62396	126
信达	67.38147	112	北部湾保险	62.66671	127
众诚汽车保险有限公司	67.34773	113	利宝保险	62.35325	128
泰山财险	66.87766	114	劳合社	61.92919	129
紫金财险	66.42859	115	鑫安汽车保险	61.86851	130
浙商保险	66.0885	116	三井住友	61.84259	131
汇丰人寿	65.7518	117	史带财险	61.83318	132
太平人寿	65.71414	118	日本兴业财险	61.61706	133
日本财险	65.69047	119	信利财险	61.60536	134
安达保险	65.60947	120	中路保险	61.53999	135
锦泰保险	65.56218	121	中原农业	60.13975	136
诚泰财险	65.46812	122	华农保险	60.03731	137
英大泰和	65.39032	123	合众财险	60	138

保险公司金融科技业务发展分布情况统计及直方图如图 4 - 1 和图 4 - 2 所示。

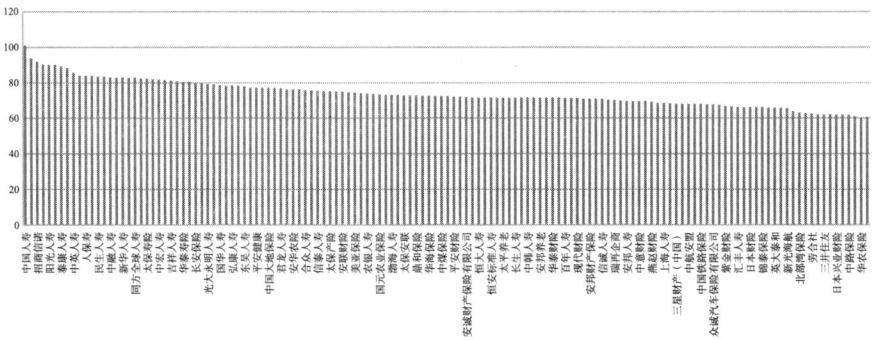

图 4 - 1　保险公司金融科技业务发展分布

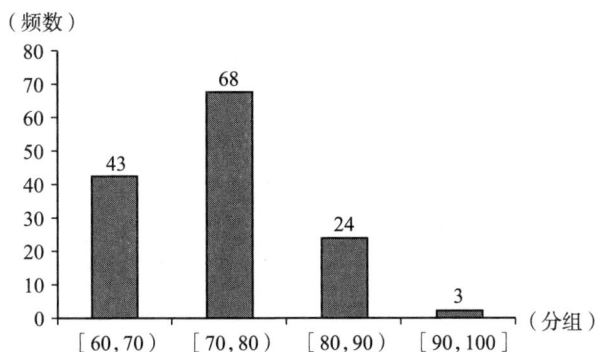

图 4 - 2　频数分布直方图

图 4 - 2 说明了同一情况：部分保险公司金融科技业务还有待进一步发展，这表现为一定数量公司的数值在 [70，80] 这个区间。

接下来，进一步分析人身险 69 家公司综合指标得分的平均值、最大值和最小值；同时，也进一步分析财产险 69 家公司综合指标得分的平均值、最大值和最小值。统计结果如表 4 - 3 和图 4 - 3 所示。

表 4 - 3　　　　人身险公司和财产险公司金融科技业务发展统计结果

类别	人身险公司	财产险公司
最小值	60	60
1/4 分位点	66.83	67.80
2/4 分位点	72.79	73.50
3/4 分位点	79.18	78.56
最大值	100	100
均值	73.70	74.31
方差	68.74	80.18
标准差	8.29	8.95

从表 4 - 3 可以看到，财产险公司和人身险公司金融科技业务发展相差不大。

81

（数值）

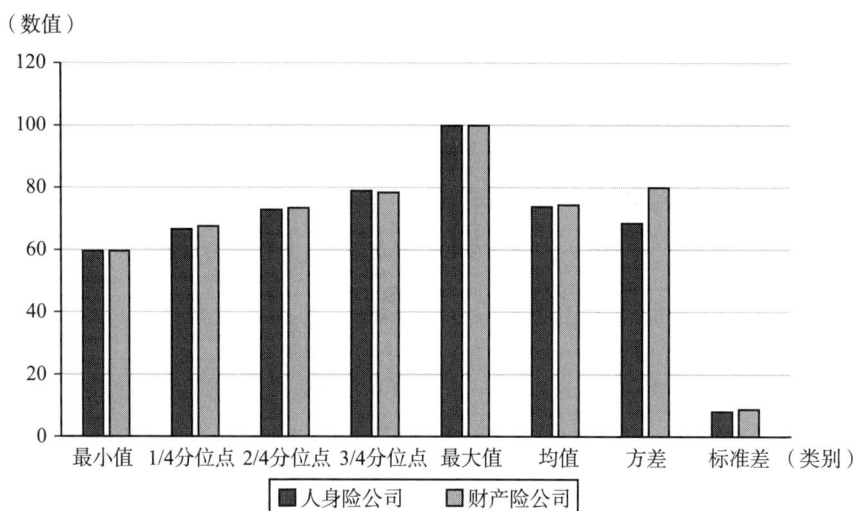

图 4 - 3　人身险公司和财产险公司金融科技业务发展对比

人身险公司和财产险公司金融科技业务发展整体情况如表 4 - 4 所示。

表 4 - 4　　　人身险公司和财产险公司金融科技业务发展整体情况

人身险公司	得分	排名	财产险公司	得分	排名
中国人寿	100	1	阳光农业保险	100	1
和谐健康	90.24982	2	中国人寿财险公司	98.88451	2
招商信诺	89.68949	3	中国大地保险	94.19993	3
生命人寿	88.54824	4	瑞再企商	91.27374	4
阳光人寿	88.06205	5	天安财险	89.67467	5
建信人寿	87.98634	6	众安保险	89.2189	6
泰康人寿	86.51685	7	阳光财险	88.39938	7
平安人寿	85.06837	8	中华保险	87.5916	8
中英人寿	82.69846	9	长安保险	86.65581	9
珠江人寿	80.79778	10	安盛天平	83.62799	10
民生人寿	80.7901	11	平安财险	82.32829	11
人保寿	80.64926	12	安华农险	80.77611	12
人保健康	80.62484	13	安联财险	80.21459	13
君康人寿	80.59793	14	安信农业保险	79.56458	14

续表

人身险公司	得分	排名	财产险公司	得分	排名
中融人寿	80.16768	15	中银保险	79.11549	15
中法人寿	80.07759	16	华泰财险	79.02485	16
新华人寿	79.44262	17	国泰产险	78.64739	17
同方全球人寿	79.18376	18	美亚保险	78.55973	18
中邮人寿	79.0382	19	长江财产保险、长江保险	77.95819	19
德华安顾人寿	79.00275	20	国元农业保险	77.8392	20
中宏人寿	78.72817	21	太保产险	77.81649	21
太保寿险	78.62925	22	安诚财产保险	77.16119	22
吉祥人寿	78.4491	23	鼎和保险	76.99235	23
华泰寿险	76.91652	24	爱和谊保险	75.69568	24
昆仑健康保险	76.80225	25	华海保险	75.69568	25
光大永明人寿	76.24744	26	都邦保险	75.44598	26
国华人寿	74.66545	27	中石油财险	75.41824	27
弘康人寿	74.65296	28	安邦财产保险	75.38524	28
友邦人寿	74.52523	29	现代财险	75.09414	29
东吴人寿	74.36116	30	中煤保险	75.05004	30
君龙人寿	72.96616	31	永安财险	74.41651	31
前海人寿	72.92338	32	永诚财险	74.39169	32
平安养老	72.85519	33	富德财险	73.86027	33
幸福人寿	72.83262	34	浙商保险	73.83661	34
平安健康	72.78609	35	英大财险	73.49905	35
中银三星	71.92222	36	中意财险	73.17081	36
工银安盛人寿	71.61388	37	人保财险	72.92379	37
合众人寿	71.38306	38	渤海财险	72.61149	38
复星保德信人寿	71.22613	39	华安保险	71.99986	39
天安人寿	71.15534	40	富邦财险	71.93144	40
信泰人寿	71.06017	41	燕赵财险	71.35292	41
利安人寿	70.28346	42	恒邦保险	71.28995	42
交银康联	69.47753	43	亚太财险	71.06788	43

人身险公司	得分	排名	财产险公司	得分	排名
农银人寿	69.40537	44	信达	70.94411	44
北大方正人寿	69.15387	45	三星财产（中国）	70.898	45
中德安联	68.58569	46	中航安盟	70.51885	46
渤海人寿	68.25519	47	锦泰保险	70.27854	47
太保安联	68.01205	48	泰山财险	70.18258	48
恒大人寿	66.90773	49	众诚汽车保险有限公司	69.68895	49
陆家嘴寿险	66.85706	50	中国铁路保险	69.54598	50
恒安标准人寿	66.84619	51	诚泰财险	69.47455	51
中美联泰	66.8289	52	太平财险	67.79516	52
太平养老	66.82118	53	日本财险	67.47835	53
华夏人寿	66.81993	54	紫金财险	67.35448	54
长生人寿	66.80603	55	东京海上日动（中国）	67.07565	55
长城人寿	66.78904	56	北部湾保险	66.76653	56
中韩人寿	66.78904	57	苏黎世保险	65.86899	57
国联人寿	66.78904	58	安达保险	65.85974	58
安邦养老	66.78904	59	中路保险	64.81256	59
百年人寿	66.37993	60	三井住友	63.79983	60
中荷人寿	66.23923	61	史带财险	63.59567	61
信诚人寿	65.77403	62	利宝保险	63.50131	62
安邦人寿	64.58032	63	鑫安汽车保险	62.76659	63
上海人寿	63.46183	64	日本兴业财险	62.52671	64
瑞泰人寿	63.19484	65	劳合社	62.24416	65
汇丰人寿	60.59581	66	信利财险	62.0986	66
太平人寿	60.55256	67	合众财险	61.28511	67
英大泰和	60.1524	68	华农保险	61.19423	68
新光海航	60	69	中原农业	60	69

人身险公司和财产险公司金融科技业务发展分布对比如图4-4所示。

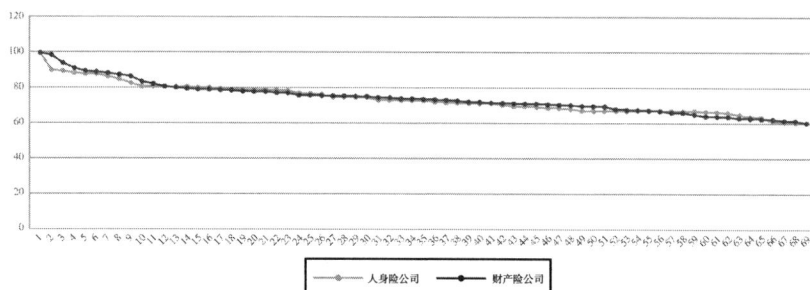

图 4 - 4　人身险公司和财产险公司金融科技业务发展分布对比

4.1.2　上市银行情况

本书选取了 25 家上市银行，统计结果如表 4 - 5 所示。

表 4 - 5　　　上市银行金融科技业务发展统计结果：分位数和基础统计

类别	最小值	1/4 分位点	2/4 分位点	3/4 分位点	最大值
数值	60	73.00	74.49	76.96	100

类别	均值	方差	标准差
数值	76.58	66.39	8.15

从 50% 分位数上看，上市银行金融科技业务发展基本达到了平均水平，但从 3/4 分位数上看，有大量企业集中在了 [74.49，76.96] 这个区间。

上市银行金融科技业务发展整体情况如表 4 - 6 所示。

表 4 - 6　　　　上市银行金融科技业务发展整体情况

银行名	得分	排名	银行名	得分	排名
农业银行	100	1	中信银行	76.35351	8
建设银行	92.44693	2	江苏银行	75.88698	9
工商银行	90.4216	3	招商银行	75.67737	10
中国银行	85.36648	4	光大银行	74.95734	11
民生银行	81.30352	5	兴业银行	74.73111	12
浦发银行	78.14175	6	上海银行	74.48534	13
交通银行	76.96291	7	南京银行	74.44126	14

银行名	得分	排名	银行名	得分	排名
平安银行	74.37504	15	北京银行	72.29082	21
宁波银行	73.72978	16	常熟银行	71.83428	22
贵阳银行	73.44455	17	张家港银行	70.3469	23
杭州银行	73.07292	18	江阴银行	68.44451	24
华夏银行	73.00212	19	无锡银行	60	25
吴江银行	72.77594	20			

上市银行金融科技业务发展分布情况统计及直方图如图 4 – 5 和图 4 – 6
所示。

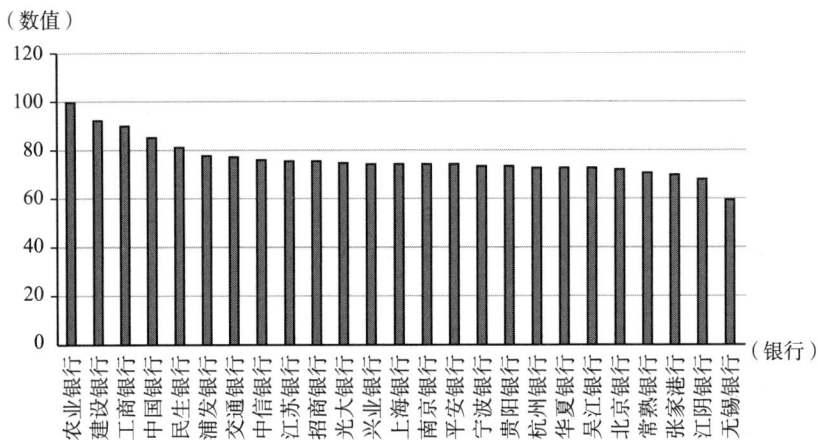

图 4 – 5　上市银行金融科技业务发展分布

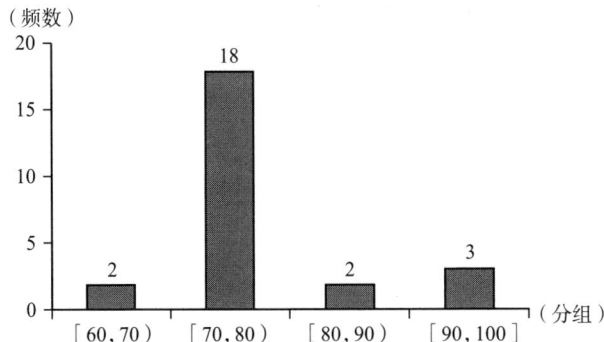

图 4 – 6　频数分布直方图

图 4-6 进一步说明了，大多数公司集中在了［70，80］区间，这说明金融科技业务发展角度，结果要比禀赋基础要好。

4.2 分类情况报告

4.2.1 年报统计

最大值为 5，最小值为 0，均值约为 0.75，方差约为 1.09，标准差约为 1.05。

4.2.2 互联网与 App 业务

4.2.2.1 保险公司情况

（1）"互联网保险业务占比"中，最大值为 1，最小值为 0，均值约为 0.53，方差约为 0.18，标准差约为 0.42。

其中，这 138 家保险公司中，互联网业务占比低于 50% 的有 66 家，占比 48%，互联网保险业务占比超过 50% 的有 72 家，占比 52%。

由此可见，随着互联网的迅速发展，在这 138 家保险公司中，有一半的保险公司与时俱进，拥有线上的保险业务。

（2）"手机网站易用性"中（此处数据化是根据其对性能的描述程度由简到详分别分为 1，2，3，空值或 0 都为 0）：定义为 0 的有 2 家，占比约 2%，定义为 1 的有 75 家，占比约 54%，定义为 2 的有 22 家，占比约 16%，定义为 3 的有 39 家，占比约 28%。

（3）"PC 网站易用性"中（此处数据化是根据其对性能的描述程度由简到详分别分为 1，2，3，空值或 0 都为 0）：定义为 0 的有 1 家，占比约 0.7%，定义为 1 的有 30 家，占比约 21.3%，定义为 2 的有 77 家，占比约 56%，定义为 3 的有 30 家，占比约 22%。

（4）"是否有自己的 App"中：有自己的 App 的有 71 家，占比约 51%，没有自己的 App 的有 67 家，占比约 49%。

4.2.2.2 上市银行情况

（1）"手机网站易用性"中：最大值为 5，最小值为 0，均值约为

3.92，方差约为1.37，标准差约为1.17。

（2）"PC网站易用性"中：最大值为5，最小值为2，均值约为4.32，方差约为0.33，标准差约为0.58。

（3）"是否有自己的App"中：有自己的App的有25家，占比约100%。

4.2.3　技术合作

保险公司情况如下。

4.2.3.1　"去年有无合作技术项目"

去年无合作项目的公司有98家，占比约71%，去年有合作项目的公司有40家，占比约29%。

4.2.3.2　"合作项目金额"

有8家公司有合作金额，其余没合作金额的均记为0，那么在这8家中：有6家公司合作金额在一千万元以上，有2家公司合作项目金额在一千万元以下；最大值为1 000 000 000，最小值为121 698.11。

由于在采集到的数据中，上市银行在这方面的数据为空，未采集到，所以我们不予以计算分析了。

4.2.4　招聘信息

4.2.4.1　保险公司情况

（1）"招聘技术人员数量"中：最大值为1 902，最小值为0，均值约为11.52，方差约为8 620.98，标准差约为92.85。

（2）"所有人员招聘数量"中：最大值为6 090，最小值为0，均值约为192.53，方差约为589 209.75，标准差约为767.60。

4.2.4.2　上市银行情况

（1）"招聘技术人员数量"中：最大值为487 307，最小值为1 426，均值约为87 852.84，方差约为20 949 718 495，标准差约为144 740.18。

（2）"所有人员招聘数量"中：未做统计无值的有11家银行，有14家有填写数值，那么在这14家中：最大值为39 171，最小值为68，均值约为9 262.5。

第 5 章

金融科技认知评价分析

5.1 综合分析

5.1.1 保险公司情况

本报告选取了 138 家公司，综合指标分析的统计结果如表 5 - 1 所示。

表 5 - 1　　　　保险公司金融科技认知统计结果：分位数和基础统计

类别	最小值	1/4 分位点	2/4 分位点	3/4 分位点	最大值
数值	60	79.57	86.16	91.00	100

类别	均值	方差	标准差
数值	84.89	61.54	7.85

从表 5 - 1 可以看到，保险公司认知维度较好，其 2/4 分位数达到了 86.16，从标准差看，公司之间差距也不大。

保险公司金融科技自我认知整体情况如表 5 - 2 所示。

表 5 - 2　　　　　　保险公司金融科技自我认知整体情况

公司名	得分	排名	公司名	得分	排名
光大永明人寿	100	1	阳光人寿	98.29778	3
中邮人寿	99.25535	2	平安健康	98.23369	4

续表

公司名	得分	排名	公司名	得分	排名
中银三星	96.97947	5	泰康人寿	91.26488	34
民生人寿	96.65207	6	恒大人寿	91.00668	35
长生人寿	95.92525	7	华泰寿险	90.97843	36
恒安标准人寿	95.90153	8	幸福人寿	90.19167	37
合众人寿	95.75351	9	工银安盛人寿	90.1291	38
中美联泰	94.85378	10	生命人寿	90.08159	39
中国人寿	94.54549	11	长城人寿	89.80368	40
上海人寿	94.09903	12	中宏人寿	89.76948	41
中德安联	93.87865	13	安邦养老	89.72397	42
新光海航	93.8693	14	弘康人寿	89.19949	43
信诚人寿	93.24577	15	昆仑健康保险	89.09748	44
友邦人寿	93.11908	16	太保产险	88.86821	45
中韩人寿	92.90082	17	国华人寿	88.78123	46
太平养老	92.88721	18	安华农险	88.72019	47
复星保德信人寿	92.78497	19	新华人寿	88.60446	48
人保寿	92.7454	20	中石油财险	88.57672	49
国联人寿	92.58174	21	人保健康	88.42639	50
君康人寿	92.41282	22	太平人寿	88.4073	51
前海人寿	92.39367	23	信达	88.28408	52
东吴人寿	92.10519	24	利安人寿	88.12815	53
中英人寿	91.79361	25	平安人寿	88.05608	54
同方全球人寿	91.7756	26	鑫安汽车保险	88.04241	55
农银人寿	91.7683	27	瑞泰人寿	87.91396	56
德华安顾人寿	91.68026	28	招商信诺	87.87857	57
安邦人寿	91.50849	29	百年人寿	87.27478	58
北大方正人寿	91.5004	30	君龙人寿	87.20271	59
平安养老	91.47398	31	中荷人寿	87.06952	60
珠江人寿	91.463	32	英大财险	86.86698	61
太保寿险	91.31811	33	太保安联	86.82715	62

续表

公司名	得分	排名	公司名	得分	排名
陆家嘴寿险	86.69506	63	锦泰保险	82.34682	92
渤海人寿	86.54102	64	中路保险	82.34202	93
紫金财险	86.32904	65	众诚汽车保险	82.21221	94
信泰人寿	86.31601	66	太平财险	82.09634	95
三星财产（中国）	86.31296	67	英大泰和	81.79995	96
吉祥人寿	86.28265	68	都邦保险	81.15682	97
天安财险	86.15798	69	安达保险	80.79119	98
中融人寿	86.15798	70	安邦财产保险	80.4376	99
众安保险	86.09825	71	鼎和保险	80.35555	100
交银康联	85.91238	72	平安财险	80.31896	101
华夏人寿	85.75585	73	合众财险	79.61967	102
建信人寿	85.74628	74	富德财险	79.60023	103
国泰产险	85.65259	75	日本兴业财险	79.5635	104
渤海财险	85.65226	76	中华保险	79.51874	105
信利财险	84.60889	77	安联财险	79.44385	106
阳光财险	84.56972	78	恒邦保险	79.22834	107
华安保险	84.47854	79	中航安盟	78.89963	108
日本财险	83.76326	80	永诚财险	78.82404	109
天安人寿	83.74205	81	燕赵财险	78.54766	110
汇丰人寿	83.72525	82	瑞再企商	78.35719	111
国元农业保险	83.67583	83	安诚财产保险	78.26162	112
华农保险	83.66083	84	爱和谊保险	78.23004	113
阳光农业保险	83.58619	85	中国人寿财险公司	77.8351	114
华泰财险	83.46175	86	浙商保险	77.81911	115
长安保险	83.42058	87	劳合社	77.8083	116
人保财险	83.14103	88	长江财产保险、长江保险	77.68604	117
中法人寿	83.1269	89	中煤保险	77.06755	118
和谐健康	82.81667	90	北部湾保险	77.03884	119
永安财险	82.56404	91	中意财险	76.78975	120

续表

公司名	得分	排名	公司名	得分	排名
安信农业保险	76.78304	121	美亚保险	73.77255	130
中国大地保险	76.40955	122	富邦财险	71.38617	131
安盛天平	76.34302	123	泰山财险	70.60098	132
利宝保险	76.23631	124	苏黎世保险	66.16122	133
中银保险	74.91369	125	三井住友	64.78781	134
亚太财险	74.8698	126	诚泰财险	64.29884	135
华海保险	74.32524	127	中原农业	63.58592	136
东京海上日动（中国）	74.09574	128	现代财险	63.34929	137
中国铁路保险	73.90205	129	史带财险	60	138

保险公司金融科技认知分布情况统计及直方图如图 5-1 和图 5-2 所示。

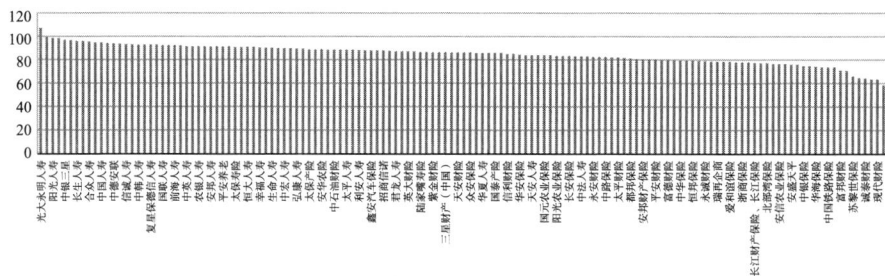

图 5-1 保险公司金融科技认知分布

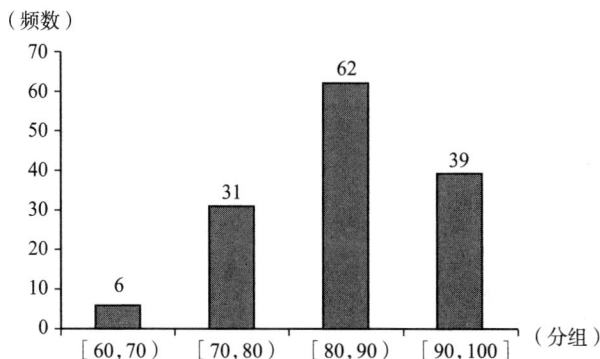

图 5-2 频数分布直方图

从图 5 – 2 看，大部分公司集中在 80 分左右，有 39 家公司达到了 90 ~ 100 分，整体认知维度非常不错，这也是从 2016 年下半年开始，金融科技的加速大幅度提升了公司内部认知和外部认知所致。

进一步分析：对于人身险公司来说，计算综合指标下 69 家公司得分的平均值、最大值和最小值；对于财产险公司来说，计算综合指标下 69 家公司得分的平均值、最大值和最小值。统计结果如表 5 – 3 和图 5 – 3 所示。

表 5 – 3　　　　人身险公司和财产险公司金融科技自我认知统计结果

类别	人身险公司	财产险公司
最小值	60	60
1/4 分位点	75.98	83.11
2/4 分位点	79.38	86.99
3/4 分位点	83.93	92.85
最大值	100	100
均值	80.04	86.54
方差	67.14	80.34
标准差	8.19	8.96

（数值）

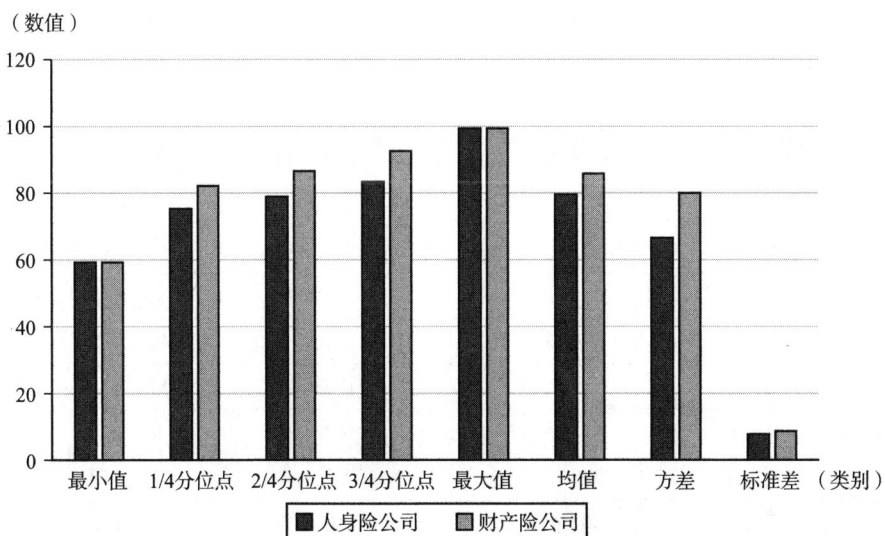

图 5 – 3　人身险公司和财产险公司金融科技自我认知统计结果对比

和禀赋基础和业务发展维度不同，财产险公司认知情况普遍比人身险要好。这可能是源于财产险公司所涉及的许多业务流程或者模块正在科技化，例如，车辆定损等可以使用人工智能（深度学习）技术。

人身险公司和财产险公司金融科技自我认知整体情况如表5－4所示。

表5－4　　　人身险公司和财产险公司金融科技自我认知整体情况

人身险公司	得分	排名	财产险公司	得分	排名
光大永明人寿	100	1	太保产险	100	1
中邮人寿	97.33268	2	安华农险	99.7906	2
阳光人寿	95.98342	3	中石油财险	99.54129	3
平安健康	94.90349	4	信达	99.18254	4
长生人寿	93.70343	5	鑫安汽车保险	98.93595	5
中银三星	92.76064	6	英大财险	97.08833	6
恒安标准人寿	91.83699	7	三星财产（中国）	96.4483	7
民生人寿	91.77551	8	紫金财险	96.30656	8
合众人寿	90.91436	9	天安财险	96.09804	9
中德安联	90.41639	10	众安保险	96.01094	10
中国人寿	89.82923	11	国泰产险	95.65705	11
中美联泰	87.21442	12	渤海财险	95.52506	12
同方全球人寿	86.32045	13	阳光财险	94.16198	13
中韩人寿	86.30244	14	信利财险	94.15496	14
安邦人寿	85.88756	15	华安保险	93.87604	15
太平养老	84.86688	16	日本财险	93.011	16
信诚人寿	84.31519	17	国元农业保险	92.86881	17
新光海航	83.93225	18	华农保险	92.85468	18
上海人寿	83.7992	19	阳光农业保险	92.79976	19
君康人寿	83.69575	20	长安保险	92.48845	20
前海人寿	83.67199	21	华泰财险	92.3189	21
中宏人寿	83.244	22	人保财险	91.9975	22
幸福人寿	82.03247	23	永安财险	91.34521	23
华泰寿险	81.91127	24	众诚汽车保险	90.86505	24

续表

人身险公司	得分	排名	财产险公司	得分	排名
复星保德信人寿	81.84356	25	太平财险	90.69892	25
利安人寿	81.45707	26	锦泰保险	90.69244	26
农银人寿	80.57769	27	中路保险	90.68596	27
人保寿	80.37578	28	都邦保险	89.17885	28
生命人寿	80.31684	29	安达保险	88.57219	29
安邦养老	80.28762	30	安邦财产保险	88.35173	30
太保安联	79.83816	31	鼎和保险	88.05126	31
长城人寿	79.71028	32	平安财险	87.95069	32
太平人寿	79.48939	33	日本兴业财险	87.1949	33
德华安顾人寿	79.47153	34	富德财险	87.15383	34
工银安盛人寿	79.37549	35	合众财险	86.98691	35
中英人寿	79.35073	36	安联财险	86.91894	36
友邦人寿	79.26424	37	恒邦保险	86.72073	37
国联人寿	79.17218	38	中华保险	86.71966	38
弘康人寿	79.05784	39	中航安盟	86.25599	39
泰康人寿	78.95224	40	永诚财险	86.04352	40
平安养老	78.79011	41	燕赵财险	85.60009	41
太保寿险	78.43978	42	瑞再企商	85.31079	42
新华人寿	78.21426	43	安诚财产保险	85.01391	43
昆仑健康保险	78.09108	44	爱和谊保险	84.96431	44
恒大人寿	77.31425	45	长江财产保险、长江保险	84.63662	45
北大方正人寿	77.0872	46	中国人寿财险公司	84.56492	46
东吴人寿	77.00154	47	劳合社	84.51247	47
招商信诺	76.99241	48	浙商保险	84.47554	48
建信人寿	76.17481	49	中煤保险	83.5381	49
国华人寿	76.11947	50	中意财险	83.40814	50
渤海人寿	76.00446	51	北部湾保险	83.33395	51
瑞泰人寿	75.97697	52	安信农业保险	83.11022	52
中荷人寿	75.40578	53	中国大地保险	82.56807	53

人身险公司	得分	排名	财产险公司	得分	排名
珠江人寿	75.20031	54	安盛天平	82.45183	54
平安人寿	74.89496	55	利宝保险	82.38347	55
陆家嘴寿险	74.35875	56	中银保险	80.68121	56
人保健康	74.19769	57	亚太财险	80.35404	57
信泰人寿	72.41041	58	华海保险	79.76999	58
华夏人寿	72.12973	59	东京海上日动（中国）	79.52795	59
吉祥人寿	71.68919	60	中国铁路保险	79.23791	60
中融人寿	71.05357	61	美亚保险	78.95475	61
君龙人寿	70.9356	62	富邦财险	75.6108	62
百年人寿	70.60679	63	泰山财险	74.76049	63
交银康联	69.90852	64	苏黎世保险	68.47588	64
天安人寿	66.46788	65	三井住友	66.78541	65
汇丰人寿	65.2864	66	诚泰财险	66.31291	66
英大泰和	64.30749	67	中原农业	64.93621	67
中法人寿	62.38244	68	现代财险	64.54087	68
和谐健康	60	69	史带财险	60	69

人身险公司和财产险公司金融科技自我认识分布对比如图 5-4 所示。

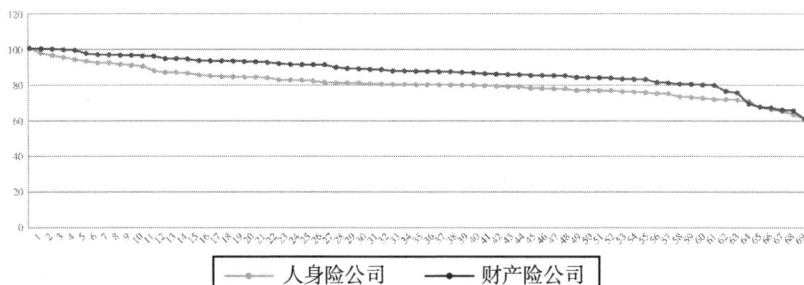

图 5-4　人身险公司和财产险公司金融科技自我认识分布对比

从图 5-4 可以看到，财产险公司自我认知程度大多数时候超过了人身险公司。

5.1.2 上市银行情况

本书选取了 25 家上市银行，统计结果如表 5-5 所示。

表 5-5   上市银行金融科技自我认识统计结果：分位数和基础统计

类别	最小值	1/4 分位点	2/4 分位点	3/4 分位点	最大值
数值	60	72.17	79.04	87.96	100

类别	均值	方差	标准差
数值	79.83	115.40	10.74

上市银行金融科技自我认知整体情况如表 5-6 所示。

表 5-6   上市银行金融科技自我认知整体情况

银行名	得分	排名	银行名	得分	排名
中信银行	100	1	建设银行	77.99874	14
招商银行	96.55089	2	光大银行	75.57291	15
中国银行	94.37533	3	农业银行	73.24373	16
张家港银行	90.60144	4	南京银行	72.60479	17
上海银行	89.7488	5	宁波银行	72.30702	18
吴江银行	87.97065	6	江苏银行	72.16857	19
浦发银行	87.95526	7	常熟银行	70.84473	20
无锡银行	87.93484	8	民生银行	69.74745	21
兴业银行	87.19693	9	工商银行	67.47275	22
杭州银行	85.32737	10	江阴银行	66.96496	23
华夏银行	83.69004	11	北京银行	64.67963	24
平安银行	81.7114	12	交通银行	60	25
贵阳银行	79.03767	13			

上市银行金融科技认知分布情况统计及直方图如图 5-5 和图 5-6 所示。

（数值）

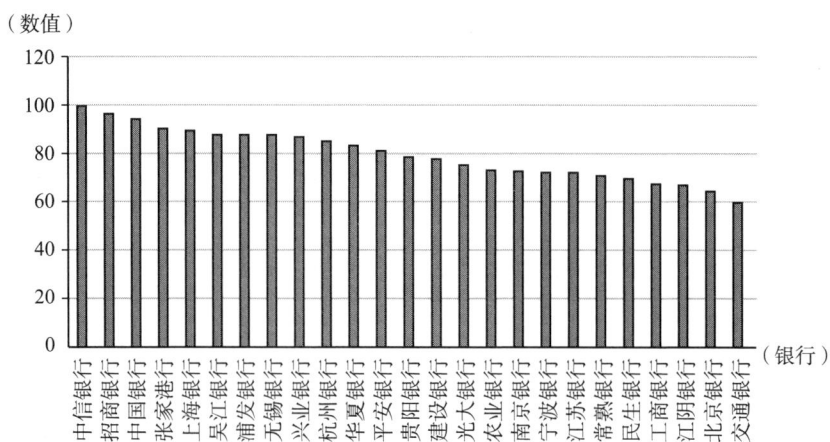

图 5 – 5　上市银行金融科技认识分布

（频数）

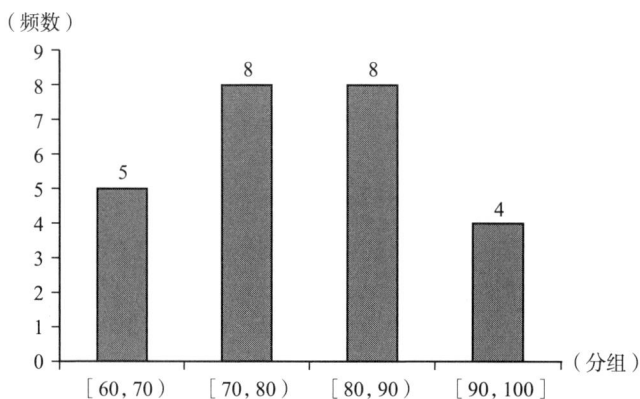

图 5 – 6　频数分布直方图

5.2　分类情况报告

5.2.1　企业认知（调查数据）

5.2.1.1　保险公司情况

统计企业认知中的各个指标，统计结果如表 5 – 7 所示。

表 5 - 7　　　　　　保险公司企业认知中的各个指标统计结果

类别	高管认知	中层认知	普通员工认知	整体评价
最小值	63	76	65	63
1/4 分位点	82.25	85.25	67	85.25
2/4 分位点	85	88	70	85
3/4 分位点	88	90	73	88
最大值	91	93	76	91
均值	84.43	87.66	70.03	84.43
方差	29.18	10.24	9.87	29.18
标准差	5.40	3.20	3.14	5.40

从表 5 - 7 可以看到：对于金融科技认知来说，程度与级别成正比，普通员工的认知要低于中层和高管；但是对保险公司来说，高管认知又普遍低于中层。导致这种结果的原因可能是由于中层员工在公司内部属于承上启下的作用，有晋升压力也有自我提高的诉求，而普通员工更多聚焦于具体事务，对金融科技感知不深，高管则存在着一定程度的惰性。

5.2.1.2　上市银行情况

统计企业认知中的各个指标，结果如表 5 - 8 所示。

表 5 - 8　　　　　　上市银行企业认知中的各个指标统计结果

类别	高管认知	中层认知	普通员工认知	整体评价
最小值	94.94	89.21	84.95	92.226
1/4 分位点	96.09	90.21	86.47	92.927
2/4 分位点	96.72	90.78	87.46	93.427
3/4 分位点	97.48	92.66	89.66	93.701
最大值	98.88	93.41	90.45	94.493
均值	96.8236	91.26	87.89	93.348
方差	1.09	1.79	3.22	0.328
标准差	1.04	1.34	1.79	0.57

上市银行的情况更加明显，普通员工认知要远远低于中层和高层，而中层和高层比较的话，同样也是中层认知程度要高许多，且比保险公司的情况更明显。

5.2.2　搜索关联

5.2.2.1　保险公司情况

"搜索数据"中，统计结果如表5-9所示。

表5-9　　保险公司变量"搜索数据"统计结果：分位数和基础统计

类别	最小值	1/4分位点	2/4分位点	3/4分位点	最大值
数值	0.0022	0.0025	0.0027	0.0030	0.0056

类别	均值		方差		标准差
数值	0.0028		0		0.0005

该搜索数据表明媒体和社会对公司金融科技的认知，由于保险公司并非专业的技术公司，其搜索数据普遍较低。

5.2.2.2　上市银行情况

"搜索数据"中，统计结果如表5-10所示。

表5-10　　　　　上市银行变量"搜索数据"统计结果

类别	最小值	1/4分位点	2/4分位点	3/4分位点	最大值
数值	0.0019	0.0322	0.0433	0.0565	0.0939

类别	均值		方差		标准差
数值	0.0465		0.0006		0.0254

上市银行的搜索数据表明，公众普遍对银行金融科技的认知要比对保险金融科技的认知高。该数据代表了公众认为某银行或者保险公司金融科技的水平，当然这只是外界感知，但不代表实际的金融科技能力。

银行的数值比保险的普遍高，原因可能还与网点分布和顾客黏性有关。

5.2.3 词云关联

5.2.3.1 保险公司情况

"词云数据"中，统计结果如表 5 – 11 所示。

表 5 – 11 　　保险公司变量"词云数据"统计结果：分位数和基础统计

类别	最小值	1/4 分位点	2/4 分位点	3/4 分位点	最大值
数值	0.3632	0.3868	0.4132	0.4440	0.7940

类别	均值	方差	标准差
数值	0.4163	0.0019	0.0439

词云数据则比搜索数据更具有社会认知的内涵，其表明具体公司与金融科技的关联程度。

5.2.3.2 上市银行情况

"词云数据"中，统计结果如表 5 – 12 所示。

表 5 – 12 　　上市银行变量"词云数据"统计结果：分位数和基础统计

类别	最小值	1/4 分位点	2/4 分位点	3/4 分位点	最大值
数值	0.6640	0.7335	0.7607	0.7711	0.8126

类别	均值	方差	标准差
数值	0.7497	0.0014	0.0370

从表 5 – 12 可以看到，银行的词云数据（语义结果）仍然大幅度领先保险公司。

第6章

金融科技核心能力评价分析

6.1 综合分析

6.1.1 保险公司情况

本书选取了138家公司，综合指标分析的统计结果如表6-1所示。

表6-1　　　保险公司金融科技核心能力统计结果：分位数和基础统计

类别	最小值	1/4分位点	2/4分位点	3/4分位点	最大值
数值	60	68.53	77.73	85.28	100

类别	均值	方差	标准差
数值	77.38	89.73	9.47

从表6-1可以看到，保险公司之间差距较大，这表明保险公司的金融科技能力分布并不均衡。

保险公司金融科技核心能力整体情况如表6-2所示。

表6-2　　　　　　　保险公司金融科技核心能力整体情况

公司名	得分	排名	公司名	得分	排名
平安人寿	100	1	吉祥人寿	93.41239	3
众安保险	97.50782	2	太保寿险	92.17939	4

续表

公司名	得分	排名	公司名	得分	排名
太平养老	92.17939	5	安邦养老	86.38939	31
中宏人寿	91.56289	6	平安养老	85.95401	32
交银康联	91.56289	7	北大方正人寿	85.89364	33
中法人寿	91.50251	8	泰康人寿	85.77289	34
工银安盛人寿	90.94639	9	和谐健康	85.27714	35
英大泰和	90.88601	10	华泰寿险	85.27714	36
招商信诺	90.88601	11	建信人寿	85.03565	37
平安财险	90.36409	12	新华人寿	84.60027	38
中英人寿	90.32989	13	农银人寿	84.60027	39
阳光人寿	90.32989	14	弘康人寿	84.41915	40
中融人寿	90.20914	15	生命人寿	83.92339	41
太平人寿	89.09689	16	瑞泰人寿	83.74228	42
利安人寿	89.09689	17	太保安联	83.30689	43
信诚人寿	89.03651	18	光大永明人寿	83.24652	44
德华安顾人寿	88.48039	19	安邦人寿	82.69039	45
中邮人寿	88.42001	20	幸福人寿	82.63002	46
恒大人寿	88.35964	21	长城人寿	82.56965	47
上海人寿	88.2389	22	君康人寿	82.50927	48
人保健康	87.80351	23	复星保德信人寿	82.50927	49
民生人寿	87.12664	24	昆仑健康保险	82.4489	50
长生人寿	87.06627	25	中德安联	82.07389	51
恒安标准人寿	86.94552	26	人保财险	81.98735	52
同方全球人寿	86.51014	27	新光海航	81.8324	53
天安人寿	86.44977	28	汇丰人寿	81.39702	54
中荷人寿	86.44977	29	信泰人寿	81.33665	55
陆家嘴寿险	86.38939	30	百年人寿	81.15553	56

续表

公司名	得分	排名	公司名	得分	排名
平安健康	81.15553	57	东京海上日动（中国）	73.98562	83
国华人寿	80.78052	58	安邦财产保险	73.48986	84
合众人寿	80.5994	59	太平财险	73.42949	85
中煤保险	80.51285	60	安联财险	72.87336	86
国联人寿	80.10365	61	富德财险	72.69224	87
人保寿	80.04327	62	浙商保险	72.07574	88
前海人寿	80.04327	63	华海保险	71.57999	89
中银三星	79.92253	64	日本兴业财险	71.39887	90
渤海人寿	79.86216	65	中华保险	71.39887	91
华夏人寿	79.48715	66	安达保险	71.39887	92
中韩人寿	79.48715	67	长安保险	70.96349	93
友邦人寿	79.24566	68	瑞再企商	70.84274	94
中国人寿	78.68953	69	中国铁路保险	70.78237	95
珠江人寿	76.77965	70	天安财险	69.60974	96
中银保险	76.57236	71	中原农业	69.54937	97
君龙人寿	76.22353	72	安盛天平	69.489	98
英大财险	75.95586	73	中路保险	69.489	99
中美联泰	75.54665	74	长江财产保险、长江保险	69.489	100
东吴人寿	75.54665	75	苏黎世保险	69.05361	101
安华农险	75.39973	76	鼎和保险	68.93287	102
诚泰财险	75.39973	77	美亚保险	68.81212	103
华农保险	75.33936	78	燕赵财险	68.43711	104
信利财险	75.33936	79	紫金财险	68.25599	105
合众财险	74.78323	80	国泰产险	68.19562	106
泰山财险	74.78323	81	中石油财险	68.19562	107
亚太财险	73.98562	82	日本财险	68.19562	108

续表

公司名	得分	排名	公司名	得分	排名
北部湾保险	68.19562	109	锦泰保险	65.66925	124
利宝保险	67.82061	110	现代财险	65.17349	125
太保产险	67.82061	111	众诚汽车保险	65.05275	126
中航安盟	67.82061	112	鑫安汽车保险	65.05275	127
国元农业保险	67.69987	113	恒邦保险	64.99238	128
阳光农业保险	67.14374	114	爱和谊保险	63.88012	129
永诚财险	67.02299	115	都邦保险	63.75937	130
中意财险	66.96262	116	三井住友	63.75937	131
安信农业保险	66.90225	117	安诚财产保险有限公司	62.466	132
中国人寿财险公司	66.40649	118	永安财险	62.466	133
中国大地保险	66.40649	119	信达	61.8495	134
富邦财险	66.34612	120	华安保险	61.35375	135
华泰财险	66.34612	121	渤海财险	60.67687	136
劳合社	66.34612	122	史带财险	60.67687	137
阳光财险	65.66925	123	三星财产（中国）	60	138

保险公司金融科技能力分布情况统计及直方图图 6-1 和图 6-2 所示。

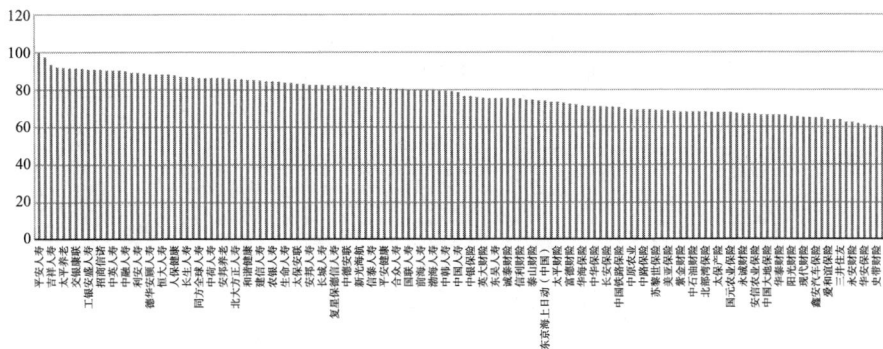

图 6-1　保险公司金融科技能力分布

（频数）

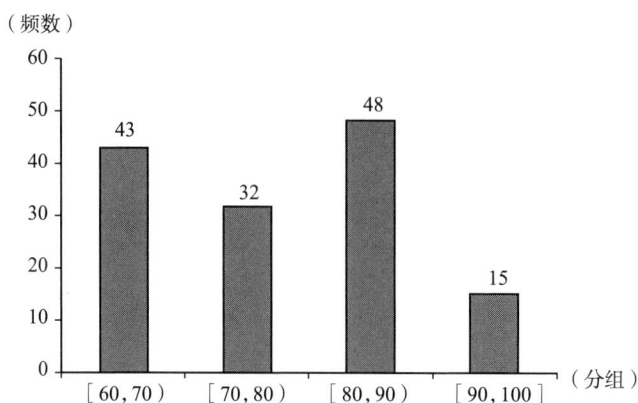

图 6 - 2　频数分布直方图

　　从图 6 - 2 来看，保险公司分布区间在［80，90］和［60，70］的较多，有 15 家公司超过了 90 分。

　　进一步分析：对于人身险公司来说，计算综合指标下 69 家公司得分的平均值、最大值和最小值；对于财产险公司来说，计算综合指标下 69 家公司得分的平均值、最大值和最小值。统计结果如表 6 - 3 和图 6 - 3 所示。

表 6 - 3　　　　　　　人身险公司和财产险公司金融科技能力统计结果

类别	人身险公司	财产险公司
最小值	60	60
1/4 分位点	69.47	66.75
2/4 分位点	75.03	69.00
3/4 分位点	81.07	73.50
最大值	100	100
均值	75.35	70.37
方差	61.95	44.63
标准差	7.87	6.68

（数值）

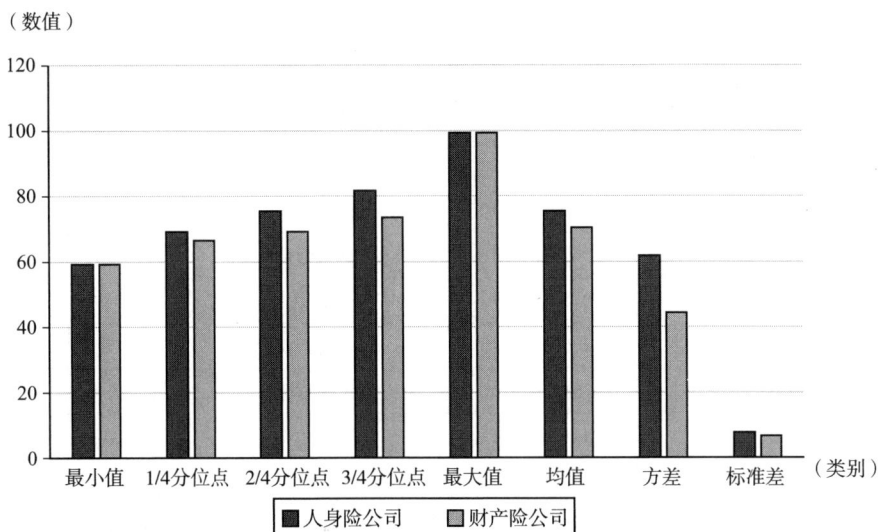

图 6 – 3   人身险公司和财产险公司金融科技能力统计结果对比

将人身险公司和财产险公司分开来看，可以看到与"禀赋基础"维度和"业务发展"不同的结果，人身险公司的金融科技核心能力要比财产险公司要好，这很大程度上源于人身险公司成熟的数据处理体系和数据工程能力。

人身险公司和财产险公司金融科技能力整体情况如表 6 – 4 所示。

表 6 – 4   人身险公司和财产险公司金融科技能力整体情况

人身险公司	得分	排名	财产险公司	得分	排名
平安人寿	100	1	众安保险	100	1
吉祥人寿	88.76412	2	平安财险	92.37748	2
太保寿险	86.91016	3	人保财险	83.44828	3
太平养老	86.91016	4	中煤保险	81.85109	4
中宏人寿	85.98318	5	中银保险	77.64053	5
交银康联	85.98318	6	英大财险	76.98719	6
中法人寿	85.70232	7	安华农险	76.40647	7
工银安盛人寿	85.0562	8	诚泰财险	76.40647	8
英大泰和	84.77534	9	华农保险	76.33385	9

续表

人身险公司	得分	排名	财产险公司	得分	排名
招商信诺	84.77534	10	信利财险	76.33385	10
中英人寿	84.12922	11	合众财险	75.75313	11
阳光人寿	84.12922	12	泰山财险	75.75313	12
中融人寿	83.56749	13	亚太财险	74.88191	13
太平人寿	82.27526	14	东京海上日动（中国）	74.88191	14
利安人寿	82.27526	15	安邦财产保险	74.37382	15
信诚人寿	81.99439	16	太平财险	74.30119	16
德华安顾人寿	81.34828	17	安联财险	73.72048	17
中邮人寿	81.06741	18	富德财险	73.5026	18
恒大人寿	80.78655	19	浙商保险	72.84926	19
上海人寿	80.22481	20	华海保险	72.34117	20
人保健康	80.14043	21	日本兴业财险	72.12329	21
民生人寿	78.93259	22	中华保险	72.12329	22
长生人寿	78.65172	23	安达保险	72.12329	23
恒安标准人寿	78.08998	24	长安保险	71.68782	24
同方全球人寿	78.00561	25	瑞再企商	71.54257	25
天安人寿	77.72474	26	中国铁路保险	71.46995	26
中荷人寿	77.72474	27	天安财险	70.23589	27
陆家嘴寿险	77.44387	28	中原农业	70.16326	28
安邦养老	77.44387	29	安盛天平	70.09064	29
平安养老	77.35949	30	中路保险	70.09064	30
北大方正人寿	77.07863	31	长江财产保险、长江保险	70.09064	31
泰康人寿	76.51689	32	苏黎世保险	69.65517	32
和谐健康	76.15164	33	鼎和保险	69.50992	33
华泰寿险	76.15164	34	美亚保险	69.36467	34
建信人寿	75.02818	35	燕赵财险	69.00183	35
新华人寿	74.9438	36	紫金财险	68.78395	36
农银人寿	74.9438	37	国泰产险	68.71133	37
弘康人寿	74.10119	38	中石油财险	68.71133	38

续表

人身险公司	得分	排名	财产险公司	得分	排名
生命人寿	73.73595	39	日本财险	68.71133	39
瑞泰人寿	72.89335	40	北部湾保险	68.71133	40
太保安联	72.80897	41	利宝保险	68.34849	41
光大永明人寿	72.5281	42	太保产险	68.34849	42
安邦人寿	71.88199	43	中航安盟	68.34849	43
幸福人寿	71.60112	44	国元农业保险	68.20324	44
长城人寿	71.32025	45	阳光农业保险	67.62252	45
君康人寿	71.03939	46	永诚财险	67.47727	46
复星保德信人寿	71.03939	47	中意财险	67.40464	47
中德安联	70.95501	48	安信农业保险	67.33202	48
昆仑健康保险	70.75852	49	中国人寿财险公司	66.82393	49
新光海航	69.83154	50	中国大地保险	66.82393	50
汇丰人寿	69.74716	51	富邦财险	66.7513	51
信泰人寿	69.46629	52	华泰财险	66.7513	52
国华人寿	68.82018	53	劳合社	66.7513	53
百年人寿	68.62369	54	阳光财险	66.02533	54
平安健康	68.62369	55	锦泰保险	66.02533	55
合众人寿	67.97758	56	现代财险	65.51724	56
国联人寿	67.61233	57	众诚汽车保险	65.37199	57
人保寿	67.33146	58	鑫安汽车保险	65.37199	58
前海人寿	67.33146	59	恒邦保险	65.29936	59
中银三星	66.76973	60	爱和谊保险	64.13793	60
华夏人寿	66.68535	61	都邦保险	63.99268	61
中韩人寿	66.68535	62	三井住友	63.99268	62
渤海人寿	66.48886	63	安诚财产保险有限公司	62.61337	63
友邦人寿	65.56188	64	永安财险	62.61337	64
中国人寿	64.91577	65	信达	61.96003	65
珠江人寿	61.85396	66	华安保险	61.45194	66
君龙人寿	61.20785	67	渤海财险	60.72597	67

人身险公司	得分	排名	财产险公司	得分	排名
中美联泰	60	68	史带财险	60.72597	68
东吴人寿	60	69	三星财产（中国）	60	69

人身险公司和财产险公司金融科技能力分布对比如图 6-4 所示。

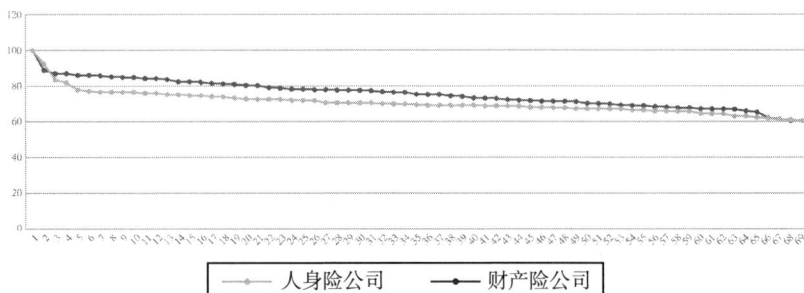

图 6-4　人身险公司和财产险公司金融科技能力分布对比

6.1.2　上市银行情况

本书选取了 25 家上市银行，统计结果如表 6-5 所示。

表 6-5　　　上市银行金融科技能力统计结果：分位数和基础统计

类别	最小值	1/4 分位点	2/4 分位点	3/4 分位点	最大值
数值	60	69.02	76.80	81.31	100

类别	均值	方差	标准差
数值	76.16	87.20	9.34

可以看到，上市银行的金融科技能力相互之间差异也较大，实际上这也侧面反映了不同银行对金融科技的态度。

上市银行金融科技核心能力整体情况如表 6-6 所示。

表 6 – 6   上市银行金融科技核心能力整体情况

银行名	得分	排名	银行名	得分	排名
平安银行	100	1	南京银行	75.29609	14
工商银行	89.08815	2	北京银行	75.29609	15
中国银行	88.96028	3	宁波银行	73.79206	16
建设银行	84.57604	4	交通银行	70.78398	17
浦发银行	83.07201	5	常熟银行	69.27995	18
贵阳银行	81.4401	6	无锡银行	69.02422	19
招商银行	81.31224	7	江阴银行	67.77591	20
光大银行	81.31224	8	江苏银行	67.77591	21
中信银行	79.8082	9	上海银行	67.52018	22
农业银行	79.8082	10	兴业银行	64.51211	23
华夏银行	78.43203	11	吴江银行	61.50404	24
杭州银行	76.92799	12	张家港银行	60	25
民生银行	76.80013	13			

上市银行金融科技能力分布情况统计及直方图如图 6 – 5 和图 6 – 6 所示。

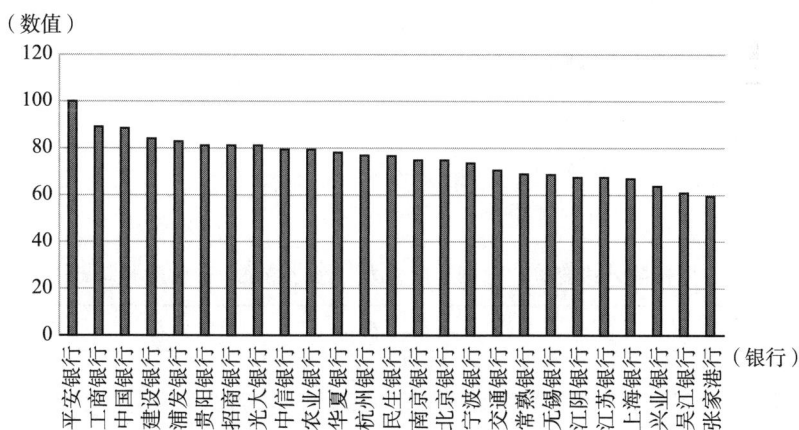

图 6 – 5   上市银行金融科技能力分布

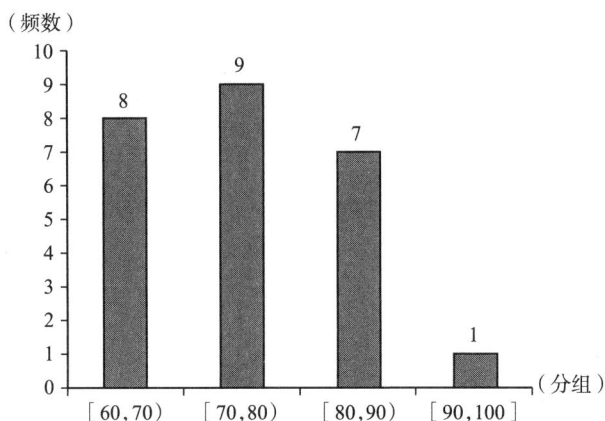

图 6 - 6　频数分布直方图

　　图 6 - 6 表明，绝大多数上市银行低于 90 分，这实际上也是当前国内银行的普遍情况。许多银行的金融科技能力还没有建立起来，尽管有许多数据和信息基础设施，但大多数是针对传统数据库和业务系统，而非面向大数据和人工智能的应用。

6.2　分类情况报告

6.2.1　数据应用能力

6.2.1.1　保险公司情况

"数据应用能力"中统计结果如表 6 - 7 所示。

表 6 - 7　　保险公司变量"数据应用能力"统计结果：分位数和基础统计

类别	最小值	1/4 分位点	2/4 分位点	3/4 分位点	最大值
数值	50	53	55	58	79

类别	均值	方差	标准差
数值	55.80	17.793	4.22

就数据应用能力来说，4.22 的标准差，意味着保险公司之间相差不大。

6.2.1.2　上市银行情况

"数据应用能力"中统计结果如表 6-8 所示。

表 6-8　　上市银行变量"数据应用能力"统计结果：分位数和基础统计

类别	最小值	1/4 分位点	2/4 分位点	3/4 分位点	最大值
数值	70	73	76	79	83

类别	均值	方差	标准差
数值	76.16	13.22	3.64

与保险公司比较，上市银行之间的差距更小，这反映在其更小的标准差上。

6.2.2　人工智能能力

6.2.2.1　保险公司情况

"人工智能能力"中统计结果如表 6-9 所示。

表 6-9　　保险公司变量"人工智能能力"中统计结果：分位数和基础统计

类别	最小值	1/4 分位点	2/4 分位点	3/4 分位点	最大值
数值	47	53	56	59.75	76

类别	均值	方差	标准差
数值	56.20	24.34	4.93

6.2.2.2　上市银行情况

"人工智能能力"中统计结果如表 6-10 所示。

表 6 – 10　　上市银行变量"人工智能能力"统计结果：分位数和基础统计

类别	最小值	1/4 分位点	2/4 分位点	3/4 分位点	最大值
数值	65	67	67	68	72

类别	均值	方差	标准差
数值	67.2	2.5	1.58

　　从表 6 – 9 和表 6 – 10 可以看到，不同银行之间的人工智能能力相差极小。这很大程度上源于大多数银行仍然是以非动态数据和业务数据为核心，还没有建立起数据流的安全、处理和价值导向的体系。

—————————— 第 7 章 ——————————

金融科技创新指数

在本章，我们使用信息熵模型，综合所有四个基础维度，给出公司的金融科技创新能力评价结果，并给出各保险公司和银行的金融科技创新指数。

7.1　保险公司金融科技创新指数

本书选取了 138 家保险公司，综合指标分析的统计结果如表 7 - 1 所示。

表 7 - 1　　　　保险公司金融科技创新指数统计结果：分位数和基础统计

类别	最小值	1/4 分位点	2/4 分位点	3/4 分位点	最大值
数值	60	67.95	72.31	76.34	100

类别	均值	方差	标准差
数值	72.85	46.92	6.85

对保险公司来说，公司之间仍然存在着较大差距，但分布还相对均匀。

保险公司金融科技创新指数整体情况如表 7 - 2 所示。

表 7-2　　　　　　　　保险公司金融科技创新指数整体情况

公司名	得分	排名	公司名	得分	排名
中国人寿	100	1	吉祥人寿	78.1655	28
众安保险	96.90472	2	平安财险	78.10249	29
平安人寿	89.66253	3	国泰产险	77.29283	30
人保健康	88.25933	4	中石油财险	77.13454	31
阳光财险	86.67908	5	珠江人寿	76.98926	32
人保寿	85.37566	6	中英人寿	76.7104	33
天安财险	85.00525	7	华安保险	76.36126	34
同方全球人寿	83.84615	8	华夏人寿	76.34672	35
中国人寿财险公司	83.52748	9	生命人寿	76.29991	36
安邦财产保险	82.82956	10	招商信诺	76.22002	37
长安保险	82.37172	11	复星保德信人寿	76.15791	38
新华人寿	81.6638	12	利安人寿	76.0286	39
阳光人寿	80.64235	13	众诚汽车保险	76.01173	40
阳光农业保险	80.61752	14	安盛天平	75.96146	41
北大方正人寿	80.56909	15	华海保险	75.85407	42
友邦人寿	80.55544	16	农银人寿	75.74916	43
中融人寿	80.33911	17	安诚财产保险有限公司	75.45779	44
前海人寿	80.24929	18	中煤保险	75.16801	45
民生人寿	80.20609	19	长江财产保险、长江保险	75.15165	46
安华农险	80.01168	20	建信人寿	75.04415	47
和谐健康	79.83978	21	安信农业保险	74.91685	48
上海人寿	79.56185	22	信达	74.75512	49
弘康人寿	79.48965	23	鼎和保险	74.73238	50
太保产险	79.47828	24	光大永明人寿	74.72699	51
永安财险	79.18887	25	中宏人寿	74.53309	52
泰康人寿	78.28151	26	人保财险	74.19992	53
君康人寿	78.19832	27	新光海航	74.17418	54

续表

公司名	得分	排名	公司名	得分	排名
英大财险	74.12197	55	鑫安汽车保险	70.56831	82
平安健康	73.9329	56	太平财险	70.41686	83
亚太财险	73.86539	57	合众人寿	70.33197	84
昆仑健康保险	73.79318	58	富德财险	70.01649	85
中法人寿	73.78944	59	中华保险	70	86
瑞再企商	73.62394	60	中荷人寿	69.96955	87
东吴人寿	73.34788	61	太平养老	69.94729	88
中邮人寿	73.32138	62	长生人寿	69.64872	89
永诚财险	73.09927	63	中路保险	69.51652	90
燕赵财险	72.95787	64	长城人寿	69.45145	91
中国大地保险	72.9309	65	中航安盟	69.41522	92
恒安标准人寿	72.82059	66	国元农业保险	69.29083	93
安联财险	72.68284	67	幸福人寿	69.23559	94
德华安顾人寿	72.51842	68	华泰寿险	69.15934	95
交银康联	72.3207	69	恒邦保险	69.07854	96
恒大人寿	72.2968	70	工银安盛人寿	68.78355	97
国联人寿	72.06112	71	劳合社	68.49697	98
国华人寿	71.93034	72	紫金财险	68.41757	99
中德安联	71.92737	73	都邦保险	68.39069	100
美亚保险	71.68402	74	太保安联	68.33702	101
太保寿险	71.46757	75	中银保险	68.24939	102
平安养老	71.41239	76	中韩人寿	68.1066	103
太平人寿	71.08796	77	信泰人寿	67.90183	104
中美联泰	71.04389	78	瑞泰人寿	67.90089	105
中意财险	70.95095	79	渤海人寿	67.79303	106
安达保险	70.82675	80	中银三星	67.66068	107
安邦人寿	70.7565	81	渤海财险	67.56157	108

续表

公司名	得分	排名	公司名	得分	排名
信诚人寿	67.54829	109	爱和谊保险	65.21482	124
锦泰保险	67.43705	110	天安人寿	65.02877	125
陆家嘴寿险	67.34917	111	利宝保险	64.89229	126
华农保险	67.19554	112	君龙人寿	64.77442	127
华泰财险	67.13494	113	百年人寿	64.05005	128
安邦养老	66.8743	114	苏黎世保险	63.85442	129
三井住友	66.71076	115	东京海上日动（中国）	63.04492	130
日本财险	66.54951	116	富邦财险	62.88434	131
汇丰人寿	66.3881	117	中国铁路保险	62.62619	132
合众财险	66.23871	118	泰山财险	62.37906	133
信利财险	66.12864	119	诚泰财险	61.50621	134
日本兴业财险	65.9366	120	中原农业	61.36816	135
三星财产（中国）	65.93092	121	史带财险	60.83255	136
北部湾保险	65.71588	122	现代财险	60.76817	137
浙商保险	65.35155	123	英大泰和	60	138

　　保险公司金融科技创新指数分布情况统计及直方图如图 7 - 1 和图 7 - 2 所示。

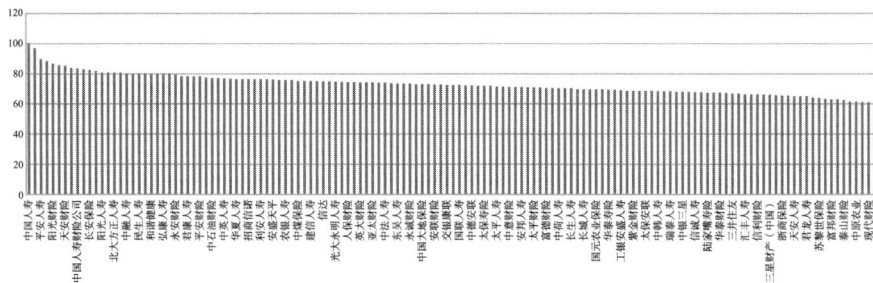

图 7 - 1　保险公司金融科技创新指数分布

（频数）

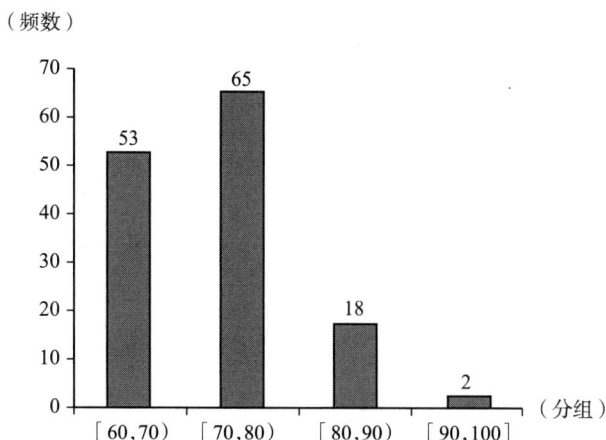

图 7 - 2　频数分布直方图

图 7 - 2 可以反映出更多问题，保险公司的金融科技创新能力整体较弱，大部分集中在 [60，80] 这个区间。这提醒保险公司，尽快提升金融科技创新能力是当务之急。

进一步分析：对于人身险公司来说，计算综合指标下 69 家公司得分的平均值、最大值和最小值；对于财产险公司来说，计算综合指标下 69 家公司得分的平均值、最大值和最小值。统计结果如表 7 - 3 和图 7 - 3 所示。

表 7 - 3　　　　　人身险公司和财产险公司金融科技创新指数统计结果

类别	人身险公司	财产险公司
最小值	0	0
1/4 分位点	25.47	15.96
2/4 分位点	35.25	25.82
3/4 分位点	45.67	37.50
最大值	100	100
均值	36.85	28.90
方差	291.86	339.56
标准差	17.08	18.43

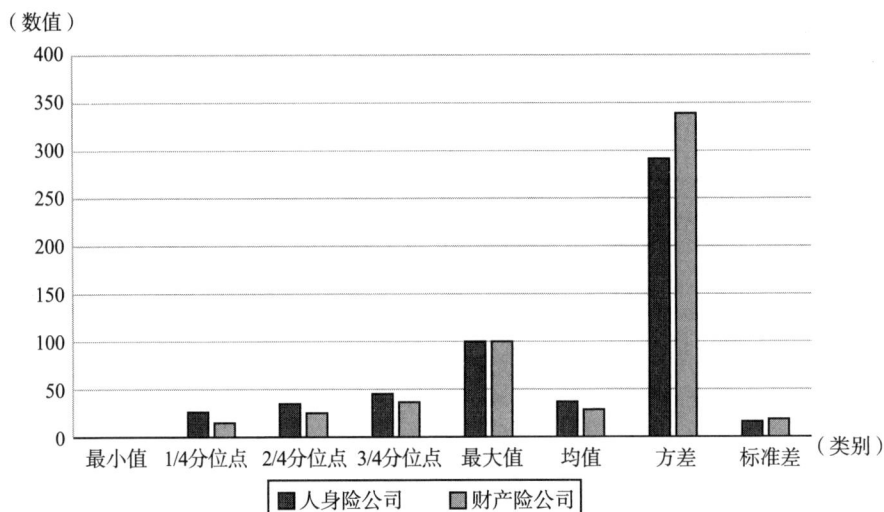

图 7 - 3　人身险公司和财产险公司金融科技创新指数统计情况对比

人身险公司和财产险公司金融科技创新指数整体情况如表 7 - 4 所示。

表 7 - 4　　　人身险公司和财产险公司金融科技创新指数整体情况

人身险公司	得分	排名	财产险公司	得分	排名
中国人寿	100	1	众安保险	100	1
平安人寿	90.23395	2	天安财险	86.16516	2
人保健康	89.57618	3	阳光财险	85.84934	3
人保寿	86.08636	4	中国人寿财险公司	85.30855	4
同方全球人寿	84.99795	5	阳光农业保险	84.02653	5
新华人寿	84.50062	6	安邦财产保险	83.16523	6
阳光人寿	83.67258	7	长安保险	81.64463	7
前海人寿	82.66686	8	平安财险	81.31371	8
民生人寿	81.49852	9	瑞再企商	79.30067	9
泰康人寿	81.22973	10	太保产险	78.73418	10
和谐健康	80.87008	11	国泰产险	78.44127	11
上海人寿	80.85042	12	永安财险	78.08586	12
北大方正人寿	80.67207	13	安华农险	78.06779	13
中融人寿	80.25746	14	中国大地保险	77.12107	14

续表

人身险公司	得分	排名	财产险公司	得分	排名
弘康人寿	79.96951	15	华安保险	76.99439	15
友邦人寿	79.54083	16	人保财险	75.69711	16
君康人寿	78.42569	17	安盛天平	75.05555	17
吉祥人寿	78.2677	18	安诚财产保险有限公司	74.99802	18
招商信诺	77.63138	19	安信农业保险	74.40518	19
利安人寿	77.47631	20	众诚汽车保险	74.35948	20
光大永明人寿	77.12345	21	中石油财险	74.31811	21
中英人寿	76.64138	22	长江财产保险、长江保险	74.1018	22
复星保德信人寿	76.53658	23	华海保险	73.84435	23
华夏人寿	76.47435	24	亚太财险	73.68045	24
生命人寿	76.3898	25	中煤保险	73.62264	25
珠江人寿	76.13465	26	英大财险	73.30399	26
中宏人寿	75.77342	27	安联财险	73.13982	27
农银人寿	75.71968	28	鼎和保险	73.0438	28
建信人寿	75.46498	29	信达	72.85374	29
中邮人寿	75.14697	30	安达保险	71.68364	30
恒安标准人寿	75.09324	31	永诚财险	71.25913	31
平安健康	74.5592	32	燕赵财险	71.16461	32
合众人寿	74.4698	33	美亚保险	70.65569	33
新光海航	74.43748	34	太平财险	70.55252	34
太平人寿	74.10197	35	中意财险	70.32819	35
中德安联	74.09249	36	鑫安汽车保险	70.29833	36
昆仑健康保险	73.53721	37	中华保险	70.15794	37
中法人寿	72.48254	38	中航安盟	70.10224	38
德华安顾人寿	72.37659	39	中路保险	69.68043	39
中美联泰	72.29076	40	富德财险	69.09685	40
恒大人寿	72.24465	41	都邦保险	68.85818	41
长生人寿	72.22543	42	华泰财险	68.28804	42
太平养老	72.11809	43	三井住友	68.24557	43

人身险公司	得分	排名	财产险公司	得分	排名
太保寿险	72.09889	44	锦泰保险	68.20286	44
东吴人寿	72.03797	45	中银保险	68.06082	45
安邦人寿	72.00643	46	国元农业保险	68.05712	46
交银康联	71.73476	47	恒邦保险	67.88367	47
国华人寿	71.63984	48	紫金财险	67.75201	48
国联人寿	71.07695	49	华农保险	67.62812	49
平安养老	70.96268	50	渤海财险	67.37193	50
长城人寿	70.61911	51	合众财险	67.08244	51
中荷人寿	70.18846	52	劳合社	66.38259	52
工银安盛人寿	70.1465	53	日本财险	66.25913	53
幸福人寿	69.75522	54	浙商保险	66.03615	54
华泰寿险	69.61617	55	日本兴业财险	65.98059	55
太保安联	69.41979	56	北部湾保险	65.87042	56
信诚人寿	69.40095	57	利宝保险	65.46158	57
中银三星	68.8571	58	三星财产（中国）	65.24071	58
中韩人寿	68.63779	59	信利财险	64.60998	59
陆家嘴寿险	68.04223	60	爱和谊保险	63.67265	60
瑞泰人寿	67.82086	61	苏黎世保险	63.39283	61
渤海人寿	67.71112	62	东京海上日动（中国）	62.76211	62
安邦养老	67.42774	63	史带财险	62.60946	63
信泰人寿	67.34166	64	诚泰财险	62.2475	64
汇丰人寿	65.34124	65	富邦财险	61.46483	65
天安人寿	64.75512	66	泰山财险	61.367	66
君龙人寿	63.67829	67	中国铁路保险	60.77486	67
百年人寿	62.97118	68	中原农业	60.35858	68
英大泰和	60	69	现代财险	60	69

人身险公司和财产险公司金融科技创新指数分布对比如图 7-4 所示。

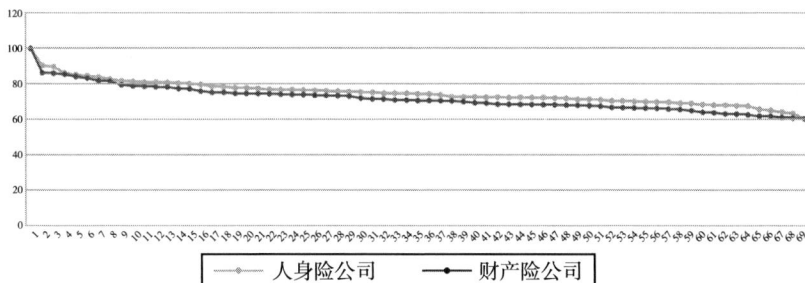

图 7-4　人身险公司和财产险公司金融科技创新指数分布对比

7.2　上市银行金融科技创新指数

上市银行整体统计结果如表 7-5 所示。

表 7-5　　　　上市银行金融科技创新指数统计结果：分位数和基础统计

类别	最小值	1/4 分位点	2/4 分位点	3/4 分位点	最大值
数值	60	68.95	73.08	83.58	100

类别	均值		方差		标准差
数值	76.80		127.53		11.29

标准差反映出，上市银行之间的金融科技创新能力差距更大，达到了 11.29，几乎等于银行体量的差异程度。

上市银行金融科技创新指数整体情况如表 7-6 所示。

表 7-6　　　　　上市银行金融科技创新指数整体情况

银行名	得分	排名	银行名	得分	排名
工商银行	100	1	建设银行	95.55733	3
中国银行	97.15587	2	农业银行	94.44714	4

银行名	得分	排名	银行名	得分	排名
浦发银行	87.13553	5	交通银行	71.1721	16
招商银行	86.67779	6	南京银行	69.90476	17
平安银行	83.58343	7	江苏银行	69.3911	18
民生银行	81.57798	8	宁波银行	68.95226	19
中信银行	81.07694	9	常熟银行	68.7215	20
兴业银行	76.75622	10	张家港银行	67.27336	21
华夏银行	75.43471	11	吴江银行	66.86057	22
上海银行	74.08042	12	北京银行	66.8369	23
杭州银行	73.08132	13	无锡银行	61.24274	24
光大银行	71.5198	14	江阴银行	60	25
贵阳银行	71.47005	15			

上市银行金融科技创新指数分布情况统计及直方图如图 7 - 5 和图 7 - 6 所示。

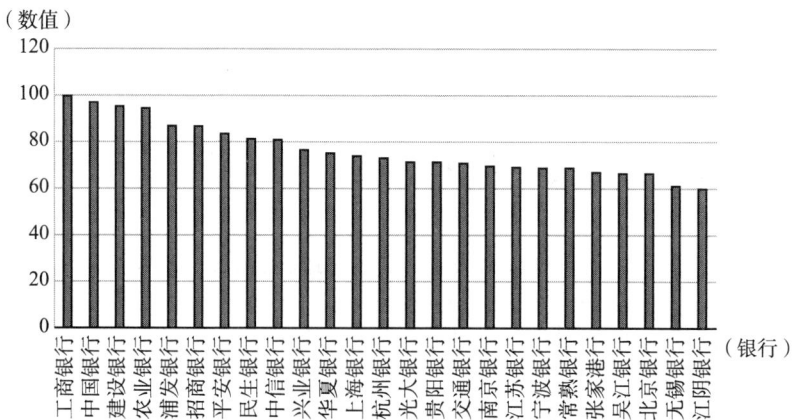

（数值）

图 7 - 5　上市银行金融科技创新指数分布

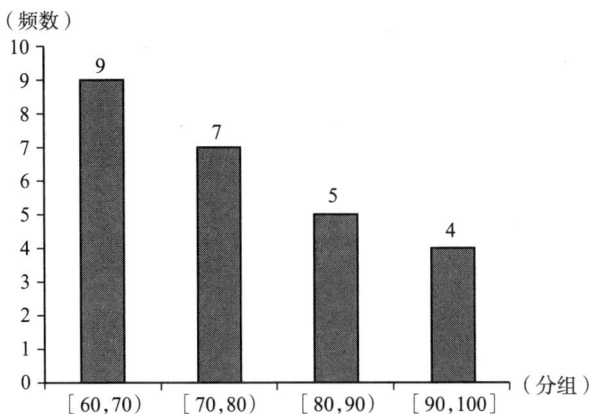

图 7 - 6   频数分布直方图

从图 7 - 6 可以看到，上市银行金融科技创新能力有规律的递减，而非中间高、两边低的通常状态，依然说明整体金融科技创新能力有待于提升。

7.3   金融企业金融科技创新指数

当前金融各行业混业经营成为趋势，无论是银保监会的成立还是相应的"混业监管思想"文件的出台，都说明跳出具体行业，进行整个金融大行业的分析和对标是必然的趋势。因此，为了更好突出金融企业金融科技创新能力，忽略具体行业的影响，我们将银行和保险公司放在一起，对全部 163 家金融企业进行金融科技创新能力评价，该评价并不等同于简单将银行金融科技创新指数和保险公司金融科技创新指数结果合在一起，具体差异如下。

第一，由于银行业和保险业整体规模仍有较大差异，我们在金融科技业务发展基础维度上进行了规模比例的缩放，以此来减少行业的影响，而突出金融科技业务的"效果"，保证金融科技指数的公平。

第二，搜索、词云和知识图谱数据中去除了"银行""保险"具体行业的关联度，这样使得认知结果更加突出"金融科技创新能力"。

第三，金融科技核心能力基础维度中，基于数据系统和人工智能应用的程度进行了行业校准，即通过对应系统的应用程度进行了比对，来突出公平的"金融科技核心能力"。

第四，熵权方法本身会对银行和保险综合在一起的结果有一个动态的调整。

基于以上结果，金融企业（不分银行保险）金融科技创新指数结果排序与各自行业的排序有一些差异，但综合来看，随着行业发展，该指数充分衡量了金融企业核心的金融科技创新能力。

7.3.1 银保总体情况

共计163家公司，综合指标分析的统计结果如表7-7所示。

表7-7　　　　　　　银保公司综合指标分析统计结果：分位数和基础统计

类别	最小值	1/4分位点	2/4分位点	3/4分位点	最大值
数值	60	69.57	75.11	80.49	100

类别	均值	方差	标准差
数值	75.45	66.60	8.16

从表7-7可以看到，银行和保险在一起考虑时，差距依然较大。

金融企业金融科技创新指数整体情况如表7-8所示。

表7-8　　　　　　　金融企业金融科技创新指数整体情况

公司名	得分	排名	公司名	得分	排名
农业银行	100	1	人保健康	91.53339	8
工商银行	99.453	2	天安财险	89.04701	9
众安保险	97.89712	3	中国人寿财险公司	88.76127	10
建设银行	97.59323	4	招商银行	87.66293	11
中国银行	95.5749	5	民生银行	87.45268	12
中国人寿	91.96152	6	人保寿	87.30587	13
阳光财险	91.61491	7	同方全球人寿	87.27477	14

续表

公司名	得分	排名	公司名	得分	排名
浦发银行	86.77614	15	中石油财险	80.2483	44
平安人寿	86.63212	16	国泰产险	80.17524	45
平安银行	86.43379	17	君康人寿	79.928	46
中信银行	84.5709	18	吴江银行	79.92645	47
和谐健康	84.51968	19	吉祥人寿	79.5134	48
兴业银行	84.21227	20	安盛天平	79.47518	49
江苏银行	84.00195	21	华安保险	79.44401	50
交通银行	83.93326	22	张家港银行	79.38007	51
长安保险	83.37439	23	华海保险	79.21421	52
安华农险	83.04233	24	常熟银行	79.21305	53
华夏银行	82.93463	25	上海人寿	79.06703	54
安邦财产保险	82.91352	26	阳光农业保险	78.88964	55
中融人寿	82.27543	27	华夏人寿	78.80436	56
弘康人寿	82.13043	28	生命人寿	78.80129	57
上海银行	82.11645	29	中煤保险	78.71822	58
杭州银行	82.01478	30	平安财险	78.68893	59
宁波银行	81.94733	31	招商信诺	78.38809	60
太保产险	81.9102	32	鼎和保险	78.13851	61
民生人寿	81.74771	33	泰康人寿	78.02538	62
北大方正人寿	81.65559	34	亚太财险	77.77636	63
北京银行	81.50135	35	长江财产保险、长江保险	77.77116	64
光大银行	81.45875	36	江阴银行	77.28409	65
前海人寿	81.38028	37	珠江人寿	77.27255	66
贵阳银行	81.34974	38	利安人寿	77.16291	67
南京银行	80.86153	39	复星保德信人寿	76.98281	68
阳光人寿	80.73584	40	中英人寿	76.84899	69
永安财险	80.49722	41	新光海航	76.60424	70
友邦人寿	80.48696	42	安信农业保险	76.42092	71
新华人寿	80.26218	43	安诚财产保险	76.36605	72

公司名	得分	排名	公司名	得分	排名
英大财险	76.28779	73	富德财险	71.61665	102
农银人寿	76.11322	74	鑫安汽车保险	71.16585	103
建信人寿	76.09096	75	中路保险	71.16472	104
众诚汽车保险	75.9851	76	太平养老	70.90871	105
永诚财险	75.84003	77	中美联泰	70.71811	106
燕赵财险	75.80831	78	恒邦保险	70.69324	107
人保财险	75.76407	79	都邦保险	70.44705	108
无锡银行	75.60756	80	劳合社	70.43043	109
中国大地保险	75.27252	81	恒安标准人寿	70.35625	110
光大永明人寿	75.10652	82	太平人寿	70.31338	111
信达	74.92068	83	安邦人寿	70.19675	112
安联财险	74.91515	84	中航安盟	70.17727	113
美亚保险	74.88813	85	中德安联	69.99246	114
中宏人寿	74.83535	86	长生人寿	69.93818	115
中法人寿	74.6835	87	太保安联	69.93583	116
国华人寿	74.51151	88	渤海人寿	69.91625	117
瑞再企商	74.0013	89	合众人寿	69.84502	118
昆仑健康保险	73.68653	90	中荷人寿	69.80089	119
东吴人寿	73.32259	91	信泰人寿	69.7881	120
平安健康	73.17556	92	国联人寿	69.77427	121
中邮人寿	72.99546	93	国元农业保险	69.6149	122
中意财险	72.57984	94	紫金财险	69.52187	123
恒大人寿	72.56845	95	幸福人寿	69.50942	124
交银康联	72.34384	96	太保寿险	69.30221	125
德华安顾人寿	72.29084	97	华泰寿险	69.13116	126
安达保险	72.15013	98	华泰财险	68.60795	127
中华保险	71.75599	99	渤海财险	68.32679	128
太平财险	71.63726	100	工银安盛人寿	68.1936	129
长城人寿	71.63373	101	安邦养老	68.14362	130

续表

公司名	得分	排名	公司名	得分	排名
瑞泰人寿	67.90245	131	日本兴业财险	66.08627	148
信诚人寿	67.86006	132	天安人寿	66.00078	149
中银保险	67.51733	133	利宝保险	65.96392	150
中银三星	67.49179	134	中韩人寿	65.55528	151
锦泰保险	67.4749	135	君龙人寿	64.6074	152
华农保险	67.43714	136	富邦财险	64.60527	153
陆家嘴寿险	67.05231	137	百年人寿	64.51725	154
浙商保险	66.92757	138	苏黎世保险	64.43009	155
三井住友	66.63541	139	东京海上日动（中国）	63.47502	156
日本财险	66.606	140	中国铁路保险	63.28234	157
合众财险	66.57639	141	史带财险	62.54775	158
平安养老	66.54647	142	中原农业	62.32683	159
信利财险	66.5207	143	泰山财险	62.02428	160
爱和谊保险	66.42415	144	现代财险	61.48188	161
三星财产（中国）	66.37734	145	英大泰和	60.33295	162
汇丰人寿	66.27562	146	诚泰财险	60	163
北部湾保险	66.25193	147			

金融企业金融科技创新指数直方图统计分布情况如图7-7和图7-8所示。

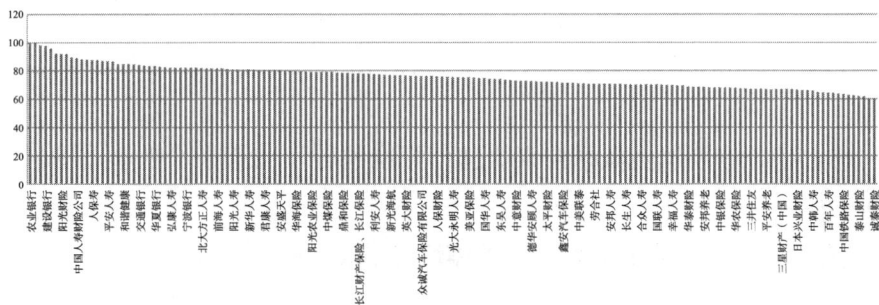

图 7-7　金融企业金融科技创新指数分布

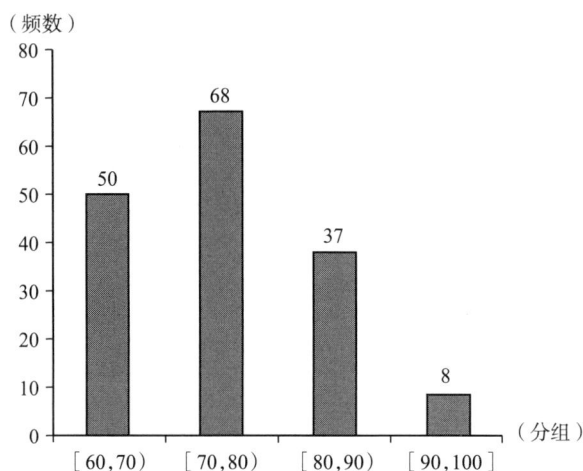

图 7 - 8　频数分布直方图

图 7 - 8 表明，大多数银行和保险公司集中在 ［70，80］ 这个区间，但是实力不足的企业依然较多，［60，70］ 区间内的公司达到了 50 家。

7.3.2　银保（银行和保险公司）分类情况报告

7.3.2.1　金融科技禀赋基础

本书选取了 163 家公司，综合指标分析的统计结果如表 7 - 9 所示。

表 7 - 9　　银保公司金融科技禀赋基础统计结果：分位数和基础统计

类别	最小值	1/4 分位点	2/4 分位点	3/4 分位点	最大值
数值	60	66.09	71.28	79.68	100

类别	均值	方差	标准差
数值	73.36	84.63	9.20

表 7 - 9 表明，金融科技禀赋基础标准差较大，意味着企业之间差异也较大。

银保公司金融科技禀赋基础整体情况如表 7 - 10 所示。

表 7-10　　　　　　　银保公司金融科技禀赋基础整体情况

公司名	得分	排名	公司名	得分	排名
中国人寿	100	1	农银人寿	81.23508526	30
人保健康	97.8677288	2	安诚财产保险有限公司	80.93794176	31
众安保险	96.48607663	3	建设银行	80.87908787	32
阳光财险	95.81843147	4	长江财产保险、长江保险	80.85176904	33
北大方正人寿	92.16641262	5	三井住友	80.67900963	34
同方全球人寿	91.96500966	6	燕赵财险	80.39293695	35
人保寿	91.66426748	7	太保产险	80.08218141	36
华夏人寿	91.45816518	8	中国银行	80.0575477	37
天安财险	91.23838714	9	农业银行	79.94532742	38
上海人寿	90.44087855	10	中石油财险	79.70716098	39
安邦财产保险	90.34840822	11	安信农业保险	79.7042624	40
中国人寿财险公司	89.79937904	12	长安保险	79.68888371	41
前海人寿	89.44261547	13	信达	79.66921529	42
永安财险	89.09224747	14	吉祥人寿	79.59327572	43
新光海航	89.04987265	15	劳合社	79.31759231	44
平安人寿	87.1368869	16	和谐健康	79.30760145	45
华安保险	86.98906008	17	君康人寿	79.11676366	46
弘康人寿	86.71657636	18	安华农险	78.97143322	47
工商银行	86.08532678	19	鼎和保险	78.73787157	48
友邦人寿	85.50482742	20	永诚财险	78.13663071	49
华海保险	84.57541395	21	民生人寿	77.53760805	50
国泰产险	83.81157859	22	珠江人寿	77.40655741	51
众诚汽车保险有限公司	83.65411525	23	中煤保险	77.37981189	52
亚太财险	83.07180379	24	中意财险	77.09420713	53
复星保德信人寿	82.50048097	25	太平人寿	77.05937969	54
中融人寿	82.39058655	26	瑞再企商	76.98099432	55
新华人寿	82.10864668	27	鑫安汽车保险	76.9227357	56
利安人寿	81.40297663	28	中路保险	76.66528394	57
安盛天平	81.40080601	29	长城人寿	75.91750492	58

公司名	得分	排名	公司名	得分	排名
史带财险	75.65092857	59	昆仑健康保险	70.37893199	88
安邦人寿	75.63030431	60	兴业银行	70.28048858	89
汇丰人寿	75.37023705	61	浦发银行	70.19417042	90
中美联泰	75.01709143	62	太平财险	70.18431324	91
恒大人寿	74.87861024	63	人保财险	70.11602948	92
国华人寿	74.84486838	64	江苏银行	70.10612989	93
东吴人寿	74.44745492	65	交通银行	69.8522146	94
美亚保险	74.12649465	66	华农保险	69.69801021	95
恒邦保险	74.011404	67	利宝保险	69.58384962	96
交银康联	74.00221029	68	都邦保险	69.5125656	97
平安财险	73.81927126	69	太平养老	69.46938675	98
中荷人寿	73.71317549	70	英大财险	69.43230746	99
安达保险	73.62815686	71	恒安标准人寿	69.2384325	100
中国大地保险	73.34380218	72	日本兴业财险	69.2342296	101
招商银行	73.32095161	73	安联财险	69.16429324	102
国联人寿	72.70654889	74	中英人寿	69.16396445	103
瑞泰人寿	72.6083468	75	北部湾保险	69.04998234	104
阳光农业保险	72.55930085	76	中宏人寿	68.95515835	105
中航安盟	72.41910434	77	合众财险	68.94551663	106
渤海人寿	72.17049736	78	信泰人寿	68.91400561	107
太保安联	72.13998561	79	中德安联	68.85246253	108
苏黎世保险	71.63737187	80	生命人寿	68.67930301	109
中原农业	71.4511399	81	阳光人寿	68.66593569	110
民生银行	71.28796913	82	华夏银行	68.05902515	111
泰康人寿	71.16176169	83	长生人寿	67.62466722	112
平安银行	71.01556513	84	幸福人寿	67.33695103	113
平安健康	70.83811262	85	中信银行	67.29397001	114
光大永明人寿	70.72564578	86	陆家嘴寿险	67.07188906	115
中法人寿	70.60843996	87	安邦养老	67.05792	116

续表

公司名	得分	排名	公司名	得分	排名
北京银行	66.78674612	117	吴江银行	63.74677022	141
宁波银行	66.71210448	118	渤海财险	63.74399057	142
富德财险	66.66571262	119	中韩人寿	63.58275493	143
杭州银行	66.36073648	120	无锡银行	62.93741876	144
信利财险	66.23692274	121	诚泰财险	62.35040181	145
紫金财险	66.19635165	122	富邦财险	62.22481739	146
建信人寿	65.97779708	123	中邮人寿	61.99435796	147
信诚人寿	65.88578137	124	东京海上日动（中国）	61.91148229	148
锦泰保险	65.75707114	125	华泰财险	61.78902482	149
合众人寿	65.61166485	126	君龙人寿	61.67179591	150
招商信诺	64.85535767	127	天安人寿	61.62238992	151
上海银行	64.82850407	128	太保寿险	61.54876539	152
浙商保险	64.82766259	129	平安养老	61.44560838	153
贵阳银行	64.77068714	130	中银三星	61.21518895	154
张家港银行	64.75193343	131	华泰寿险	61.19081953	155
常熟银行	64.65948625	132	中银保险	61.04751855	156
日本财险	64.46607145	133	英大泰和	61.00446183	157
百年人寿	64.36768871	134	工银安盛人寿	60.97848688	158
光大银行	64.29485432	135	中华保险	60.91977836	159
三星财产（中国）	64.23295604	136	现代财险	60.7145016	160
南京银行	64.14061817	137	爱和谊保险	60.55154281	161
江阴银行	64.02707875	138	泰山财险	60.46205399	162
德华安顾人寿	64.00750746	139	中国铁路保险	60	163
国元农业保险	63.90639748	140			

银保公司金融科技基础禀赋分布情况统计及直方图如图 7-9 和图 7-10 所示。

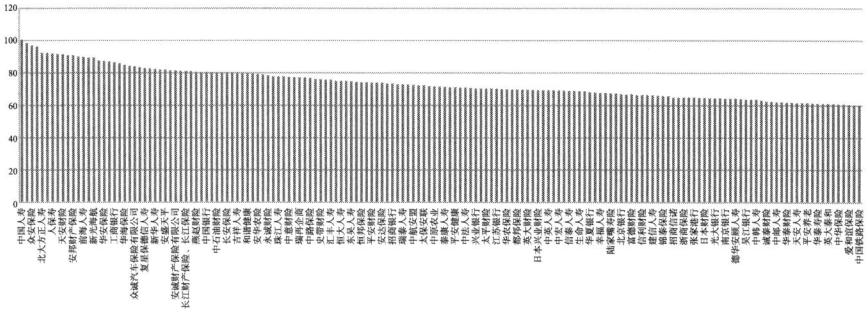

图 7 – 9　银保公司金融科技禀赋基础分布

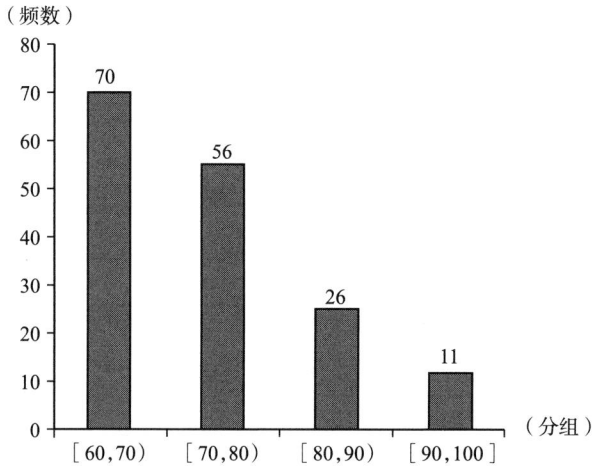

图 7 – 10　频数分布直方图

图 7 – 10 表明，整体上银行和保险公司都需要继续提升。

7.3.2.2　金融科技业务发展

本书选取了 163 家公司，综合指标分析的统计结果如表 7 – 11 所示。

表 7 – 11　　　　银保公司金融科技业务统计结果：分位数和基础统计

类别	最小值	1/4 分位点	2/4 分位点	3/4 分位点	最大值
数值	60	68.28	74.48	78.77	100

类别	均值	方差	标准差
数值	74.23	63.55	7.97

银保公司金融科技业务发展整体情况如表 7 - 12 所示。

表 7 - 12　　　　　　　银保公司金融科技业务发展整体情况

公司名	得分	排名	公司名	得分	排名
农业银行	100	1	平安人寿	80.9366406	28
和谐健康	96.06460743	2	安联财险	80.8625943	29
建设银行	93.16236509	3	太保产险	80.76348129	30
招商信诺	93.1292548	4	中法人寿	80.65096102	31
工商银行	91.46050572	5	中国大地保险	80.3593557	32
生命人寿	91.03183565	6	德华安顾人寿	80.16177913	33
中国人寿财险公司	90.34909321	7	浦发银行	80.04376727	34
建信人寿	89.73570542	8	新华人寿	79.92765017	35
阳光人寿	88.7265828	9	同方全球人寿	79.87471503	36
阳光财险	87.66705831	10	中邮人寿	79.85428115	37
中国银行	86.81176391	11	昆仑健康保险	79.11242701	38
阳光农业保险	86.73149779	12	美亚保险	79.09855909	39
长安保险	86.36500846	13	中信银行	78.89464119	40
泰康人寿	85.93066259	14	交通银行	78.84090781	41
众安保险	85.19295611	15	安盛天平	78.70609705	42
人保寿	84.17703492	16	中宏人寿	78.49585507	43
人保健康	84.17414689	17	吉祥人寿	78.33225487	44
中英人寿	84.05701349	18	江苏银行	78.25533454	45
中国人寿	83.65283452	19	华泰寿险	78.21946269	46
民生银行	83.56452152	20	招商银行	78.11596197	47
天安财险	83.37553003	21	平安银行	77.55669564	48
民生人寿	83.31874046	22	英大财险	77.47241197	49
中华保险	82.36584696	23	兴业银行	77.27268928	50
珠江人寿	81.8829372	24	鼎和保险	77.14319321	51
中融人寿	81.54704278	25	上海银行	77.11934574	52
安华农险	81.29730407	26	南京银行	77.07961864	53
君康人寿	81.15179143	27	国华人寿	77.06302685	54

公司名	得分	排名	公司名	得分	排名
中煤保险	77.01716408	55	中银三星	73.63560315	84
弘康人寿	77.013409	56	张家港银行	73.60071972	85
中石油财险	77.00630667	57	工银安盛人寿	73.58169373	86
光大银行	76.94421987	58	合众人寿	73.54380581	87
长江财产保险、长江保险	76.59152042	59	天安人寿	73.5064909	88
友邦人寿	76.43893702	60	信泰人寿	73.4921196	89
富德财险	76.41653781	61	平安健康	73.46454012	90
宁波银行	76.35848969	62	前海人寿	73.30149161	91
东吴人寿	76.31579072	63	安邦财产保险	73.03381526	92
杭州银行	76.29435082	64	永安财险	73.0220416	93
华夏银行	76.16152807	65	都邦保险	72.78946701	94
贵阳银行	76.10316968	66	君龙人寿	72.68481031	95
吴江银行	76.02950483	67	现代财险	72.67650158	96
光大永明人寿	76.00720613	68	富邦财险	72.38909572	97
国元农业保险	75.61564508	69	华安保险	72.06309219	98
北京银行	75.51493678	70	平安养老	72.00432552	99
人保财险	75.49957405	71	幸福人寿	72.0034201	100
爱和谊保险	75.18354025	72	燕赵财险	71.52006574	101
华海保险	75.18354025	73	亚太财险	71.39954323	102
华泰财险	75.15488889	74	江阴银行	71.11656579	103
永诚财险	75.02778111	75	太平财险	71.11221487	104
安信农业保险	75.02422316	76	中意财险	71.0517109	105
中银保险	74.91067219	77	利安人寿	70.56990769	106
太保寿险	74.89600919	78	瑞再企商	70.45741991	107
平安财险	74.76547469	79	渤海人寿	70.12441752	108
常熟银行	74.49101607	80	复星保德信人寿	70.08517671	109
渤海财险	74.49053558	81	中德安联	69.89212346	110
国泰产险	74.48253751	82	紫金财险	69.62100085	111
安诚财产保险	73.80783843	83	恒邦保险	69.60391817	112

续表

公司名	得分	排名	公司名	得分	排名
交银康联	69.58444657	113	信诚人寿	66.74977655	139
农银人寿	69.58349137	114	东京海上日动（中国）	66.3126804	140
三星财产（中国）	69.49403416	115	中荷人寿	65.89640951	141
中航安盟	69.49030956	116	无锡银行	65.59517258	142
中国铁路保险	69.48739857	117	诚泰财险	64.8302476	143
北大方正人寿	69.19997783	118	安邦人寿	64.02444209	144
太保安联	68.86259311	119	利宝保险	63.82709262	145
信达	68.44591068	120	北部湾保险	63.44994818	146
众诚汽车保险	68.44354976	121	苏黎世保险	63.19225459	147
锦泰保险	68.35829576	122	上海人寿	62.57922159	148
浙商保险	68.19871973	123	鑫安汽车保险	62.40245801	149
安达保险	67.96385493	124	瑞泰人寿	62.26810562	150
日本财险	67.9598939	125	日本兴业财险	62.03641472	151
恒大人寿	67.86876227	126	信利财险	62.03553224	152
恒安标准人寿	67.86719202	127	中路保险	61.97170759	153
中美联泰	67.86234433	128	劳合社	61.62794227	154
华夏人寿	67.86232138	129	三井住友	61.56603137	155
陆家嘴寿险	67.8610036	130	史带财险	61.56402581	156
太平养老	67.86091179	131	新光海航	61.35671131	157
长生人寿	67.85974281	132	华农保险	60.53527243	158
长城人寿	67.85659122	133	合众财险	60.48222199	159
中韩人寿	67.85659122	134	英大泰和	60.26027246	160
国联人寿	67.85659122	135	汇丰人寿	60.00802223	161
安邦养老	67.85659122	136	太平人寿	60	162
百年人寿	67.26414824	137	中原农业	60	163
泰山财险	66.8554426	138			

银保公司金融科技业务发展分布情况统计及直方图如图 7 - 11 和图 7 - 12 所示。

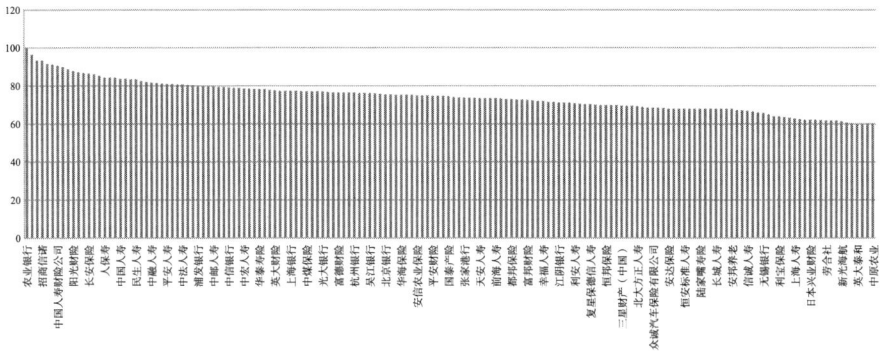

图 7 - 11 银保公司金融科技业务发展分布

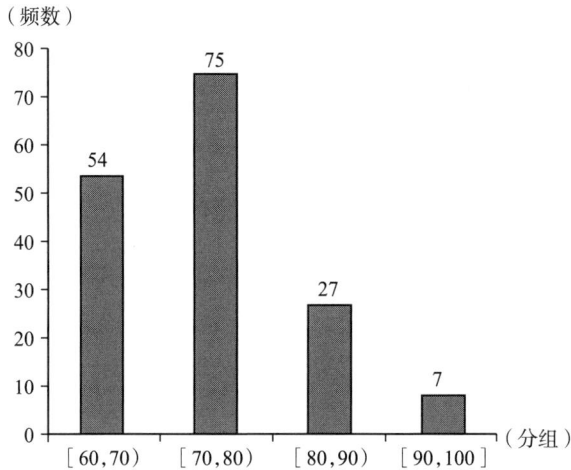

图 7 - 12 频数分布直方图

7.3.2.3 金融科技认知

本书选取了 163 家公司，综合指标分析的统计结果如表 7 - 13 所示。

表 7 - 13 银保公司金融科技认知统计结果：分位数和基础统计

类别	最小值	1/4 分位点	2/4 分位点	3/4 分位点	最大值
数值	60	73.98	76.18	79.54	100

类别	均值		方差		标准差
数值	78.59		77.16		8.78

银保公司金融科技认知整体情况如表 7 - 14 所示。

表 7 - 14 银保公司金融科技认知整体情况

公司名	得分	排名	公司名	得分	排名
上海银行	100	1	中石油财险	81.73650775	28
浦发银行	99.24753859	2	太保产险	81.55725224	29
招商银行	99.18659855	3	安华农险	81.43869781	30
中国银行	99.08707403	4	阳光人寿	81.35043817	31
中信银行	98.81377639	5	信达	81.05402487	32
无锡银行	98.51392249	6	英大财险	81.05388756	33
张家港银行	98.4271352	7	紫金财险	80.93442063	34
兴业银行	98.11454324	8	平安健康	80.85182115	35
吴江银行	98.04261538	9	天安财险	80.53907293	36
平安银行	97.2254836	10	长生人寿	80.3919012	37
杭州银行	97.16268163	11	鑫安汽车保险	80.34628837	38
华夏银行	97.03104961	12	众安保险	80.18297029	39
贵阳银行	96.84929686	13	三星财产（中国）	79.70549751	40
建设银行	96.74554122	14	中银三星	79.62710698	41
农业银行	96.70437459	15	合众人寿	79.44889844	42
宁波银行	96.69370026	16	民生人寿	79.3710441	43
光大银行	96.4546808	17	渤海财险	79.27229908	44
江苏银行	96.38060706	18	恒安标准人寿	79.00985026	45
南京银行	96.18702908	19	中德安联	78.92232517	46
北京银行	95.98904916	20	华泰财险	78.90135489	47
民生银行	95.53926707	21	中国人寿	78.70531547	48
江阴银行	95.43363398	22	锦泰保险	78.64911829	49
常熟银行	95.33135749	23	中路保险	78.64427419	50
工商银行	95.20067954	24	华安保险	78.52688552	51
交通银行	95.04202147	25	国泰产险	78.31436849	52
光大永明人寿	82.36549758	26	中韩人寿	78.20702362	53
中邮人寿	81.75550298	27	同方全球人寿	77.98013792	54

公司名	得分	排名	公司名	得分	排名
新光海航	77.96715502	55	生命人寿	76.13554609	84
信利财险	77.82803266	56	中宏人寿	76.02742676	85
中美联泰	77.73022028	57	德华安顾人寿	75.95822135	86
上海人寿	77.72815159	58	众诚汽车保险	75.94639446	87
人保财险	77.66994536	59	国联人寿	75.9335186	88
复星保德信人寿	77.46428622	60	恒大人寿	75.91385688	89
阳光财险	77.40184203	61	太平人寿	75.86312151	90
太平养老	77.29609148	62	太平财险	75.85931596	91
安达保险	77.25374895	63	爱和谊保险	75.77232896	92
信诚人寿	77.24248846	64	弘康人寿	75.76772366	93
国元农业保险	77.17963341	65	工银安盛人寿	75.74516151	94
长安保险	77.10339863	66	安诚财产保险	75.72942622	95
日本财险	77.08280361	67	太保寿险	75.63295492	96
华农保险	77.06895312	68	瑞泰人寿	75.61732409	97
中华保险	77.00518453	69	泰康人寿	75.52116336	98
君康人寿	76.86214863	70	华泰寿险	75.43771648	99
前海人寿	76.84339168	71	北大方正人寿	75.43352794	100
都邦保险	76.77054078	72	利安人寿	75.35091251	101
阳光农业保险	76.76507722	73	平安养老	75.22649761	102
平安财险	76.62858492	74	东吴人寿	75.09623537	103
幸福人寿	76.61793436	75	安邦财产保险	75.05519417	104
友邦人寿	76.55031565	76	中英人寿	75.0495514	105
人保寿	76.52804429	77	浙商保险	74.86483915	106
农银人寿	76.44480347	78	长城人寿	74.84755329	107
鼎和保险	76.33531059	79	人保健康	74.81476587	108
安邦养老	76.21527265	80	北部湾保险	74.72954123	109
永安财险	76.21371706	81	昆仑健康保险	74.71073754	110
安邦人寿	76.18074537	82	安联财险	74.65274721	111
合众财险	76.14465837	83	燕赵财险	74.63509868	112

续表

公司名	得分	排名	公司名	得分	排名
富德财险	74.62258851	113	亚太财险	72.9468903	139
劳合社	74.52673335	114	利宝保险	72.94646041	140
瑞再企商	74.5000643	115	陆家嘴寿险	72.86145875	141
中国人寿财险	74.4315675	116	交银康联	72.3957543	142
平安人寿	74.33626748	117	吉祥人寿	72.14642071	143
永诚财险	74.33256629	118	长江财产保险、长江保险	72.14042147	144
渤海人寿	74.07136557	119	中意财险	71.46726573	145
太保安联	74.05622088	120	华海保险	71.34070822	146
国华人寿	74.02875688	121	美亚保险	71.18315725	147
珠江人寿	74.00256007	122	中银保险	70.96452191	148
招商信诺	73.95693455	123	汇丰人寿	70.87521298	149
日本兴业财险	73.93109966	124	天安人寿	70.80605084	150
恒邦保险	73.80098313	125	中国铁路保险	70.56723015	151
君龙人寿	73.74076062	126	东京海上日动（中国）	70.46449733	152
信泰人寿	73.65923827	127	中法人寿	69.94539987	153
新华人寿	73.61580993	128	英大泰和	69.83863199	154
中融人寿	73.59170282	129	富邦财险	69.76040719	155
中煤保险	73.57983833	130	和谐健康	68.80770862	156
安盛天平	73.57162143	131	泰山财险	67.31490108	157
华夏人寿	73.54261169	132	苏黎世保险	65.03604975	158
安信农业保险	73.53612615	133	现代财险	63.09436164	159
中航安盟	73.50736982	134	中原农业	62.8367498	160
中国大地保险	73.48970666	135	三井住友	62.37424677	161
百年人寿	73.34895711	136	诚泰财险	60.45797663	162
中荷人寿	73.19866812	137	史带财险	60	163
建信人寿	73.18086682	138			

　　银保公司金融科技认知分布情况统计及直方图如图 7 - 13 和图 7 - 14 所示。

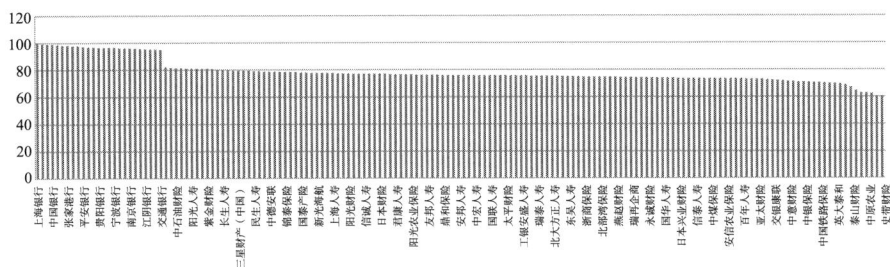

图 7 - 13　银保公司金融科技认知分布

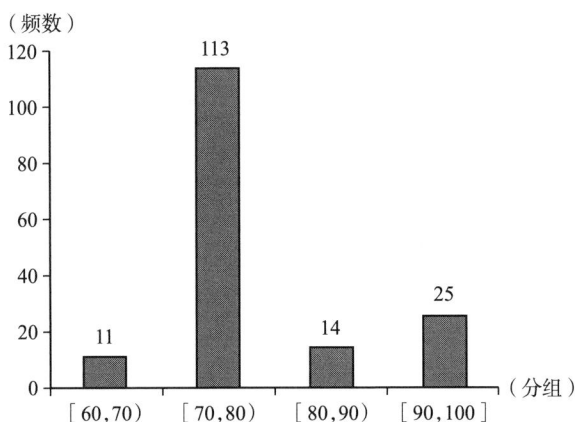

图 7 - 14　频数分布直方图

图 7 - 14 结果很有启发，说明企业的认知呈现一定进步，但仍需要提升，认知是企业进行金融科技创新的前提，也是基础。

7.3.2.4　金融科技能力

本书选取了 163 家公司，综合指标分析的统计结果如表 7 - 15 所示。

表 7 - 15　　银保公司金融科技能力统计结果：分位数和基础统计

类别	最小值	1/4 分位点	2/4 分位点	3/4 分位点	最大值
数值	60	66.98	71.03	76.66	100

类别	均值		方差		标准差
数值	73.70		91.97		9.59

银保公司金融科技能力整体情况如表 7 - 16 所示。

表 7 - 16　　　　　　　　银保公司金融科技能力整体情况

公司名	得分	排名	公司名	得分	排名
众安保险	100	1	张家港银行	86.17157002	28
平安银行	99.18670197	2	人保财险	83.44827586	29
中国银行	97.02942012	3	中煤保险	82.17494511	30
工商银行	96.39275475	4	吉祥人寿	79.45165095	31
建设银行	94.37677903	5	中银保险	78.07234061	32
招商银行	94.30612596	6	太保寿险	78.03701408	33
光大银行	94.30612596	7	太平养老	78.03701408	34
浦发银行	93.70478712	8	中法人寿	77.36502217	35
贵阳银行	93.66946059	9	英大财险	77.36502217	36
中信银行	93.63413406	10	中宏人寿	77.32969564	37
农业银行	93.63413406	11	交银康联	77.32969564	38
平安财险	92.43145637	12	英大泰和	76.65770373	39
华夏银行	92.32547677	13	招商信诺	76.65770373	40
民生银行	92.29015024	14	华农保险	76.65770373	41
杭州银行	91.65348487	15	信利财险	76.65770373	42
南京银行	91.61815834	16	工银安盛人寿	76.6223772	43
北京银行	91.61815834	17	安华农险	76.6223772	44
宁波银行	90.94616643	18	诚泰财险	76.6223772	45
无锡银行	90.20352146	19	中融人寿	75.98571183	46
交通银行	89.60218262	20	中英人寿	75.91505876	47
上海银行	89.53152955	21	阳光人寿	75.91505876	48
常熟银行	88.93019071	22	合众财险	75.91505876	49
江阴银行	88.2581988	23	泰山财险	75.91505876	50
江苏银行	88.2581988	24	亚太财险	75.31371992	51
兴业银行	88.18754574	25	东京海上日动（中国）	75.31371992	52
吴江银行	86.84356193	26	太平财险	74.57107495	53
平安人寿	86.27754961	27	信诚人寿	74.53574842	54

公司名	得分	排名	公司名	得分	排名
安邦财产保险	74.53574842	55	建信人寿	70.46847045	84
太平人寿	74.50042189	56	安盛天平	70.46847045	85
利安人寿	74.50042189	57	中路保险	70.46847045	86
上海人寿	73.93440957	58	长江财产保险、长江保险	70.46847045	87
富德财险	73.93440957	59	中原农业	70.43314392	88
恒大人寿	73.86375651	60	天安财险	70.39781738	89
中邮人寿	73.82842998	61	和谐健康	70.32716432	90
安联财险	73.82842998	62	华泰寿险	70.32716432	91
德华安顾人寿	73.79310345	63	美亚保险	69.79647854	92
浙商保险	73.22709114	64	弘康人寿	69.76115201	93
人保健康	73.12111154	65	鼎和保险	69.72582548	94
恒安标准人寿	72.55509923	66	新华人寿	69.65517241	95
日本兴业财险	72.55509923	67	农银人寿	69.65517241	96
中华保险	72.55509923	68	苏黎世保险	69.65517241	97
安达保险	72.55509923	69	瑞泰人寿	69.0891601	98
长生人寿	72.48444617	70	国泰产险	69.0891601	99
民生人寿	72.44911963	71	中石油财险	69.0891601	100
华海保险	72.44911963	72	日本财险	69.0891601	101
中国铁路保险	71.84778079	73	北部湾保险	69.0891601	102
陆家嘴寿险	71.81245426	74	紫金财险	69.05383357	103
安邦养老	71.81245426	75	生命人寿	68.98318051	104
瑞再企商	71.81245426	76	燕赵财险	68.94785398	105
天安人寿	71.77712773	77	光大永明人寿	68.3111886	106
中荷人寿	71.77712773	78	国元农业保险	68.3111886	107
同方全球人寿	71.7418012	79	太保安联	68.27586207	108
长安保险	71.7418012	80	利宝保险	68.24053554	109
泰康人寿	71.10513582	81	太保产险	68.24053554	110
北大方正人寿	71.03448276	82	中航安盟	68.24053554	111
平安养老	70.99915623	83	昆仑健康保险	67.70984976	112

续表

公司名	得分	排名	公司名	得分	排名
安信农业保险	67.70984976	113	现代财险	65.51724138	139
君康人寿	67.67452323	114	国华人寿	65.48191485	140
复星保德信人寿	67.67452323	115	渤海人寿	64.95122907	141
中意财险	67.67452323	116	中银三星	64.91590254	142
长城人寿	67.63919669	117	人保寿	64.84524947	143
永诚财险	67.63919669	118	前海人寿	64.84524947	144
幸福人寿	67.60387016	119	国联人寿	64.80992294	145
安邦人寿	67.56854363	120	友邦人寿	64.24391063	146
阳光农业保险	67.56854363	121	都邦保险	64.2085841	147
新光海航	67.00253132	122	三井住友	64.2085841	148
富邦财险	66.96720479	123	爱和谊保险	64.13793103	149
华泰财险	66.96720479	124	华夏人寿	64.1026045	150
劳合社	66.96720479	125	中韩人寿	64.1026045	151
中国人寿财险公司	66.93187826	126	中国人寿	63.50126566	152
中国大地保险	66.93187826	127	安诚财产保险	62.82927375	153
中德安联	66.86122519	128	永安财险	62.82927375	154
百年人寿	66.33053941	129	信达	62.12195531	155
平安健康	66.33053941	130	珠江人寿	61.41463688	156
阳光财险	66.29521288	131	华安保险	61.34398381	157
锦泰保险	66.29521288	132	君龙人寿	60.67199191	158
信泰人寿	66.22455982	133	渤海财险	60.67199191	159
汇丰人寿	66.18923329	134	史带财险	60.67199191	160
恒邦保险	65.62322097	135	中美联泰	60	161
合众人寿	65.58789444	136	东吴人寿	60	162
众诚汽车保险	65.58789444	137	三星财产（中国）	60	163
鑫安汽车保险	65.58789444	138			

　　银保公司金融科技能力分布情况统计及直方图如图 7-15 和图 7-16 所示。

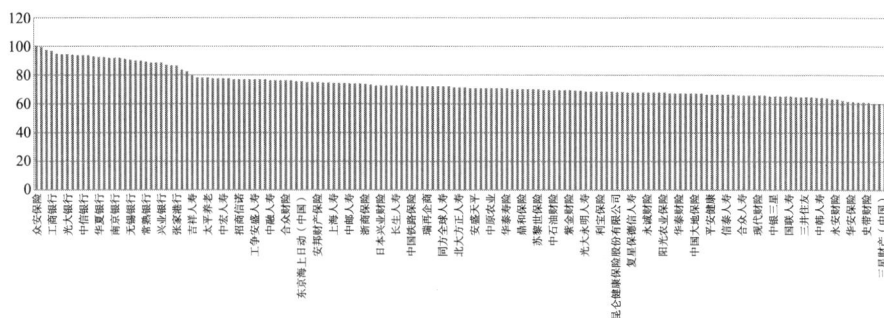

图 7 – 15   银保公司金融科技能力分布

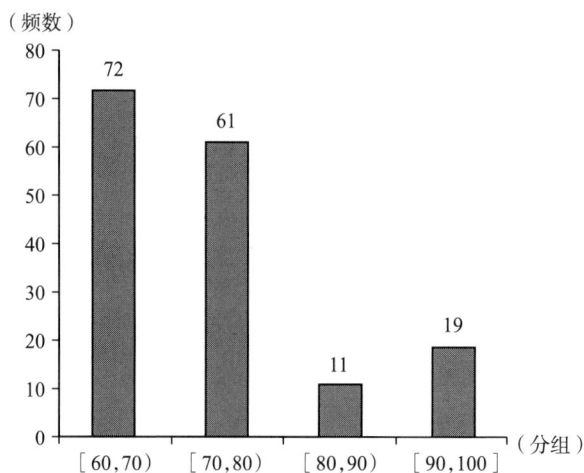

图 7 – 16   频数分布直方图

第8章

中国银行科技创新发展建议

随着金融信息技术的不断发展，银行科技随之应运而生。金融科技（Fintech）一词是指科技在金融领域的应用，旨在创新金融产品和服务模式、改善客户体验、降低交易成本、提高服务效率，更好地满足人们的需求。银行科技（Bank Technology，Banktech 或 Bantech）的概念，是在金融科技概念的基础上衍生出来的，目前关于银行科技的定义不多，我们参照国际保险监督官协会（IAIS）在《保险科技创新报告》中关于保险科技的定义，在本书中将其定义为"金融科技在银行领域的分支，即有潜力改变银行业务的各类新兴科技和创新性商业模式的总和"。

大数据、云计算、人工智能、区块链，这些现在人们耳熟能详的前沿信息技术正逐渐深入到人类世界的各个场景，从紧贴人们生活的共享单车、外卖订餐，到涉及全球企业的无人港、无形的有形资产比特币，新技术的触手无处不在。在科技改变一切的大浪潮下，传统银行业也必将受到影响与冲击。是停滞不前，等待被新技术所掀起的巨变彻底从市场上抹除，还是选择拥抱变革，借新技术的东风乘风破浪，是所有传统银行巨头、处于转型期的商业银行，以及新兴科技型银行需要始终考虑的问题。

银行科技概念即诞生于这股全新的浪潮中，它是金融科技在银行领域的分支，具有彻底改变银行业务的潜力与能力，是赋能银行业的各类新兴科技和创新性商业模式的总和。银行科技也帮助银行机构和银行市场能够逃离无序竞争、同质竞争的环境，在碎片化、场景化、生活化的镜头切换中凭借技术"自发"地产生银行需求，实现银行生态的整体跃迁。

不管承认与否，未来已来。相信在不久后，银行科技将会从各个角度渗透到人们的日常生活当中，也将通过多种方式参与银行经营，以及我们关于未来金融业发展的永恒哲学思考领域中去。到那时，"科技"的银行服务也将自然而然地成为人们生活的一部分，进而使银行真正成为社会与经济发展的动力引擎。

对于本书的所要实现的目的，简要说明如下。

首先，对银行科技影响下的银行市场进行深度解析，探索大数据、云计算、人工智能、区块链等新技术赋予银行的新能力、新发展、新未来。

其次，剖析现有银行科技的发展模式，描绘大市场概念下的银行科技生态体系建设的概念、层次与方法，探索银行科技的创新发展与实现路径。

最后，需要特别说明的是，本书的结论和观点仅在研究组内部进行了讨论，并征询了数位业内专家的意见与建议，未能进行更广泛的专家评审，因此本书的观点仅代表本书编写组，不代表中国精算研究院，更不构成相应领域的投资建议。

8.1　危机并存：银行科技在新经济
环境下发展的意义

8.1.1　银行科技的背景

金融科技泛指技术进步驱动的金融创新，随着互联网与信息技术的突飞猛进，现在特指信息技术与金融服务的融合，类似"联姻"。在后金融危机时代，金融科技是个非常时髦的名词，被政府、社会以及专家人士等热捧。每年，毕马威会发布全球金融科技百强榜单，该榜单在业界也颇具影响力，为业内权威的国际性评比之一。毕马威发布的《中国2017领先金融科技50企业》中，要求备选企业需要满足：（1）积极发展金融科技技术，以致力于利用金融科技提升金融类服务效率的非金融机构或非传统金融机构；（2）主要运营地及目标客户群应为中国大陆地区；（3）聚焦于近几年自移动互联网蓬勃发展以来进入金融科技领域的企业。

毕马威的评审委员会成员认为领先信息科技的创新应用是解决金融服务痛点、提升金融服务效率的终极解决思路，因此，他们的评选维度主要围绕技术、数据、创新等六个方面，如图 8 – 1 所示。

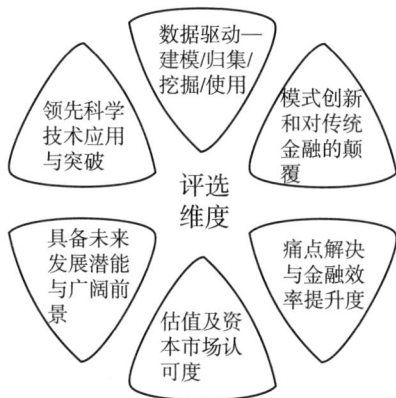

图 8 – 1　毕马威的评选维度

资料来源：毕马威发布的《中国 2017 领先金融科技 50 企业报告》。

从 2010 年 1 月至 2016 年 6 月底，全球对 Fintech 投资金额达到了 460 亿美元，涉及企业约 3 980 家；同期全球对 Insurtech 投资金额达到 340 亿美元，涉及企业约 1 700 家。值得银行家关注的是，全球对 Fintech 投资笔数中银行直接投资占比从 2012 年的 7% 开始逐年上升，到 2016 年 6 月底占比已达到 12%，从统计意义上看，这正是我们称之为的"Bantech"。与 2012 年相比，如今领先银行正加速迈入 Bantech 时代，顺应"金融科技引擎"的建设大潮，持牌金融机构越来越多地利用 Bantech 开展业务，银行也正在成为最大的金融科技公司。

可见，金融与科技走向融合共赢的新阶段，银行如果能够以最快的速度把握金融科技的发展机遇乘势而上，加强金融科技在业务创新方面的运用，必然会在新一轮的市场竞争中抢占制高点。《Bantech 银行科技——构建智能金融价值网》一书指出，银行科技既合理吸收金融科技的创新亮点和益处，又有效遵循合规科技（Regulatory Technology，RegTech）和监

管科技 （Supervise Technology，SupTech） 的原则和规范，有利于审慎创新，并通过构建"智能金融价值网"，服务实体经济。

在经营环境深刻变化的背景下，银行加快金融科技发展已成为必然的选择。互联网金融与金融科技快速兴起，不仅侵蚀了银行传统的业务领地，更是对传统银行的业务模式和经营理念形成了极大的冲击，银行被颠覆的预言不绝于耳。在这种背景下，经过几年的反思和探索，中国银行业开始以更开放的理念制定金融科技或银行科技发展战略，在更高起点上推动银行金融科技转型的进程。

结合中国实践来看，所谓的"银行科技"更多的是指科技在银行领域的应用，旨在创新银行产品和服务模式，改善客户体验、降低交易成本、提高服务效率，更好地满足人们的金融需求。银行科技强调的是科技对银行业务模式的改变，而不拘泥于开展业务的主体。就这个意义上，我们所讨论的银行科技，不仅包括基于互联网的银行模式创新，也包括传统如银行机构的数字化转型，以及创新技术 （如大数据、区块链、人工智能、虚拟现实/增强现实等） 在银行业中的应用。

银行科技是银行和科技深度渗透、融合的产物，其核心在于用科技让银行更好、更高效地服务实体经济。在银行科技的演化历程中，科技赋能银行，渐进式补充与重构银行业态，推动银行服务提质增效；银行则促使科技成果从后端技术转移至前端展业。

8.1.2 银行科技的内涵

近年来，金融科技迅速为人们所熟知，并得到了资本市场的追捧，但无论是在理论研究还是实践层面，金融科技的内涵和外延都还不算清晰。同样，银行科技的内涵和外延也需要重新思考。

银行科技，从概念上讲可以理解为科学技术在银行行业中的具体运用。银行科技以银行产品与服务为外在表现形式，以诸如大数据、云计算、车物联网、人工智能、区块链等新兴科技为内在核心基础，在银行产品创新、产品营销、公司运营与管理方面得到广泛应用，为消费者提供个性、全面、高效的风险管理与保障服务。从这个维度上讲，银行产品或银行服务是科技的载体。

从逻辑意义上看，根据金融稳定理事会（FSB，2016）的定义，Fin-tech 是指技术带动的金融创新，它能创造新的业务模式、应用、流程或产品，从而对金融市场、金融机构或金融服务的提供方式造成重大影响。Fintech 创新范围很广，既可以是前端产品，也可以是后台技术。银行科技不仅仅是持牌银行直接投资于 Fintech，而是指技术带动的银行创新，它是创造新的业务模式、应用、流程或产品服务的使能者，从而对银行战略、运营或产品服务的提供方式，以及基于端、网、云的智能商业生态中金融协同方式造成重大影响。

然而，与制造业不同的是，"金融服务"为消费者带来的"满足感"才是实现经济利益的本质所在。从这个维度上看，在"银行科技"概念所涵盖的内容中，银行作为一种金融工具，其优先级要高于"科技"的地位。银行作为一种资金融通制，对其依赖的内在要素与外部环境有特殊的要求，一旦偏离银行的本质，那么银行科技本身也失去了价值。因此，在理解银行内涵的基础上，研发或寻找适合银行业发展的科技技术，似乎更加合理。

当然，科技同样不是一个死板而固化的概念。当今时代，科技的发展使得银行能够更细微地渗透进普通人的一个行为中；有时只是一闪而过的念头，如果被技术捕捉到了，也能转为各类服务。这也使得银行和银行市场能够逃离无序竞争、同质竞争的环境，在碎片化、场景化、生活化的镜头切换中凭借技术"自发"地产生金融需求，实现银行生态的整体跃迁。

8.1.3 银行科技发展的促动因素

从行业本质来看，银行本身就是一个数据、技术密集型行业。从早期利用卡片穿孔辅助数据处理到使用计算机实现会计电算化，从完全依赖物理网点办理业务，到信用卡、ATM 机以及网上银行，银行机构一直是信息技术最为积极的运用者。从这个意义上讲，银行科技并非全新的概念或实践，而是早已有之。就演进历程而言，推动银行科技发展的因素如下。

一是技术本身的发展与应用成熟度提升。随着移动互联网、云计算、大数据、人工智能以及区块链等技术的不断发展，应用成本逐步降低，在银行领域中的应用潜力开始逐步凸显。

二是监管环境的失衡。次贷危机后，全球主要经济体普遍都加强了银行监管的力度。传统银行机构的运营成本与合规成本显著提高，风险偏好大幅降低。面对经济体中大量的银行服务需求，银行供给明显不足，给暂时未被纳入监管框架的金融科技企业以及一些创新的业务模式，提供了极为有利的发展机遇。

三是商业模式和用户习惯急剧变化。商业活动重心加速向互联网转移，网络交易和第三方支付规模快速扩张，带动了用户习惯的深刻变化。以商业银行为例，行业平均离柜率（电子替代率）在过去几年中大幅攀升，从 2010 年左右平均 45.2% 上升到目前的 84.31% 以上，上市银行平均则接近 95%，其中最高的民生银行已经达到 99.27%。[①] 客户习惯迅速变化所导致的"用户脱媒"（转向用户体验更好的互联网企业），对传统的银行业务模式和流程提出了严峻的挑战。

因此，银行科技发展的促动因素，既有银行发展金融科技的劣势，也有其发展金融科技的优势。

8.1.3.1　银行发展金融科技的劣势

（1）银行在金融科技发展的先发优势不太明显。在互联网金融发展阶段，银行处于追赶者的地位，阿里、腾讯等互联网金融企业则在此阶段有了长足发展，甚至崛起成为在全球都有影响力的竞争者。银行要实现超越，必须要加大资金投入，实现弯道超车，才能在新的一轮竞争中实现局面扭转。

（2）银行金融科技发展缺乏有效的组织推动架构和高效创新流程。目前，大部分银行还没有一个专门的职能部门牵头对金融科技进行规划和推动，相关的职能还散落在零售业务部、电子银行部、科技部等部门。传统银行的风控制度导致新业务创新的周期太长，很难与瞬息万变的市场节奏相匹配。

---

① 曾刚：《深度解读中国银行业的金融科技之路》，载《当代金融家》2018 年第 1 期。

（3）银行发展金融科技的高端复合型人才仍然稀缺。金融科技人才是既懂科技又懂金融的复合型人才，就当前而言，银行这种通用型金融科技人才是极其缺乏的。同时，在人工智能、区块链等前沿金融科技领域有深入研究的专家型人才也极其匮乏，需要对相关领域人才进行引进。

8.1.3.2　银行发展金融科技的优势

（1）银行具有业务资质方面的优势。因为受到严格的监管，准入门槛较高，银行被授予的业务牌照也是全方位的，这是一般的金融科技公司无法媲美的。同时，由于资本金的限制和筹资渠道不畅，很多资本密集型的业务，金融科技公司是可望而不可即的。

（2）银行具有风险防控方面的优势。金融科技公司对于移动支付、借贷业务的风险控制相对薄弱的现状，是其进一步发展面临的很大考验。在国内，甚至大面积出现 P2P 平台跑路的现象，迫使监管部门出台了更为严厉的监管政策。银行具有长期经营风险的经验，建立起完善的风险控制制度和文化，在金融科技发展风险控制方面无疑是更胜一筹。

（3）银行具有庞大的客户基础。相较于金融科技公司而言，银行都有庞大的客户积淀。这些客户资源是银行发展金融科技的天然优势，并且在有海量的客户积累之后，大数据、人工智能等金融科技才会体现出规模优势。

8.1.4　银行科技发展的战略意义

正如《BanTech 银行科技——构建智能金融价值网》一书指出的那样，银行科技既合理吸收金融科技的创新亮点和益处，又有效遵循合规科技（Regulatory Technology，RegTech）和监管科技（Supervise Technology，SupTech）的原则和规范，有利于审慎创新，并通过构建"智能金融价值网"，服务实体经济。当前，金融与科技走向融合共赢的新阶段，商业银行如何能够以最快的速度把握金融科技（Fintech）的发展机遇乘势而上，加强金融科技在业务创新方面的运用，在新一轮的市场竞争中抢占制高点，这就是银行科技发展的战略意义所在。

随着大数据、云计算、区块链、人工智能、移动互联网等新一代信息技术的发展和应用，科技在提升金融效率、改善金融服务方面的影响越发显著。根据零壹财经/零壹智库发布的《2017 全球金融科技发展指数（GFI）与投融资年报》显示，2017 年全球金融科技共 649 笔融资，融资额达 1 397 亿元，其中国内融资额 796 亿元，占比 57%，居全球首位，海外融资额 601 亿元。在强势资本的支持下，全球已有超过 3 000 家的金融科技公司。在中国，蚂蚁金服、京东金融、众安保险、百度金服等金融巨头将自己重新定义为"金融科技"公司，浦发银行、招商银行等传统银行也开始布局智能投顾领域，利用机器和程序替代人力，实现投资决策自动化。

互联网金融主要停留在对传统金融渠道的变革，以大数据风控、机器人理财、区块链应用等为代表的金融科技业态，正全面融入支付、借贷、零售银行、保险、财富管理、交易结算等众多金融领域，改变着金融行业的生态格局，给商业银行的经营管理产生更大程度的冲击和影响，也必将引发传统金融机构和科技公司之间更深层次的融合。

可以预见，未来几年，面对新技术带来的机会和挑战，传统银行机构将加快拥抱金融科技，在进一步深化互联网金融布局，加大手机银行和网上银行开拓力度的基础上，通过自身创新研发和外部投资、兼并及与金融科技公司战略合作，布局大数据、云技术、区块链和人工智能等新金融科技，加强数据、技术和应用场景的结合，加速自动化进程，提升智能化投资与理财规划服务，强化新技术下的安全风控和客户拓展，提升金融服务的黏性，打造全新的核心竞争力。

这就要求银行通过投资 Fintech，慢慢打造金融科技下的特色，包括：通过搭建企业级的业务架构和技术架构，运用数字化、智能化手段，实现银行服务全流程组件化、参数化、自动化，服务体验简约化、定制化、实时化，其核心在于智能分析基础上的实时感知和响应。其中，业务流程的"自动化"是建立在组件化、参数化基础上的，便于以可控成本及时响应客户化定制，以及随时运用开放银行应用程序接口（Application Program Interfaces，API）嵌入基于端、网、云的智能商业生态场景；服务体验的简约化、定制化和实时化背后的基础是以 AI 为标志的"智能化"，是下一代银行业市场竞争的焦点。银行业务流程的"自动化"和"智能化"的应用成熟度，是未来几年以 Bantech 为抓手的智能金融大变局要害，也将是资本市场所看重的银行投资亮点。

从银行视角看，在借助 Bantech 方式成长为"金融科技公司"的服务竞争之旅中，一方面，将有利于破除由来已久的银行业同质化竞争，在可控成本下实现对个人和企业客户的个性化定制综合服务，使千人一面真正转化为一人一面，充分展现供给侧结构性改革浪潮下以客户为中心的服务转型；另一方面，银行直接投资 Bantech，也有利于积极应对 Fintech 企业对传统银行业务形成的冲击，同时也可以与 Fintech 企业合作共赢，赋能未来银行业，共建金融服务生态系统。

8.2 峰回路转：银行科技的生态体系与深耕细作

8.2.1 银行科技的生态体系

2017 年 6 月在上海举行的"2017 科技金融发展论坛"上，中国人民银行金融研究所所长孙国峰表示，"所谓金融科技新生态是指金融科技的各主体良性互动、共融发展，更好地服务实体经济，更有利于防范系统性风险，更大程度地保护金融消费者权益，促进提高我国金融科技的国际竞争力。"同时，"要实现这样一种良性互动的金融科技生态，是一项系统工程：第一，需要完善现有法律体系，加强金融科技立法；第二，要推动监管成本适度内部化，金融科技行业要承担一部分监管成本；第三，政府和监管部门制定相应的技术标准，完善市场的进入和退出机制；第四，在金融科技产品日益复杂的背景下，监管机构要加强金融消费者权益保护；第五，会计、法律、评估、评级等中介机构要提供专业的服务；第六，行业协会要发挥自律组织的作用。"

毕马威发布的《中国 2017 领先金融科技 50 企业》给出的金融科技生

态圈如图 8 - 2 所示。

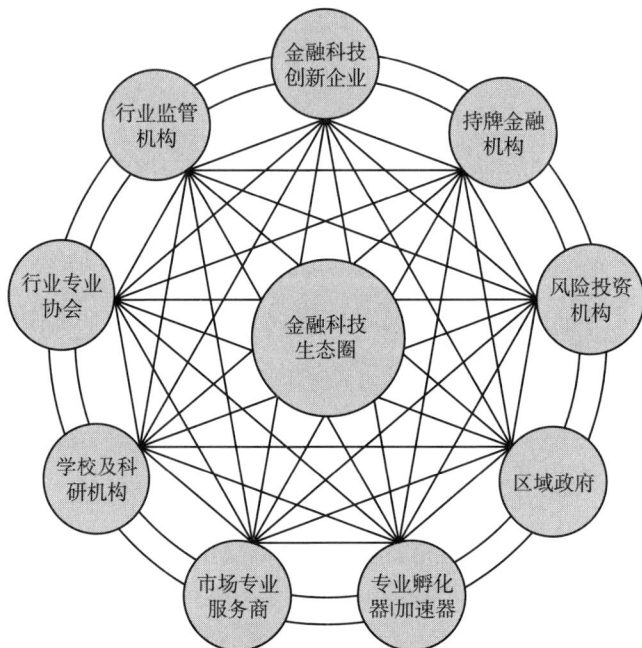

图 8 - 2　毕马威定义的金融科技生态圈

资料来源：毕马威发布的《中国 2017 领先金融科技 50 企业报告》。

《Bantech 银行科技——构建智能金融价值网》提出了"智能金融价值网"的金融科技生态概念。在这个价值传递转换过程中没有哪个环节离得开价值识别、存储和转换，形成非标资产标准化、标准资产数字化、数字资产金融化的"智能金融价值网"。"智能金融价值网"是指包括价值结构、价值交换和价值保管在内的网络时代价值体系，并将重构金融服务的前、中、后台作业模式。当前九项技术的迅猛发展，已使构建"智能金融价值网"成为可能：一是前台作业通过社交网络媒体运用、移动技术和App，提供最佳客户体验；二是中台作业采用开放模式 API 与即时网络连接，成为开放程序的整合平台；三是在后台运用云计算、大数据、区块链、人工智能和机器学习，将后台作业移到云端。

借助于"智能金融价值网"，未来银行将变身为意味着客户数字历程的服务整合者、数字价值的储存仓库、值得信任的数字资料保管者，也就是"价值系统整合者"（Value Systems Integration）。"价值系统整合者"是一家银行运用 BanTech 为客户提供情境式的端到端价值链服务，这种端到端的价值链服务是真正以客户为中心的价值存储和价值交换服务，根据客户定制化需要组合银行内部产品服务组件和参数，或通过合作、收购与整合外部 Fintech 或 Insurtech 的系统功能来提供。

综上所述，银行科技生态就是银行通过银行科技重塑传统金融产品、模式、流程及组织等。从技术创新在银行领域应用场景的角度来看，主要包括业务发展和风险管理两大场景。银行科技在业务发展场景上主要包括银行产品差异化定价、智能营销和客服、智能研究和投资、高效支付清算等。银行科技在风险管理发展场景上主要是指金融科技的四大代表性技术在风险管理场景下的应用，如云计算技术为海量数据的运算能力和速度提升带来了突破；大数据风控技术主要应用于互联网金融的信用风险管理领域，解决的是信息不对称问题；人工智能风控技术是在大数据技术的基础上，主要解决风控模型优化的问题；区块链技术主要应用于支付清算等操作风险管理中的技术安全领域。

8.2.2　银行科技的技术要素

参照毕马威发布的《中国银行业转型：20 大痛点问题与金融科技解决方案》，下面我们简要给出了 10 种主要的技术，关于这 10 项技术的介绍主要参照了百度百科的有关词条。

8.2.2.1　移动计算

移动计算（Mobile Computing）是随着移动通信、互联网、数据库、分布式计算等技术的发展而兴起的新技术。移动计算技术将使计算机或其他信息智能终端设备在无线环境下实现数据传输及资源共享。它的作用是将有用、准确、及时的信息提供给任何时间、任何地点的任何客户。这将极大地改变人们的生活方式和工作方式。

8.2.2.2　云计算

云计算（Cloud Computing）是基于互联网的相关服务的增加、使用和交付模式，通常涉及通过互联网来提供动态易扩展且经常是虚拟化的资源。云是网络、互联网的一种比喻说法。过去在图中往往用云来表示电信网，后来也用来表示互联网和底层基础设施的抽象。因此，云计算甚至可以让你体验每秒10万亿次的运算能力，拥有这么强大的计算能力可以模拟核爆炸、预测气候变化和市场发展趋势。用户通过电脑、笔记本、手机等方式接入数据中心，按自己的需求进行运算。

8.2.2.3　大数据

大数据（Big Data），指无法在一定时间范围内用常规软件工具进行捕捉、管理和处理的数据集合，是需要新处理模式才能具有更强的决策力、洞察发现力和流程优化能力的海量、高增长率和多样化的信息资产。

大数据技术的战略意义不在于掌握庞大的数据信息，而在于对这些含有意义的数据进行专业化处理。换而言之，如果把大数据比作一种产业，那么这种产业实现盈利的关键，在于提高对数据的"加工能力"，通过"加工"实现数据的"增值"。从技术上看，大数据与云计算的关系就像一枚硬币的正反面一样密不可分。大数据必然无法用单台的计算机进行处理，必须采用分布式架构。它的特色在于对海量数据进行分布式数据挖掘。但它必须依托云计算的分布式处理、分布式数据库和云存储、虚拟化技术。

随着云时代的来临，大数据也吸引了越来越多的关注。大数据通常用来形容一个公司创造的大量非结构化数据和半结构化数据，这些数据在下载到关系型数据库用于分析时会花费过多时间和金钱。大数据分析常和云计算联系到一起，因为实时的大型数据集分析需要像MapReduce一样的框架来向数十、数百或甚至数千的电脑分配工作。大数据需要特殊的技术，以有效地处理大量的容忍经过时间内的数据。适用于大数据的技术，包括大规模并行处理（MPP）数据库、数据挖掘、分布式文件系统、分布式数据库、云计算平台、互联网和可扩展的存储系统。

8.2.2.4　物联网

物联网（Internet of Things，IOT）是新一代信息技术的重要组成部分，也是"信息化"时代的重要发展阶段。顾名思义，物联网就是物物相连的互联网。这有两层意思：其一，物联网的核心和基础仍然是互联网，是在互联网基础上的延伸和扩展的网络；其二，其用户端延伸和扩展到了任何物品与物品之间，进行信息交换和通信，也就是物物相息。物联网通过智能感知、识别技术与普适计算等通信感知技术，广泛应用于网络的融合中，也因此被称为继计算机、互联网之后世界信息产业发展的第三次浪潮。物联网是互联网的应用拓展，与其说物联网是网络，不如说物联网是业务和应用。因此，应用创新是物联网发展的核心，以用户体验为核心的创新 2.0 是物联网发展的灵魂。

8.2.2.5 生物识别技术

生物识别技术（Biometric Technique），通过计算机与光学、声学、生物传感器和生物统计学原理等高科技手段密切结合，利用人体固有的生理特性（如指纹、脸像、虹膜等）和行为特征（如笔迹、声音、步态等）来进行个人身份的鉴定。

根据国际生物识别小组（International Biometric Group，IBG）2009 年的统计结果，市场已有多种针对不同生理特征和行为特征的应用。其中，占有率最高的就是指纹识别。

8.2.2.6 机器/深度学习

机器学习（Machine Learning，ML）是一门多领域交叉学科，涉及概率论、统计学、逼近论、凸分析、算法复杂度理论等多门学科。专门研究计算机怎样模拟或实现人类的学习行为，以获取新的知识或技能，重新组织已有的知识结构使之不断改善自身的性能。它是人工智能的核心，是使计算机具有智能的根本途径，其应用遍及人工智能的各个领域，它主要使用归纳、综合而不是演绎。

深度学习（Deep Learning，DL）的概念源于人工神经网络的研究。含多隐层的多层感知器就是一种深度学习结构。深度学习通过组合低层特征形成更加抽象的高层表示属性类别或特征，以发现数据的分布式特征表示。

深度学习是机器学习中一种基于对数据进行表征学习的方法。观测值（如一幅图像）可以使用多种方式来表示，如每个像素强度值的向量，或者更抽象地表示成一系列边、特定形状的区域等。而使用某些特定的表示方法更容易从实例中学习任务（如人脸识别或面部表情识别）。深度学习的好处是用非监督式或半监督式的特征学习和分层特征提取高效算法来替代手工获取特征。

深度学习是机器学习研究中的一个新的领域，其动机在于建立、模拟人脑进行分析学习的神经网络，它模仿人脑的机制来解释数据（如图像、声音和文本）。同机器学习方法一样，深度机器学习方法也有监督学习与无监督学习之分，不同的学习框架下建立的学习模型很是不同，例如，卷积神经网络（Convolutional Neural Networks，CNNs）就是一种深度的监督学习下的机器学习模型，而深度置信网（Deep Belief Nets，DBNs）就是一种无监督学习下的机器学习模型。

8.2.2.7　自然语言处理

自然语言处理（Natural Language Processing，NLP）是计算机科学领域与人工智能领域中的一个重要方向。它研究能实现人与计算机之间用自然语言进行有效通信的各种理论和方法。自然语言处理是一门融语言学、计算机科学、数学于一体的科学。因此，这一领域的研究将涉及自然语言，即人们日常使用的语言，所以，它与语言学的研究有着密切的联系，但又有重要的区别。自然语言处理并不是一般地研究自然语言，而在于研制能有效地实现自然语言通信的计算机系统，特别是其中的软件系统。因而它是计算机科学的一部分。

自然语言处理是计算机科学、人工智能、语言学关注计算机和人类（自然）语言之间的相互作用的领域。

8.2.2.8　知识图谱

知识图谱（Knowledge Graph/Vault）又称为科学知识图谱，在图书情报界称为知识域可视化或知识领域映射地图，是显示知识发展进程与结构关系的一系列各种不同的图形，用可视化技术描述知识资源及其载体，挖掘、分析、构建、绘制和显示知识及它们之间的相互联系。

通过将应用数学、图形学、信息可视化技术、信息科学等学科的理论与方法与计量学引文分析、共现分析等方法结合，并利用可视化的图谱形象地展示学科的核心结构、发展历史、前沿领域以及整体知识架构达到多学科融合目的的现代理论。为学科研究提供切实的、有价值的参考。

8.2.2.9 区块链

区块链（Blockchain）是分布式数据存储、点对点传输、共识机制、加密算法等计算机技术的新型应用模式。所谓共识机制是区块链系统中实现不同节点之间建立信任、获取权益的数学算法。

区块链是比特币的一个重要概念，它本质上是一个去中心化的数据库，同时作为比特币的底层技术。区块链是一串使用密码学方法相关联产生的数据块，每一个数据块中包含了一次比特币网络交易的信息，用于验证其信息的有效性（防伪）和生成下一个区块。

8.2.2.10 虚拟/增强现实

虚拟现实（Virtual Reality，VR）是仿真技术的一个重要方向，是仿真技术与计算机图形学、人机接口技术、多媒体技术、传感技术、网络技术等多种技术的集合，是一门富有挑战性的交叉技术前沿学科和研究领域。虚拟现实技术主要包括模拟环境、感知、自然技能和传感设备等方面。模拟环境是由计算机生成的、实时动态的三维立体逼真图像。感知是指理想的 VR 应该具有一切人所具有的感知。除计算机图形技术所生成的视觉感知外，还有听觉、触觉、力觉、运动等感知，甚至还包括嗅觉和味觉等，也称为多感知。自然技能是指人的头部转动，眼睛、手势或其他人体行为动作，由计算机来处理与参与者的动作相适应的数据，并对用户的输入作出实时响应，并分别反馈到用户的五官。传感设备是指三维交互设备。

增强现实（Augmented Reality，AR），增强现实技术，它是一种将真实世界信息和虚拟世界信息"无缝"集成的新技术，是把原本在现实世界的一定时间空间范围内很难体验到的实体信息（如视觉信息、声音、味道、触觉等），通过电脑等科学技术，模拟仿真后再叠加，将虚拟的信息应用到真实世界，被人类感官所感知，从而达到超越现实的感官体验。真实的环境和虚拟的物体实时地叠加到了同一个画面或空间同时存在。增强现实技术，不仅展现了真实世界的信息，而且将虚拟的信息同时显示出来，两种信息相互补充、叠加。在视觉化的增强现实中，用户利用头盔显示器，把真实世界与电脑图形多重合成在一起，便可以看到真实的世界围绕着它。增强现实技术包含了多媒体、三维建模、实时视频显示及控制、多传感器融合、实时跟踪及注册、场景融合等新技术与新手段。增强现实提供了在一般情况下，不同于人类可以感知的信息。

8.2.3　银行科技的应用领域

在经营环境深刻变化的背景下，商业银行加快金融科技发展已成为必然的选择。但也要认识到，商业银行在经营理念、组织管理以及人才储备方面与互联网（或金融科技）企业大相径庭，这决定着银行的金融科技创新不能也没有必要去复制互联网企业的许多模式，而是应根据自身业务发展的需要，来确定重点方向和内容，做到"有所为、有所不为"，而非一味地"求大、求全"。参考国家金融与发展实验室银行研究中心主任、中国社会科学院金融所银行研究室主任曾刚在《当代金融家》发表的《深度解读中国银行业的金融科技之路》一文，商业银行金融科技创新主要集中在以下几个方面。

8.2.3.1　渠道转型

渠道创新有两个主要方向：一是加快线上渠道（手机银行、直销银行和互联网银行等）创新与建设，以适应客户需求的变化。目前，商业银行的网上银行、手机银行、微信银行、直销银行和自助渠道业务量逐年上升，特别是手机银行已经取代 PC 端成为线上交易的主要入口。需要指出的是，随着互联网经济的不断发展，商业银行上述领域探索已逐渐超出渠道转型的范畴，而深入到业务模式和产品创新层面。2017 年年底，第一家独立法人的直销银行——百信银行正式开业，为互联网银行（或数字银行）的发展和创新提供了更大的空间。二是物理网点向智能化、轻型化和社区化转型。"智能化"方面，VTM、智能机器人、自动客户识别系统、互动触屏、网点移动终端（PAD）、自动业务处理设备在各家商业银行广泛运用。当然，在目前的实践中，智能网点建设还处于"概念店"向"试点和推广"过渡阶段，远未成熟。需要提醒的是，网点智能化的关键和中心仍然是客户需求，单纯强调硬件技术并非互联网创新的实质。"轻型化"方面，商业银行在经营中不再主要依赖资产规模、机构网点和人员的扩张获取利润，而是根据经济金融环境变化的内在要求，综合利用科技手段、产品与服务创新等多种方式，降低风险资产权重，配置轻型资产，降低资本消耗，建立质量与效益并举、应对市场变化更加灵活的集约型经营模式。"社区化"方面，银行继续将渠道下沉，以有效解决社区金融服务"最后一公里"的问题，使银行零售业务进一步向社区拓展。当然，渠道下沉并不是简单增设传统物理网点，而是更多依靠轻型网点，充分利用信息技术来实现线上、线下的互动与协调，在延伸银行网点覆盖的同时控制渠道成本。

8.2.3.2 零售金融业务创新

零售业务针对海量客户，且产品众多。受金融科技的影响要远高于其他类型的业务。在众多的业务中，商业银行的创新主要集中在以下几个方面。

首先是支付创新。为应对互联网支付的步步紧逼，商业银行在支付创新中投入了大量精力，产品种类繁多。从 NFC 到 Apple Pay，再到闪付、二维码支付、声波支付以及蓝牙支付和光子支付等，不一而足。不过，由于在场景结合方面，商业银行远不如互联网企业，尽管技术创新不断，但已很难扭转在零售支付领域的颓势。

其次是互联网理财产品销售。在余额宝获得成功之后，商业银行纷纷仿效，开发出功能更为强大（提现额度更大、到账更快、收益更高，部分还附带主动管理功能）的各种"宝"类产品。此外，银行还在挂钩货币基金以外开发出了挂钩保险、挂钩票据的产品，进一步丰富了互联网理财产品体系。

再其次是个人网上贷款。针对个人贷款用户体验要"快"的核心需求，商业银行推出了多种形式的网络贷款。这种贷款基于移动互联技术，根据客户以前交易数据，充分利用大数据分析，借助决策引擎进行客户贷款的授信审批。贷款办理渠道则可通过网上银行、手机银行等终端自助完成。实现了线上申请、自动审批、线上签约、自动放款为一体的全自动贷款流程。

最后是智能投顾。过去几年中，智能投顾在中国快速兴起，率先进入这个领域的是金融科技创业公司，如蓝海智投、璇玑智投、投米RA、雪球和金贝塔等。商业银行的智能投顾创新则始于招商银行。2016年12月，招商银行率先推出摩羯智投，成为第一家布局智能投顾的银行机构。之后，浦发银行、兴业银行、平安银行、广发银行、光大银行、江苏银行以及工商银行等不同类型的机构，都积极加入布局"智能投顾"的行列。

8.2.3.3 公司金融业务创新

相对于零售，公司金融业务受互联网直接冲击相对较小，但在竞争日趋激烈以及金融脱媒趋势日益明显的背景下，商业银行也开始积极借鉴互联网思维模式，通过对金融科技的应用，不断拓展和创新公司金融的服务模式。代表性的创新包括：利用大数据技术来提升小微企业融资的效率；发展以支付结算为基础的"交易银行"业务，利用金融科技和互联网平台，将银行原本分散的各种产品进行整合，为客户提供更加全面、便捷的一站式服务，有效降低客户资金成本和负债水平；利用区块链等技术，对传统业务流程进行微改进，提升业务效率和风险控制水平，等等。

8.2.3.4 同业业务创新

作为商业银行各业务条线中市场化程度最高、创新最多的业务类型，同业业务在利用互联网思维和金融科技进行创新方面，已经有许多成功的案例。基于金融科技的同业业务创新大致有以下几类：一是银行通过互联网技术来整合既有的同业业务资源，以实现信息驱动化、服务一体化、业务场景化和发展生态化。二是以同业业务资源为基础，提升同业资产和负债对接效率。此外，利用互联网和金融科技在拓展长尾客户方面的优势，将同业资源与长尾客户的终端需求直接对接，形成贯通同业业务和零售业务的综合性金融交易平台。三是利用银行之间在技术上的梯度落差，对其他同业（尤其是中小银行）进行金融科技输出，等等。目前，兴业银行的"银银平台"、平安银行的"行e通"等，是前两类创新的代表。而兴业数金、平安壹账通以及招银云创等，则是部分银行探索对外进行金融科技输出的案例。

8.2.3.5 生态创新

生态创新是指商业银行介入生态、场景建设。这种创新已经远离传统的金融服务范畴，而更接近于电商业务。从商业银行（尤其是大型银行）的角度看，这种尝试有其道理，即通过生态圈建设来实现信息流、物流、资金流、服务流的"四流合一"，并据此开展各种金融服务，以应对来自互联网企业的挑战。但对传统银行来讲，这种创新（尤其是综合性电商平台）对银行的难度也最大。现有的实践效果差强人意，未来有无改变或爆发，还需进一步观察。

8.2.4 银行科技的实践案例

8.2.4.1 成立金融科技公司

银行成立金融科技公司为自身以及同业服务将会成为一种趋势。截至 2018 年 12 月，共有 6 家银行系金融科技公司成立，主要产品包括信息建设、业务处理流程、应用软件开发等 IT 服务以及零售业务能力、消费金融业务能力、投融资能力等业务能力输出，服务客户涵盖从集团内部到中小银行、基金、保险、证券、信托等金融机构再到其他非金融企业，服务形式为解决方案、科技产品等。

根据亿欧智库发布的《2018 银行业创新形态及模式研究报告》显示，主要的 6 家银行系金融科技公司分别如下。

（1）兴业数金（兴业银行），2015 年 12 月成立，主要产品包括通过搭建平台、运营平台的方式持有信息资产并提供金融信息云服务，包括接受金融机构委托从事金融信息技术服务外包、金融业务流程外包、金融知识流程外包、应用软件开发和运营服务、系统集成服务等。

（2）金融壹账通（平安集团），2015 年 12 月成立，主要产品包括智能银行云、智能保险云、智能投资云以及金融科技开放平台的"3＋1"模式，通过战略赋能提供一站式金融科技解决方案。

（3）招银云创（招商银行），2016 年 2 月成立，主要产品包括整合招银系统金融领域的服务能力，包括零售能力、交易银行、消费金融、直销银行（投融资）等服务，将招银系统的金融科技云服务化，同时将招银系统的金融服务能力一并进行内嵌式输出。

（4）光大科技（光大集团），2016 年 12 月成立，主要目标是加快自主知识产权研发、提升自主知识产权率的同时，坚持开放合作理念，不断加强与互联网企业合作，通过合作集各方所长，共同孵化创新服务模式，不断提升现有金融业务的效率和客户体验。

（5）建信金科（建设银行），2018 年 4 月成立，主要产品包括打造完全市场化的金融科技力量，提供金融级 IT 服务。

（6）民生科技（民生银行），2018 年 5 月成立，主要产品定位于"立足母行、服务集团、面向市场"，提供金融科技转型所需的解决方案和专业科技产品。

8.2.4.2　共建金融科技实验室

金融科技实验室特指由商业银行与科技公司共同发起设立的部分；金融科技实验室的业务模式为，整合金融技术能力、相关数据资源，为自身不具备某项能力的金融机构、其他企业提供公共服务，包括建立在大数据基础上的信用、认证、接口等服务。

金融科技实验室的成立意义在于，整合地区内金融技术、数据资源，避免金融机构、科技公司对社会的滥用或违法、违背道德使用，并赋能与地区内金融机构或其他进行金融业务的科技公司；但需要指出的是，该实验室并不是以独立法人主体形式存在，从资源支持、业务开展等方面均会受到限制，其创新难度更大。

根据亿欧智库发布的《2018 银行业创新形态及模式研究报告》，主要的 7 个金融实验室分别如下。

（1）金融科技联合实验室（中国银行、腾讯），2017 年 6 月成立。

（2）金融科技联合实验室（中国农业银行、百度），2017 年 6 月成立。

（3）杭州金融科技创新实验室（杭州银行、阿里云、杭州城市大数据运营公司），2018 年 1 月成立。

（4）联合创新实验室（民生银行、华为公司），2018 年 4 月成立。

（5）联合数据实验室（江西银行、腾讯），2018 年 4 月成立。

（6）金融科技研发联合实验室（兰州银行、神州数码融信软件有限公司），2018 年 5 月成立。

（7）光大—腾讯金融科技创新实验室（光大科技、腾讯云），2018 年 5 月成立。

8.2.4.3　加大金融科技的投入

世界在变化，银行业以及整个金融业也在变化。随着互联网技术的迅速发展以及科技的创新，物联网、云计算、大数据和人工智能正在重塑全球整个金融业，也激发了传统金融特别是银行业的转型和创新。

有人认为，未来商业银行就是最大的金融科技公司；也有相关报告指出，不久的将来，银行网点将会消失，30% 的工作将不复存在；还有人认为，银行可能不再是一个地方，但银行服务将无处不在。那么，银行的未来到底是什么样的？

埃森哲在调研《未来银行创新报告 2017》中预计："到 2020 年，全球零售和企业银行将有 30% ~ 35% 的营收有被替代的风险。在中国，产品和客户服务、销售渠道、IT 系统和数字化则是银行公认的受影响最大的领域"。

在此背景下，商业银行应积极应对挑战，抓住传统行业转型、普惠金融发展、金融风险调控带来的机遇，发挥自身多年积累的信用、牌照、客户、数据和科技优势，善用金融科技，并使其成为银行核心业务再度腾飞的引擎。

在变革之路上，善用金融科技，才是赶上乃至引领金融新时代的前提。银行要加大金融科技的应用，本书前面提到了 10 种主要的技术，同时要特别重视对以下 5 种科技的应用，将是提升核心业务能力的关键。

（1）移动互联。赢得移动端是构建银行数字化生态的核心内容，须使其 App 成为客户智能手机上的优先选择，为消费者提供真正个性化、相关性的服务；同时也可使金融服务"碎片化"，停留在消费者的"指尖"。

（2）大数据。将在三个方面提升银行生态系统的竞争力。聚焦客户——利用内外部和生态伙伴数据构建客户全方位视图，洞察和预测客户行为，提升银行精准营销和客户服务水平；聚焦内部——通过数据分析，优化内部运营，使得业务流程效率更高，或建立更完善的风险防范体系，减少风险损失；业务创新——以新模式做新业务、进入新市场、满足新需求，形成新的业务增长点。

（3）云计算。一个开放的银行生态系统是一个"云"上的生态，基于"云"的架构将是银行构建生态系统的基础，只有这样才能实时响应客户和消费者所需，保持生态系统的开放性。

（4）人工智能。机器学习、机器人、计算机视觉、自然语言处理、语音识别等人工智能技术会使金融服务的形态、客户数据处理、洞察需求、风险管理发生根本性变革。

（5）区块链。由于具有可访问、开源、可信、实时、去中心化等一系列特性，区块链可以被应用到金融服务的一系列领域，比如 KYC（客户识别）、贸易融资、支付和金融交易等方面。

8.3 思维转折：银行科技的 后发优势与转型突围

8.3.1 银行业的价值构成

据麦肯锡《中国 Top40 家银行价值创造排行榜（2016）》显示，"中国 Top40 家主要银行中，36 家银行创造经济利润，但有 4 家（邮储银行、广发银行、渤海银行与杭州银行）未能创造股东价值。5 大行经济利润规模占总体的83%，全国性股份制银行占12%，主要城商行占3.5%，主要农商行占 1.5%。"

回顾过去几年，中国银行业发生了翻天覆地的变化：跑马圈地快速扩张规模的运营模式成为历史，以规模乘以利差的获利方式一去不复返，取而代之的是一个利差缩减，且行业景气波动剧烈的经济新常态，使得银行深受盈利水平大幅降低、不良资产剧增的困扰，经营模式也面临挑战。在这样的大环境下，价值管理被提到了银行的议事日程。

凡此种种挑战，对中国银行业来说意味着难得的改革契机。在仔细思考自身优缺点的基础上，银行可以在战略层面上聚焦有竞争力的核心客户群，有针对性地开发相应产品以增加黏性，加强定价能力，建立以综合销售为主的精细化管理模式。在风险管理层面上开展前瞻性的行业研究，强化风险管理以及资本使用效率，逐步摆脱过去以规模扩张为导向的模式，建立以股东价值创造为导向的企业文化和衡量体系。这样，中国银行业才能走向成熟，实现稳健持续的增长，进而成为国家经济体系的稳定基石。

面对中国经济发展的新常态，与实体经济共生共荣的商业银行同样面临转型发展的问题。在各种转型的讨论之中，我们首当其冲面临的一个问题，或者说最根本的问题就是，银行应该转向何方？应该用什么理念来引领转型发展？

从某种程度而言，银行业的发展如同人的生长，在发展的前期追求快速的发展与壮大，但达到一定程度之后，必须从外延式发展转向内涵式发展，否则就会"骨质疏松""大而不强"。中国银行业尤其是大型商业银行，要迈向"百年老店"，比肩甚至超越国际先进银行，就不能一味地比大小、比速度，而是需要"强身健体""修炼内功"。

在银行科技的大背景下，银行要摒弃过度追求规模与速度的发展理念，实现对质量与效益的回归。而承载质量与效益的正是价值，追求"最具价值创造力银行"是商业银行在提升质效阶段的必然选择，更是通向先进银行的必由之路。

2017 年 6 月，中国中小银行发展论坛发布了《新型价值银行评价体系报告》，在中国经济迅速扩张时，银行应当抓住时代机遇，迅速扩张自身规模，尽享体量增加带来的盈利提高。但这一模式面临越来越多的制约：一是内生的宏观经济新常态意味着"规模银行"的发展机遇已经过去；二是外生的银行业监管（如 MPA 考核）也制约了银行规模的扩张。两方面因素共同推动商业银行，尤其是诸多中小银行放弃过去追求"规模"的粗放式发展，转而寻求"精耕细作"的价值型发展。

《新型价值银行评价体系报告》为了更全面地衡量银行的价值，提出了既包含代表银行当前市场地位的规模指标，也考量代表银行可持续经营能力与盈利状况的资产质量、资本节约以及流动性相关指标的评价体系，以更全方位、更合理地引导商业银行的行为。《新型价值银行评价体系报告》中，评价指标体系包括资金成本、资产质量、资本节约、规模、流动性和科技立行六个大项，共计12项细化指标。

以富国银行为例，富国银行凭借出色的价值创造力不仅成功抵御了金融危机，而且一度成为全球市值最大的银行。但价值创造力不是与生俱来，也不是一成不变的。根据波特的"价值链原理"，商业银行每一项具体经营活动的开展都须遵循一定的内在逻辑，上下关联，环环相扣，形成一个价值创造和实现的链条。在这一价值创造链上，商业银行通过不断强化其中一些特定的有价值活动来提升竞争优势和价值创造力，这些活动主要包括三大环节。

第一个环节是以客户为中心的价值挖掘过程。商业银行的生存、发展完全依赖于客户、股东、员工及社会等相关利益方的支持和帮助。其中，最关键的环节是银行的产品和服务为客户所购买，实现了客户的满意，银行获得销售收入和利润，并在这个基础上对其他相关利益方作出应有的贡献。因此，打造最具价值创造力银行，首先必须充分认识和挖掘客户对金融服务需求的新变化，去发现客户真正关心的价值增长点，为客户提供一流综合金融服务，实现客户价值不断增长，进而履行银行对股东、员工和社会所承担的责任。

第二个环节是以市场为导向的价值创造过程。要做到以市场为导向的价值创造，商业银行首先要进行市场细分，找到目标客户群，在大量市场调查的基础上设计差异化产品来满足市场需求。同时，以市场为导向的价值创造还应包括业务经营、管理支持以及适应环境发展三个层面。业务经营层面的价值创造应建立在产品研发、风险控制和销售服务等能力之上；管理支持层面的价值创造应建立在组织结构、人力资源、信息平台和财务系统等管理支持平台之上；适应环境发展层面的价值创造则应体现在商业银行的学习和转化过程中，包括吸收能力、融合能力和再创新能力等。

第三个环节是以可持续发展为目标的价值管理过程。商业银行价值管理体系应从战略的角度对银行资源进行系统的整合与优化，探求价值创造的运行模式和管理技术，达到短期效益与长期效益的统一，实现各业务条线、子公司、分行与集团的协调发展，从而实现银行整体价值的最大化。在动态复杂的市场环境中，商业银行的发展模式各异，相应形成的成长路径也不同，要获得可持续发展的竞争优势，关键在于适时主动地拓展新能力，顺利平稳地实现价值创造能力的迁移。

当然，打造"最具价值创造力银行"是一项系统工程，做好价值挖掘、价值创造和价值管理，保持价值链与不断变化的外部环境之间的动态适应性，银行还必须加大产品和服务创新力度，全面提升经营风险的意识和能力，强化系统支撑和大数据运用能力，不断提高人力资源素质，为价值创造提供有效支撑，最终实现价值挖掘、创造与管理的全价值链打造。

8.3.2　银行科技创新视角

创新的理念最早来源于约瑟夫·阿洛伊斯·熊彼特的创新理论，包括对创新的界定，他界定了新的生产函数。新的生产函数的建立过程就是企业家对企业要素进行重新组合的过程。其中包括几个方面：第一是新的产品；第二是新的技术或者新的生产方法的应用；第三是新的市场的开辟；第四是对新的材料、原材料的供应来源的发展和掌握。这几个方面都是支撑银行科技创新的重要构成。如果抛开物理上时间与空间的维度概念，从对要素进行重新组合的角度去谈银行科技创新，它本身又可以从以下几类维度入手。

（1）产品和服务。围绕这一维度进行创新，要求银行科技可以向客户提供有价值的金融产品和服务。

（2）平台。平台指的是构成产品组合或服务组合基础的通用组件、组装方法或技术。平台创新包括利用"通用性的力量"，即利用模块化设计来快速地、经济地提供不同组合的金融衍生服务。围绕这一维度进行创新可以创造出惊人的价值，但它常常被人们所忽视。

（3）解决方案。解决方案指的是为解决客户问题而对产品、服务和信息进行的定制化组合。通过对一系列产品和服务（包括移动计算机以及基于 GPS 系统的跟踪系统和软件）进行不同组合，来为那些需要改善储蓄、理财、贷款等金融行为的参与者提供端到端的解决方案。

（4）客户。客户指的是通过使用或消费公司的产品和服务，来满足自己需求的个人或组织。围绕这个维度进行创新，银行科技可以发现新的客户细分市场或未被满足的（甚至是不明确的）客户需求。

（5）客户体验。在这一维度，银行科技需要考虑银行在与客户打交道的过程中所看到的、听到的和感受到的一切；围绕这一维度进行创新，银行科技可以改善银行与客户之间的接触界面。

（6）价值获取。价值获取指的是企业用来重新获取所创造的价值的机制。围绕这个维度进行创新，银行科技可以帮助银行发现新的收入来源，开发出新的风控系统，甚至增强其与顾客和合作伙伴的互动来获取价值的能力。

（7）流程。流程指的是企业为进行内部运作而进行的业务活动布置。围绕这一维度进行银行科技创新，意味着银行科技企业可以对金融活动流程进行重新设计，以取得更高的效率，提供更好的产品和服务质量，或者实现更短的产品研发周期。这种变化可能会涉及对流程进行重新部署或拆分，而流程创新是许多银行科技企业公司取得成功的基础。

（8）组织。组织指的是企业构建自身、合作关系以及员工角色和职责的方式。组织创新往往涉及对金融活动范畴的重新思考以及对各业务单元及个人的角色、职责和激励机制的重新定义。

（9）供应链。供应链指的是令产品、服务和信息从来源处到达市场的一系列活动和手段的顺序。围绕这一维度进行创新，银行科技可以通过供应链来精简信息流，改变交易结构，抑或是加强各合作者之间的合作。

（10）渠道。渠道指的是银行科技将产品或者服务投入市场及目标顾客区域的配销通道。围绕这一维度进行创新，涉及基于现有渠道创造性地构建新的渠道。

（11）网络。企业及其产品和服务通过网络与顾客相连。有时，这种网络可以变成企业竞争优势的一部分。围绕这一维度进行创新，银行科技涉及通过加强网络的效率来提升企业产品和服务的价值。

（12）品牌。品牌指的是企业向顾客传递承诺的符号、文字或标识。

围绕这一维度进行创新，银行科技可以对企业自身品牌进行创造性的使用
或延伸。

8.3.3　银行价值链的重塑

随着金融监管环境趋严和金融科技跨界竞争，商业银行的竞争焦点已
不再是资产规模和银证业务，而是与端、网和云三要素相关的商业生态
竞争。

如今人类正悄然迈进基于端、网、云的可编程的经济时代，"端"是
搜集数据，为整个系统提供编程原料；"网"是协同数据，通过叠加、分
享和衔接将数据的价值放大，形成可编程的交互管道；"云"是存储和分
析数据，不断地优化编程算法，最后再通过"网"返回到"端"，使商业
场景中的交互更符合用户的需要，或者使整个系统的效率提高。从"端"
到"网"到"云"，再返回到"网"和"端"，这样形成了一个价值不断
扩增的智能商业生态良性循环。

这种新型可编程经济生态环境不仅使诸多企业面临战略转折点，而且
战略转折的取向趋于"流程场景化、场景数据化、数据网络化、网络智能
化和智能平台化、平台实时化"。参考赵志宏在《农村金融研究》发表的
《Bantech——基于流程视角的银行科技创新应用展望》一文，在这种基于
端、网、云的可编程的经济环境下，业务流程"组件化、自动化、智能
化"成为 Bantech 创新应用着力点。

8.3.3.1　流程组件化是产品定制化的基础

在围绕端、网和云的商业生态竞争中，如果一个企业缺乏对自身客
户、产品、渠道以及流程和数据标准的梳理，在很多竖井式系统里很难实
现快速创新、灵活组合并嵌入场景。

但是如果企业能够建立基于组件化业务模型的产品工厂，就可以像工
业生产流水线一样灵活、快速地装配产品。在保证流水线基本稳定的前提
下，根据不同的客户个性化定制，将内部可以提供的产品零配件适时装配
到流水线上的恰当位置。同时，在创新过程中可以大量复用原有零部件或
组件，减少 IT 开发。

如今，电子账户正渐趋取代实体卡的账户形式，开户环节将变得多渠道、高科技、重体验，商业银行亟待通过标准化、组件化的流程梳理，建立统一的客户视图、灵活的账户结构。银行将为客户提供全景视图的账户管理，单一账户将承载客户财务管理、支付消费、融资等各种形式的业务需求，满足客户可定制个性化的账户管理需求，并充分契合客户境内、外各类账户及其应用，提供全球账户统一视图、跨境资金集中管理、多渠道货币兑换以及财富管理等服务，给客户带来便捷和极致的体验。

8.3.3.2 流程自动化是服务情景化的保障

金融服务情景化带来的客户超级体验将是下一轮金融竞争中的主战场，各家银行同业已经开始布局实时智能银行的战略转型。根据麦肯锡对亚洲客户的调查，客户对主动性、可控性的重视甚至高于对价格的重视。大数据、人脸识别、语音识别、区块链等科技创新使客户获得了前所未有的体验和满足。客户对于银行产品服务的评价维度和预期目标的设定均较以往发生了巨大变化，人们更倾向于在金融服务过程中拥有更大的掌控权和更透明的信息操作。

例如，新的沟通模式使客户对时间的认识改变，由工作日的定时服务变为"7×24 小时"无间断实时服务，客户主体地位彰显；无须行员协助完成交易，客户能从中得到传统互动模式所没有的主控感和成就感；自助、丰富、透明的服务在带给客户满足感的同时也伴生了客户的归属感。

在配置自动化服务设备的智慧银行网点，服务设计整体业务流程实现一次插卡、一次审核、一次结果展示、一次签名的形式，为客户提供最简易的自助服务；同时实现的零手工、零传票、零盖章、零复印、零纸质归档的"五零"操作，可以极大降低柜员的工作负荷；智能化纠错信息、自动重空销号可以减少人工干预。此外银行柜员腾挪出时间，利用客户自助办理的空隙及时了解客户的消费习惯、产品需求、价格偏好以及对相关服务政策调整的反应，能够及时诊断分析出客户的真实情绪，实现更好的精准营销和实时服务。

8.3.3.3 流程智能化是应变敏捷化的使能者

随着数据库和数据挖掘技术的发展完善以及数据来源的迅速扩展，作为数据密集型行业，银行业将通过挖掘分析得到过去不可能获得的信息、无法企及的商机和无与伦比的服务能力。银行业的服务边界和能力将在多个维度得到极大地延展，包括由"被动"提供产品向"主动"设计产品转变，由"广泛撒网"营销向"精准制导"营销转变，由"经验依赖"决策向"数据依据"决策转变，实现数据驱动下的智能化服务模式，也是移动金融和物联金融的竞争根本。

一是银行将能够实时感知到任何客户、任何时间、任何地点的需求或潜在需求，并能及时对客户需求作出响应，快速推陈出新，在任何场景下提供快捷、个性、跨界的综合服务，提供"无处不在"的智慧服务。

二是高效、智能的系统支持将为员工营造轻松智能的工作氛围，以及更大的价值实现，进而极大提升员工的幸福感和归属感，成为"无微不至"的智慧助手。

三是通过数据分析寻找降低经营成本的关键点，精准定位银行客户与业务延伸领域，全面提升风险预知能力，构建最佳风险与收益平衡模式，用更少成本创造更大价值，扮演"无所不能"的智慧管家。

8.3.3.4 跨界流程协作打造极致生态体验

随着技术进步和市场竞争加剧，行业边界逐渐模糊甚至消失，各种金融商业生态模式彼此渗透融合，混业生态模式成为潮流和趋势。金融、零售、医疗照护、教育文娱等领域将全面掀起移动革命。获利模式、产业规则将被改写，产业将面临重新定义和洗牌，银行业也不例外，跨界经营时代已经来临。

跨界银行依据不同产业、产品、环境、偏好的消费者共性特征，将原本隶属于不同链条的产品服务要素或组件进行渗透、融合与延展，制定合作策略，通过产品、渠道、支付等服务手段的合作和经营，为现有客户和目标客户提供具有同质感的体验，以稳固既有的客户群并赢取目标客户的好感，突破传统服务边界，挖掘更多利润增长点，实现市场和利润的最大化。客户是属于别人的，不再只属于银行，银行只是支撑起银行功能服务体系的生产者、网络和流程。银行必须拥有产品、交易和支付的平台，并积极引入新技术，形成广泛的伙伴关系。

跨界银行的依据不是简单功能互补，而是用户体验性互补，形成银行、客户、第三方供应商"三位一体"的新型商业模式，以金融服务为核心、客户需求为导向、开源服务为支撑的新型服务模型。客户只要登录银行网银或手机银行，在远程智能的营销引导和业务助手下，就能顺利完成购物、买机票、看电影、订酒店、看病、房屋买卖等一系列看似与银行传统业务无关的行为，打通客户的生活场景和金融服务通道。

8.3.4 银行市场观的重塑

从传统金融向金融科技的变迁，是一个不断竞争与合作、促进的过程。"去中介化""泛金融化"和"全智能化"这些新型理念给传统金融带来了新的挑战，金融科技（互联网金融）与传统金融之间的竞争已经从技术层面提高到商业模式层面。

从图 8-3 中的左侧我们可以看到，传统的金融机构（如银行）的传统思维是：我们作为银行，经获准可提供多种产品，也有实力开展端到端流程，新的参与者无法在服务范围方面与我们开展竞争。传统金融机构的思维是"价值链式"的，即通过"基础设施—产品—平台—渠道—通信—介质—场景"到达客户，而这条价值链的关键是把控核心环节。这种思路其实还是一种机构本位的思路，产品是相对中后台的职能，主要依照内部规章制度进行设计。以贷款产品为例，传统金融机构在做产品时考虑的往往是抵押物或质押物、期限和价格等移速，在产品设计完成后再考虑通过哪些渠道销售给哪些客户，也就是说产品生产过程本身离客户还比较遥远，客户的需求要传导到产品研发环节也存在一定障碍。

图 8-3 中的右侧我们可以看到金融科技思维更加看中构造一个交互的，多触点的生态系统，主要要素包括：用户、云、端以及用户和用户，用户和云，用户和端之间的互动。是一个客户本位的思路，用户为核心，云和云计算以及云以上的数据服务、征信平台等基础设施，端则代表了大量的应用场景以及与场景紧密相连的产品。在这个系统中，一种金融产品或服务的产生主要源自用户的需求，当某种需求在某个场景中被发现后，再反向进行相应的产品开发，并最终将产品嵌入到场景中，将金融化于无

形，体现出大工业时代的思维方式到信息时代的思维方式的转变。

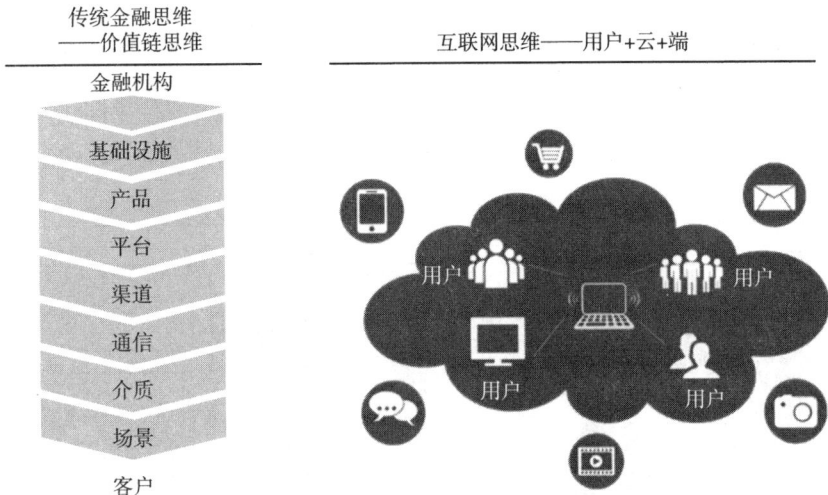

图 8 - 3　传统金融思维和金融科技思维的碰撞

资料来源：陈辉：《金融科技：框架与实践》，中国经济出版社 2018 年版。

　　面对两种截然不同的思维，让一方向另一方完全妥协基本上是不现实的，只能最大限度地谋取共识，取己所想。前面提过了，金融科技有四大制高点：基础设施、平台、渠道和场景，图 8 - 4 展现的是传统金融机构

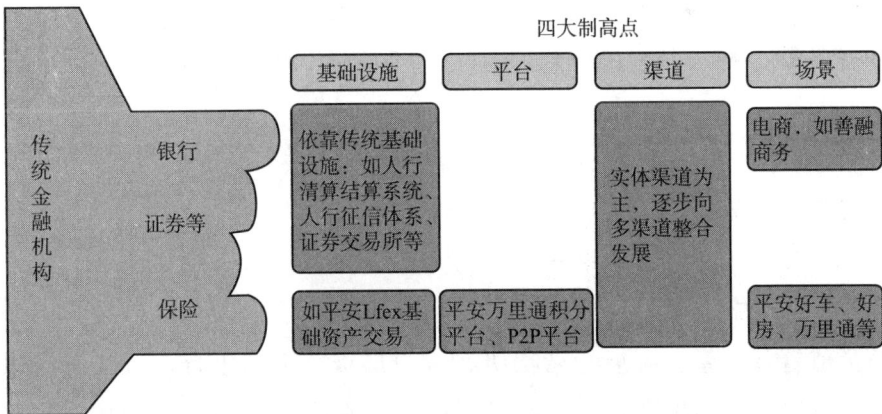

图 8 - 4　传统金融机构在四大制高点上的布局

资料来源：陈辉：《金融科技：框架与实践》，中国经济出版社 2018 年版。

177

占据四大制高点的方式，显而易见，平台的缺失、场景的单调、基础设施的高成本将成为传统金融机构努力想要解决的几个方面。传统金融机构一方面仍然有可能享有在产品专业、风险管控等领域的优势，另一方面也将加大在渠道、场景端的创新力度，要说超越互联网公司或者金融科技公司后来居上，是完全有机会的，如图 8-5 所示。

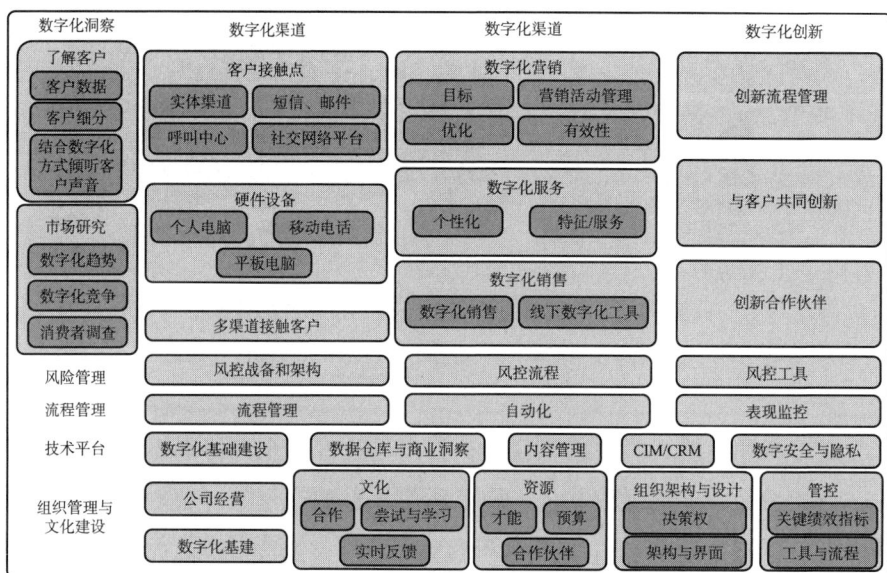

图 8-5 传统大中型银行的战略思维转变

资料来源：陈辉：《金融科技：框架与实践》，中国经济出版社 2018 年版。

因此，中国银行业应从现在就要重视金融科技以及价值创造，积极考虑实施以下战略举措来有效提升银行股东价值。

8.3.4.1 六项速赢举措

（1）实施金融科技战略，进行全面改造。建立以金融科技为引擎的价值管理体系，开展运营层级、客户层级、产品组合、行业组合以及分行层级的金融科技改造，以便更好识别哪些环节创造价值，哪些目前无法创造价值银行要将金融科技用于全行战略制定以及作为业务决策的基础。

（2）进行金融科技目标市场选择战略，开展深入的战略审视以及科学化的战略评估。结合银行金融科技实践成果，从客户群、行业和区域等目标市场选择金融科技实施的战略选择，深入审视金融科技引擎并逐步开展银行价值提升策略。

（3）强化金融科技在定价与交叉销售的应用。通过客户、行业和产品的组合分析进行定价检核，从而制定金融科技提升策略，逐步调整银行金融科技战略组合，并投入更多资源进行金融科技产品研发，提供客户更好的金融科技服务，并大力推动交叉销售，如智能化、自动化、自助化管理。

（4）进行资本优化。引入金融科技战略合作伙伴，进行资本优化配置，并与公司未来金融科技整体目标相结合。结合战略规划以及未来金融科技整体目标，通过引入金融科技战略合作伙伴进行前瞻性的资本优化，帮助银行实现金融科技的引领，提升股东价值。

（5）开展金融科技引擎策略，均衡发展对公与零售银行业务。零售银行发展空间巨大，经济利润贡献胜过对公银行。发展零售业务可以均衡银行的获利来源；另外，零售产品贷款组合的分散性较好，抗景气波动能力相对于对公组合更强。建议银行加大对零售业务的资源投入，以便创造持续稳定的股东价值。

（6）建立以金融科技为导向的决策机制。建立以金融科技为基础的绩效考核和评估机制，在业务决策管理中引用金融科技体系，逐步建立以金融科技为导向的企业文化。

以上各项速赢举措实施的成功关键，在于银行是否将金融科技践行于内部绩效与评估。唯有真正应用于业务决策管理环节，才能使价值提升战略得以有效开展，成功指引银行建立以金融科技为引擎的公司战略。

8.3.4.2 两项中期战略举措

（1）优化资源重新配置。暂且不论金融科技是好是坏，因为刀没有好坏，蒸汽机也没有好坏，大数据也没有好坏，但可谈其先进性，因为我们讨论金融科技，本质是讨论一种先进的生产力。汽车刚刚出现的时候，还跑不过马车呢，彼时还有现在看来匪夷所思的规定，汽车不能快过马车。

在金融科技认知的两岸，一边认为金融科技只需要考虑怎么用，而无须考虑要不要用；而另一边或许还在考虑要不要的问题。只有充分认识到，金融科技的本质是资源的重新分配，利益的重新划分。因此，银行要引进关键人才以及金融科技基础设施。银行要在人力、系统、数据设施以及专业服务上加大投入，并进行持续资源配置优化，确保在金融科技上的引领作用。

（2）深化组织体制创新。银行原有的机制、文化、制度、人力、流程、节奏如何有效地服务这个时代的用户？没有比较就没有伤害。如果向用户提供金融服务的只有银行、证券、基金等也就罢了，或可称之为传统持牌机构，毕竟已经建立了固有的生态链和业务逻辑，但随着快捷支付、余额宝、白条、现金贷等的出现，以及互联网巨头发起的民营银行冲锋陷阵，传统持牌金融机构被迫转型，与金融科技企业从横眉冷对走到暧昧甜蜜，并且随着转型的深入，越来越多的金融从业人士认识到，只有组织的支撑，金融科技在银行才能海阔天空，但组织的配合这绝不是一个简单的事情。

银行要想真正成为一家金融科技公司，就要实现生产力和生产关系的匹配，在战略、股权、制度、架构、人才、流程、研发、运营等方面都是配套的，逐步并尽快实现内部各要素之间的互相支持，水乳交融。另外，还要培养拥抱风险的内外部环境，形成容错机制，建立人才机制。

如果把金融科技、线上转型、数字经营等写入战略、写入纪要，就相当于发愿，"我有大宏愿"，那就要一步步去求证，最起码的，要去拥抱并逐步接纳金融科技的见知并尝试去改变认知，不改变认知，依然遵循着旧有的逻辑，碰到事情碰到困难，以过去的逻辑来论述新的事物，如果再没有试错的包容机制，金融科技不会得到发展。

8.4 来自未来：银行科技的
创新趋势与实现路径

8.4.1 中国银行市场发展潜力

2018 年一季度末，我国银行业金融机构本外币资产 256 万亿元，同比增长 7.4%。其中，大型商业银行本外币资产 95 万亿元，占比 37.2%，资产总额同比增长 6.2%；股份制商业银行本外币资产 45 万亿元，占比 17.7%，资产总额同比增长 3.0%。银行业金融机构本外币负债 236 万亿元，同比增长 7.1%。其中，大型商业银行本外币负债 88 万亿元，占比 37.2%，负债总额同比增长 6.1%；股份制商业银行本外币负债 42 万亿元，占比 17.8%，负债总额同比增长 2.4%。①

2010 年以前，我国国内商业银行形态一直以大型商业银行、股份制商业银行、外资银行（包括合资银行，港、台资银行等）、城市商业银行以及农村商业银行五部分组成。其中，大型商业银行及股份制银行占据国内银行业金融机构规模的 50% 以上，地位牢固，但呈逐渐下降趋势。

2013～2014 年，互联网浪潮下银行业业务模式、受众、利润分配等均产生较大改变，互联网银行成为热门概念。此时，首批民营银行共 5 家获准试点，多数定位于互联网银行，代表企业有：浙江网商银行、前海微众银行及上海华瑞银行。

与此同时，大行也并未坐以待毙，借鉴国外直销银行模式，纷纷成立直销银行部门。2017 年，首个独立法人运营模式的直销银行（百信银行）成立。至此，国内商业银行创新形态形成由民营银行及独立法人形式直销银行组成的局面。

我国银行业创新形态主要体现为民营银行、独立法人形式直销银行等

---

① 数据根据中国银保监会公布的 2018 年第一季度银行业运行数据整理。

两种形式，直销银行最初是在商业银行内部的一个部门。民营银行的成立、直销银行的演变均反映了我国金融体系不同的改革需求，业务层面上也各有侧重，明确三者区别有助于更好地理解后期分析内容。

其中，民营银行侧重点在于将民间资本引入金融体系，提供多层次金融服务，打破垄断，增强对实体经济的竞争性供给。直销银行（部）往往附属于母银行，是互联网浪潮中银行业创新的产物，侧重于开拓传统银行互联网销售新渠道。独立法人形式直销银行则有更强的独立性，结合传统银行的成熟风控体系和互联网科技公司的强大基因，预计将侧重于低净值客户的吸收和产品线的创新。

8.4.2 全球银行科技发展趋势

Fintech 是花旗银行于 20 世纪 90 年代初提出来的概念，特指推动和改善金融服务的创新技术和公司。国内的互联网金融可以被认为是金融科技的一个分支。从全球金融科技发展来看，美国处于领先地位，英德法等国发展紧随其后。2015 年以来，随着监管的强化，国内互联网金融开始"退烧"，金融科技成为人们关注的新热点。据统计，2016 年中国金融科技公司融资总额达到 77 亿美元。①

当前，全球信息技术革命不断深化，互联网在各领域的广泛应用和深度渗透，导致许多行业的商业模式出现了颠覆性变革。对银行业而言，信息技术与金融业务的结合打开了广阔的创新空间。由技术引领的创新已超越金融交易本身，进入到银行的核心领域。在我国银行业金融科技创新开展得如火如荼的同时，外面的世界怎样？特别是欧美银行业是如何进行金融创新的？它们有哪些金融科技创新动作值得关注？作为同业竞争对象，有必要关心了解。参考杨飞在上海证券报发表的《欧美银行业金融科技创新有哪些新招》一文，下面我们通过两个例子来展现全球银行科技发展的趋势。

一是法国巴黎银行（BNP Paribas），在金融科技快速发展的浪潮下，

---

① 数据来源于京东金融研究院发布的《2017 金融科技报告：行业发展与法律前沿》。

法国巴黎银行依靠与金融科技企业的合作，实现数字化、创新化发展。该行已将"2020 年建成数字化银行，从便捷性和安全性两个维度，提升客户体验"作为优先战略。

二是摩根大通（JP Morgan Chase & Co.），近年来，摩根大通持续加强对区块链、人工智能和大数据等技术领域的投入，一年在信息科技上的投资超过 90 亿美元。摩根大通每天处理约 5 万亿美元的支付交易、1.5 万亿美元的证券买卖和结算交易，[①] 为成千上万的客户提供各类研究报告。摩根大通在鼎力支持初创科技企业的同时，不仅从它们之中吸收了许多创新构想和创新活力，更填补了自身产品服务的空白，赢得了源源不断的客户资源和业务机遇。

8.4.2.1　法国巴黎银行

在金融科技快速发展的浪潮下，法国巴黎银行积极鼓励初创型金融科技企业的发展，支持它们各种创意和创新。法国巴黎银行的这一态度和做法是同该集团的战略完全契合的，即依靠与金融科技企业的合作，实现数字化、创新化发展。法国巴黎银行已将"2020 年建成数字化银行，从便捷性和安全性两个维度，提升客户体验"作为一项优先战略。

（1）"金融科技加速器计划"的目标和特点。法国巴黎银行自 2016 年起推出"金融科技加速器计划"（Fintech Accelerator Program），旨在发掘有潜力的初创型金融科技企业，为它们提供具体、实际的帮助，从而带动法国巴黎银行数字化进程。法国巴黎银行将以建设"未来银行"的视角，加快产品和服务创新，最终为客户提供更加满意和安全的金融服务体验。

"金融科技加速器计划"对初创型企业完全免费，且最初并无持股安排。为帮助初创型企业顺利孵化，法国巴黎银行最高可向其投入 10 万欧元的启动资金（可转债）。基于"开放式创新"理念，法国巴黎银行不会对初创型企业的业务发展作出任何排他性（独占性）条款限制。

"金融科技加速器计划"的实施由法国巴黎银行集团旗下的子公

---

① 数据来源于京东金融研究院发布的《2017 金融科技报告：行业发展与法律前沿》。

司——哲翰管理咨询（L'Atelier BNP Paribas）具体负责，该公司在信息技术创新领域拥有丰富的经验和前瞻性的判断，其使命是在战略上协助法国巴黎银行及其客户完成数字化转型，激发各业务条线创新力，探寻新的利润增长点。

哲翰管理咨询已成立 37 年，在欧洲（巴黎）、北美（旧金山）和亚洲（上海）三个主要地理区域设有子公司，目前，涉猎交通、智慧城市、电子医疗、零售、金融科技等多个领域。它凭借延伸至银行业外的开放式架构而形成了独具一格的发展模式。作为"开放式创新"的组成部分，近期，哲翰管理咨询又创立了金融科技实验室，汇集各类颠覆式创新者、企业和资源，进一步加快创新步伐。

（2）"金融科技加速器计划"的实施和内容。"金融科技加速器计划"对初创型企业提供为期四个月的"一对一"量身定制式的扶持与合作，具体采用"四步法"进行孵化，即发起、加速、试验、投产。

哲翰管理咨询每半年选取不超过 10 家初创型企业，根据企业涉足领域的不同，匹配到法国巴黎银行集团的证券、投资、保险、租赁、零售金融、财富管理等业务条线或附属机构，开展联合创新。在四个月的孵化期内，这些初创型企业既可直接获得法国巴黎银行在业务、营销、融资、技术、财务、保险、银行、证券、法律、合规等多方面支持，还能共享法国巴黎银行集团优质的投资人、合伙人、企业家等资源，同时还会接受哲翰管理咨询金融科技实验室及其专家的指导。孵化期结束后，法国巴黎银行和初创型企业努力把创新项目投向市场，赢取商机。

以 2016 年第一季"金融科技加速器计划"为例，共有 140 家初创型企业提交申请。经严格筛选，法国巴黎银行从中选取了 8 家最优秀、最符合条件的企业进行孵化，包括二手车交易支付平台 PayCar、人工智能创业企业 Heuritech 和区块链智能合约公司 CommonAccord 等。孵化结束时，每家企业的创新项目都取得了长足进展，并找到了主要合作伙伴，进入项目融资这一实质性阶段。

法国巴黎银行已于 2017 年初启动第二季"金融科技加速器计划"。从报名情况看，这季初创型企业的创新项目主要集中在共享经济、区块链、资产管理、网上银行、P2P、账户聚合、人工智能、机器人和大数据分析等领域。

（3）"金融科技加速器计划"的成功案例：PayCar。在法国，每年大约 1 200 万人有二手车买卖需求，且大多采用传统的银行支票支付方式。这其中存在的问题是，卖家在收到卖车所得的支票后，无法核实真伪，而且要花费一周时间才能将支票变现，整个过程冗长、低效。PayCar 的出现为二手车买卖双方提供了一个快捷、安全、易行的支付解决方案，因此迅速得到了市场的认可。

PayCar 成立于 2015 年 3 月，它所打造的电子支付平台完全可以替代银行支票的使用，且不受时间限制，晚上和周末均可进行，同时交易资金实现第三方账户存管，规避了欺诈风险，保证了交易安全。每笔二手车交易达成时，PayCar 首先会核实买卖双方身份，而后，买方在指定日期、按约定的价格将款项划入 PayCar 账户。买方经网站或手机确认收货后，款项会立即到达卖家账户。

2016 年初，PayCar 申请加入法国巴黎银行"金融科技加速器计划"。经过大约 20 人的评审，PayCar 顺利通过筛选，开始接受孵化。

2016 年 3 月，PayCar 与法国巴黎银行集团旗下保险机构 BNP Paribas Cardif 正式开启了四个月的"一对一"紧密合作。期间，双方针对二手车买卖的交易过程，提出一套综合性服务方案，弥补了现有产品的不足。即 PayCar 客户可以利用法国巴黎银行法国零售银行部门（French Retail Banking）开具的电子支票，购买 Cardif 提供的车辆保险，或是获得法国巴黎银行个人金融公司（BNP Paribas Personal Finance）提供的贷款。

2017 年 11 月，孵化期结束后，法国巴黎银行集团上述三个部门又参与了 PayCar 的第一轮融资，总涉及金额 130 万欧元，将双方合作推向一个新的层次。PayCar 的长期目标是成为市场上二手车交易的标准化支付模式。这轮融资将驱动 PayCar 在业务拓展和客户拓展上取得更快进展。

PayCar 和法国巴黎银行均从"金融科技加速器计划"中获益。一方面，PayCar 在法国巴黎银行的协助下，完善了业务架构，优化了产品策略。更重要的是，双方建立了独特的合作关系与默契。正如 PayCar CEO

文森特所言："如今所有的初创型企业都在寻求合作、融资或商业机会，而法国巴黎银行的金融科技加速器计划很好地解决了全部问题。最初我们对法国巴黎银行团队并没有特别期望，但它们所提供的服务和支持令人惊讶。"另一方面，法国巴黎银行也精准地找到了新的业务机会，如电子支票、汽车保险、个人贷款等。同时，法国巴黎银行还有更长远的战略意图。对于法国家庭，购买二手车是仅次于住房的第二大支出。法国巴黎银行将此视为极具潜力的目标市场，与 PayCar 合作的一个重要目的是通过支付便利和支付安全的解决，助力二手车市场快速成长，以及在未来谋求更大的商业机会。

8.4.2.2　摩根大通

摩根大通曾宣称其不仅是一家投行，还是一家科技公司。近年来，摩根大通持续加强对区块链、人工智能和大数据等技术领域的投入，一年里，在信息科技上的投资超过 90 亿美元，并拥有包括程序员、系统工程师等在内的技术人员 4 万名，占全部 24 万名雇员的 1/6。摩根大通还拥有 31 家数据中心、6.7 万台物理服务器、2.8 万个数据库，每天处理约 5 万亿美元的支付交易、1.5 万亿美元的证券买卖和结算交易，为成千上万的客户提供各类研究报告。[①]

（1）IRP 的提出。在摩根大通看来，作为一家全球领先的银行，要引领行业变革，既应加大内部资源投入，又要同有潜力的初创公司合作。2016 年 6 月底，摩根大通的公司与投行部门宣布启动"入驻计划"（In – Residence Program，IRP），以帮助初创科技企业渡过发展中最困难的阶段。

与通常的实验室模式不同，"入驻计划"由摩根大通业务专家直接入驻初创企业，双方"肩并肩"地开展行业变革创新。该计划为有才能、有雄心的初创科技企业提供了一个享有摩根大通全球资源的难得机遇，使他们能够利用摩根大通的人员和渠道，短时间内大幅提升科技转化为实际生产力的能力。摩根大通通过与优秀初创企业建立合作关系，力图吸收更

---

① 数据来源于京东金融研究院发布的《2017 金融科技报告：行业发展与法律前沿》。

多的产品创意,与零售银行业务进行整合,进而提高服务效率、降低业务成本。

(2) IRP 的内容。摩根大通"入驻计划"强调公开、透明、合作,包括申请、审查、加入、规划、实施和复审六个步骤。

初创企业经筛选入围 IRP 后,将与摩根大通开展六个月的紧密合作,接触摩根大通的核心业务体系,获得技术、系统和专业上的支持。摩根大通入驻初创企业的专家包括:技术人员、工程师、数据分析师、银行专家、法律合规及风险专家、营销专家、战略规划师、风投及行业合伙人等。当"入驻计划"结束、这些初创企业走向市场时,仍能保留对创新成果的所有权,成功通过复审的项目可继续获得摩根大通的资源支持。"入驻计划"的成果包括经测试的产品、新的创意、与银行业务的整合、达成的商业协议、获得融资支持等多种形式。

(3) FinLab 的创建。金融解决方案实验室(Financial Solutions Lab,FinLab)由摩根大通和美国金融服务创新中心(Center for Financial Services Innovation,CFSI)共同创立,旨在发现、测试和培育有价值的创新项目,打造高质量的金融产品及服务方案,促进金融市场健康发展,提高普惠金融水平及美国家庭金融福祉。摩根大通计划在五年时间内,向该实验室资助 3 000 万美元,并提供充分的专业支持。

根据 CFSI 的一项调查,目前有 57% 的美国家庭,约 1.38 亿成年人仍面临负债过多、临时大额支出导致现金流短缺等金融困境,不少中低收入人群仍未享受到必要的金融服务。为此,FinLab 设定了三个目标:更多创新、更好产品、全国范围。

FinLab 实际上是一个虚拟实验室,其参与者无须变更经营地址,只要每 4~8 周参加定期交流或随时碰头。任何运用信息技术以提高美国金融普惠水平为目的的金融公司、初创型科技企业和创新型非营利组织均可报名。这些机构负责人无须美国国籍,但应当具备在美国工作的资格,其产品应当服务于美国消费者。

(4) FinLab 挑战赛。FinLab 对报名者采用挑战赛的形式进行筛选。在挑战赛中,主要从消费者影响力、产品质量、管理团队、可扩展性、创新度及合作意愿六个维度对各机构进行评价。

对挑战赛中表现优异的胜出者，FinLab 将给予每家 25 万美元的奖励。来自 CFSI、摩根大通、风投公司、营销公司、网络公司乃至大学的 FinLab 咨询委员会专家，将为胜出者提供为期八个月的指导，助其研发有价值的金融产品。

FinLab 已成功举办了两届年度挑战赛，每届均有数百家机构报名参加。2015 年挑战赛的主题是减少美国家庭现金流管理的成本、时间和压力，胜出机构包括自动储蓄工具 Digit、账单支付与管理 App Prism、固定收入转换器 Even、子女消费父母分担平台 SupportPay 等 9 家。2016 年挑战赛的主题是帮助美国家庭应对金融波动的考验，胜出机构包括解决美国低收入家庭储蓄问题的非营利组织 Earn、消费者信用记录修复和重构企业 eCreditHero、医疗账单错误及高额收费修正平台 Remedy、免费智能金融顾问 WiseBanyan 等 9 家。

FinLab 挑战赛的上述 18 家胜出机构均实现了快速成长，目前所服务的客户群已经超过 100 万人，是它们加入 FinLab 前的十倍之多。同时，这些机构获得的融资额累计超过 1 亿美元。

（5）Remedy 案例。初创企业 Remedy 位于美国旧金山，其创始人兼 CEO 埃切瓦里亚（Echevarria）发现，大约 70% 的非常规医疗账单存在计算错误或误收费的问题，为此每个美国家庭一年平均要多支付 1 000 美元，而普通患者很难依靠自己的力量发现并解决这一问题。于是他在 2016 年 9 月创立了 Remedy。客户登录保险公司门户网站、授权 Remedy 作为第三方代理人后，该平台就可利用人工智能、机器学习等技术，帮助客户审查医疗账单和保险受理信息，必要时由相关专家直接同医疗机构、保险公司交涉，要求其修正错误、退回款项。Remedy 按照客户所挽回金额的 20% 收取佣金，99 美元封顶，如果未发现错误，客户则无须付费。

Remedy 在 2016 年 FinLab 挑战赛中胜出，获得了 25 万美元的奖励，目前正在与来自 CFSI、摩根大通等机构的专家合作，对现有产品和服务进行改进。

摩根大通自 2009 年以来投资了数十家金融科技企业，涉及支付、投资、P2P、资产管理等领域，包括移动支付公司 Square、在线投资平台 Motif、P2P 平台 Prosper、云服务平台 InvestCloud 等。

以 InvestCloud 为例，2016 年 9 月，摩根大通宣布与加利福尼亚州的金融科技企业 Invest Cloud 建立战略伙伴关系，以加速提升对财富客户的数字化服务能力。同时，为显示其数字化转型的决心，摩根大通还收购了 InvestCloud 的部分股份。

InvestCloud 以其特有的"Programs Writing Programs（PWP）"云服务平台而闻名，它为银行、证券经纪、投资管理、私人银行、资产服务等领域的 660 家机构客户提供量身订制的服务方案。这些机构管理的资产规模超过 1.5 万亿美元，他们利用 InvestCloud 开发的各类小程序和云平台，实现了快捷化、智能化的客户沟通、客户管理、投资组合管理和运营管理。

摩根大通计划三年内在数字化财富管理领域投资 3 亿美元，通过与金融科技企业强强联合，大力改善财富客户服务能力，包括优化在线银行客户体验、丰富移动端接入功能、实现客户应用程序定制化、推出客户与投资顾问实时互动服务等。这次收购 InvestCloud 便是该计划的一部分。

综上所述，法国巴黎银行的"金融科技加速器计划"为我们提供了一种拓展互联网金融的新模式，也就是将眼光放长远，不把金融科技企业当作竞争对手，而是开阔视野，去寻找与银行业务相契合、有成长潜力的企业，通过技术、资金等资源的输出，培育其发展壮大。摩根大通的"入驻计划""FinLab 挑战赛"等告诉我们，许多初创科技企业不仅善于运用新技术，而且在分析解决商业问题、提高客户体验、减少服务痛点方面经常能提出好的创意。这些创意使金融产品和服务更契合客户需求，以至于能够产生强大的影响力，吸引大量的客户。摩根大通在鼎力支持这些初创科技企业的同时，不仅从它们之中吸收了许多创新构想和创新活力，更填补了自身产品服务的空白，赢得了源源不断的客户资源和业务机遇。

8.4.3 银行科技创新趋势研判

8.4.3.1 银行科技趋势研判

每一个时代都会出现一种取之不竭、用之不尽的通用型创新技术，使人类社会升维到一个完全陌生的"未来世界"，农民成为工业时代的"难民"，工人成为信息时代的"难民"，公司白领是否会成为人工智能时代的"难民"？这个问题蕴藏着有趣的思考。其实，科技一直在探索复杂事物背后的本质规律，而规律即是在不同起始条件下可供计算的方法——"算法"。所以，英国Mathematica软件创始人史蒂芬·沃尔夫勒姆指出"宇宙的本质是计算"（宇宙是元胞自动机），万物皆有逻辑，万事皆可计算。在金融科技发展的背后，是否也存有一套算法与逻辑呢？

在过去的几十年中，科技从只渗入金融业的边缘地带，到如今技术已经开始进入金融业务的核心环节，改变了我们过去一直以来对金融服务的认知和体验。从科技改变金融的维度来看，它与科技发展的维度呈现一致性。

第一次科技改变金融的浪潮是金融数据的数字化，金融行业通过传统的IT软硬件来实现办公和业务的电子化，大量的数据储存的媒介从纸变成了电子格式，由此带来了许多金融机构的流程自动化，提高了金融行业的业务效率。而IT公司并不参与金融公司的业务环节，IT系统在金融公司体系内属于成本部门。代表性产品包括ATM、POS机、银行的核心交易系统、信贷系统、清算系统等。金融的数字化，虽然在形式上将金融从实物形态转变为数字形态，但它其实并没有改变两点之间交易的本质，因此从维度上讲，它仍处在一维层面。

第二次科技改变金融的浪潮是随着互联网的普及和应用，金融业搭建在线业务平台，通过互联网或者移动终端渠道汇集海量用户，实现金融业务中资产端、交易端、支付端、资金端等任意组合的互联互通，达到信息共享和业务撮合，原来复杂的金融产品能够通过电子渠道接触到更广泛的客户群体，并带来了渠道的互联网化，本质上是对传统金融渠道的变革。代表性业务包括互联网基金销售、P2P网络借贷、互联网保险、移动支付等。金融的互联网化，最大的改变是金融不再受地域的限制，它扩大了金融的覆盖面。因此从维度上讲，我们可以认为它改变的是二维层面。

第三次科技改变金融的浪潮，金融业通过大数据、云计算、人工智能、区块链等金融科技手段，改变传统金融的信息采集来源、风险定价模型、投资决策过程、信用中介角色等，大幅提升传统金融的效率，解决传统金融的痛点，实现金融服务的智能化。代表技术如大数据征信、智能投顾、供应链金融等。金融的智能化，彻底改变了金融生态，将金融与更多的产业结合到一起。从维度上讲，它是整个金融在形态上的变化，改变的是三维层面。

在未来，我们可以想象，随着科技水平的进一步提升，科技改变金融将会向更高维度演变。比如时间维度，未来的金融科技或许可以带来时间上的改变，就像是现在的自己和未来的自己做金融交易，它在改变现在的同时，就已经改变好了未来。又比如空间维度，未来的金融科技或许藏在很小的层面，在一个点上就已经完成了整个金融交易。

8.4.3.2 银行转型路径研判

毋庸置疑，金融科技的崛起正在颠覆传统银行业，但正如一句老话所讲的那样：机遇与挑战并存。实际上，金融科技的发展也为商业银行提供了新的发展方向。

传统行业必须面对数字化转型的问题，商业银行可以利用与传统企业的多年客户关系，运用金融科技，满足其转型发展需求，共同构成新的合作生态。例如，通过电商平台，将上下游贸易、物流和最终购买支付的信息打通，提供线上供应链融资产品；借助信息科技，为外汇交易、跨境支付提供创新的解决方案等。

政策层面对于普惠金融的支持，也为传统商业银行提供了宝贵的契机。它们可以利用自身优势和客户结构的特性，依托新的金融科技手段，改进效率并扩大服务范围，形成盈利和成本、风险相匹配的金融服务。与此同时，政府对于金融风险的防控，以及消费者对于理财收益预期的理性回归，使得商业银行可以在一个更为规范的市场环境中，善用金融科技，转变服务理念，拓展服务渠道。

以上这些，对于发挥银行机构在资金、信用、客户、数据、科技和金融牌照上的优势，实现业务转型是有利的。对于传统商业银行而言，了解所处的行业现状、挑战，明晰自身机遇、优势，仅仅是漫漫转型路的"准备阶段"。想要迈出第一步，关键还在于找准目标方向，避免南辕北辙。

埃森哲在全球范围内的最新调研——"数字经济时代的制胜之道"中指出，金融机构将沿着产业价值链的参与深度与产品及服务的广度演化出五种不同的商业模式，这或许可以为中国银行业的转型路径提供参考。

（1）工具型银行：为其他金融机构提供端到端的产品解决方案或资金借贷服务，成为"银行背后的银行"。这类银行提供规模化、标准化的服务，因为利润率不高，控制成本、高效运营是关键所在。

（2）专业型银行：专注于提供某一类金融服务。这类模式需要持续的产品和服务创新能力来保持自己的竞争力。在产品分销上，他们不仅依靠自己的渠道，也会利用合作伙伴的分销渠道来扩大客户接触面。

（3）平台型银行：建立一个开放的平台为客户提供丰富的金融产品和服务，平台上的产品可以来自别的金融机构，并收取一定佣金。对这类银行而言，提供良好的客户体验，成为客户流量入口，建立完善的生态伙伴系统是成功的关键。

（4）数字伙伴型银行：和开放型平台银行一样，数字伙伴型银行也为客户提供丰富的金融产品和服务，但是这类银行在价值链上的参与程度更深，采用垂直整合的模式（借贷服务、产品设计和分销），成为满足客户各类金融需求的伙伴。

（5）活力型银行：数字伙伴型银行有望在未来发展成活力型银行——通过移动互联网和物联网持续地感知乃至预测出客户需求，实时做出回应，提供高度个性化的客户体验。其提供的产品和服务也将延伸到非金融领域。

8.4.4　银行科技创新发展机遇

8.4.4.1　面临的挑战

事实上，在金融科技浪潮的压力下，银行业务正面临着颠覆性的挑战。而这些颠覆与威胁则来源于金融科技的发展所引发的新的竞争。我们认为，随着金融科技创新浪潮加速袭来，具有数字敏捷特性的金融科技公司提供诸如低成本国际转账或供应链融资解决方案等新颖的独立解决方案，不仅在平台、人工智能和区块链方面有瞩目影响，也在满足客户不断变化的需求而进行的产品和服务升级上有所表现。

有鉴于此，为了紧跟市场竞争趋势和客户需求变化，银行需要进行全方位的金融科技转型，并且只有那些进行坚定转型并灵活应变的银行才能得以生存和发展。针对全球银行业高管对数字化的看法，波士顿咨询公司（BCG）进行的 2017 年银行业高管定性调查显示，约 86% 的受访者表示，数字化将改变其业务的竞争格局和经济环境。不过，令人遗憾的是，只有约 43% 的受访者表示拥有明确的数字化战略，而只有 19% 的受访者认为，他们的组织具备市场领先的数字化能力。[①]

面对挑战，银行已开始行动。然而，值得注意的是，尽管金融科技势在必行，但银行必须谨慎应对挑战。领导者需要针对银行业务如何发展以及自身银行在这个新的金融科技环境中将发挥的作用，制定具体的愿景。与此同时，他们应当明确自身需要的金融科技能力，并决定投资方向。如果领导者没有在前期达成一致的观点，就冒险追求各种不协调的金融科技举措，最终将错失成功良机。尽管每家银行所面临的情况和自身挑战不甚相同，但我们认为，大多数成功的金融科技转型都建立在以下七大支柱之上。

第一，跳出思想误区。这是金融科技战略实施开始时常常遇到的问题。对于银行业优秀的高效率人员来说，金融科技不是一个新生事物。对于一个员工说这事不难，自己就能做；也许对于个人或者单个小团队来说，还可以，但对大型组织而言，必须要用机制来解决。所以对传统金融从业人员尤其要多打预防针。

第二，解决人才瓶颈。这是普遍存在的问题。虽然银行引入了大量的互联网人才，但还是"用时方恨少"，尤其是缺少主动性的驱动型人才。因此招聘一定要跟上，要快速引进人才。与此同时，传统银行的薪酬体系、人才评价标准、职场环境、HR 队伍，等等也都需要改变。

第三，优化资源配置。资源调配与组织架构之间存在较大矛盾，这是转型过程中一直面临的问题。传统上，银行的授权体系自上而下分配任

---

① 数据来源：波士顿咨询公司发布的《2018 年全球公司银行报告利用数字化解码成功之路》。

务，审批链条冗长，这跟横向—扁平的金融科技体系冲突非常大。特别是风控、合规、企划和财务等岗，以前是一层层审批，现在要嵌入到一个个项目中去，只有原来1/10的时间做决策。

第四，重塑客户旅程。这一举措通常始于精简和缩短开户及贷款流程，这不仅为新的客户关系建立了正确的基调，而且也释放了销售人员的时间，使其能够关注更多与销售相关的增值活动。

第五，发掘数据力量。解锁数据对银行的数字化转型而言，至关重要。并且数据挖掘可以帮助银行将自己重塑为客户的合作伙伴，为其提供量身定制的解决方案。

第六，定义运营模式。为了适应处理客户关系的新方式，尤其是人与数字交互之间的"智能"平衡，银行应建立一种运营模式，使其以经济高效的方式进行跨渠道的产品和服务交付，并跟上快速更新的客户需求，吸收最新的创新成果。

第七，建立创新组织。银行必须将金融科技转型作为一个明确的战略要点，然后通过充分的资金支持、有力的人才招募、对全新的金融科技战的开放态度以及愿意承担风险的决心来实现。

8.4.4.2 发展的机遇

总体来看，随着信息基础设施的完善与用户习惯的迅速变迁，金融需求的内容和形式也在迅速地发生变化。对于全新的金融需求，传统金融由于运营成本和风险管控方面的障碍，难以有效地适应。这给金融科技的爆发创造了极为有利的外部环境。面对这种变化，金融机构开始重新审视自身业务，逐渐开始利用金融科技来实现转型升级，从产品、服务层面，到银行整体的经营管理，金融科技已深入到银行变革的方方面面。也正是在这个背景下，商业银行开始成为金融科技创新领域的积极参与者。

从未来看，随着我国经济发展进入新阶段，以及经济互联网化的程度不断提高，金融科技对传统金融的影响还将不断提升；从另一角度看，这也意味着商业银行对金融科技的应用还会不断深入。当然，由于银行本身的低风险属性，一直以来的经营理念以及风险偏好难以在短期内扭转，这意味着，银行在金融科技领域的发展路径会与金融科技创业企业（或互联网企业）完全不同。也正因为这种不同，银行与金融科技创业企业（或互联网企业）有着较大的合作空间。

一是在技术层面的合作。通过成立金融科技联合实验室，将科技创业企业的技术优势与商业银行的金融应用场景相结合，加快了技术开发和应用的速度。2018 年，继农业银行和百度成立了金融科技联合实验室之后，大连银行也与京东金融成立了金融 AI 实验室，预计未来还会出现更多这样的合作。

二是在产品和业务层面的合作。通过搭建互联网生态，联合推出产品和业务，共享客户资源和金融科技能力，以实现互联网企业和商业银行的共赢，目前像"微粒贷""京东白条""淘宝花呗"等产品都是基于这种合作的逻辑。预计未来合作的产品类型和业务范围将不断扩展，有望从目前的消费信贷扩展到物联网、供应链金融等领域。

8.4.4.3　未来的建议

从《Bantech 银行科技——构建智能金融价值网》三个篇章的框架来看，我们也不难发现 Bantech 在银行价值创新工厂中发挥作用的整体脉络，及其对于引领"金融科技引擎"的助推作用。

第一要洞察 Bantech 发展趋势，结合当前科技、经济、金融发展趋势，探讨如何在 Bantech 时代进行银行价值取向分析。

第二要聚焦 Bantech 价值定位，根据对北美、西欧和新兴市场的银行转型实践研究，探讨采用 Bantech 模式实现客户满意度、股东满意度和员工满意度的同步成长，确定有别于同业竞争对手的银行价值定位。

第三要塑造 Bantech 传奇体验，从公司治理激励约束机制建设、校准细分市场客户需求的金融服务生态系统构造、统筹兼顾客户响应灵活性和内部投入产出效率的银行业务流程自动化、智能化能力建设等角度，探讨如何运用 Bantech 方法进行银行价值设计和交付，并展望了"金融科技引擎"的应用前景。

麦肯锡在发布的《金融科技全面冲击银行业及银行的应对策略》中指出，在互联网金融浪潮方兴未艾的大背景下，麦肯锡在总结全球服务领先银行和金融科技公司丰富经验的基础上，为金融科技公司和银行各提出了参考建议，参照这些建议，我们认为：首先，成功的金融科技公司需要做到以下六点，才能在金融科技的风口脱颖而出：强化优越的客户获取模式；坚持低成本的业务模式；充分利用创造性的大数据分析能力；建立针对细分客户群的独特价值主张；与现有体系合作共赢；开展充分的监管沟通和风险管控。其次，传统银行需要做到以下六点，以银行科技战略应对挑战：全面地强化全行的金融科技应用能力；根据客户需求整合无缝的客户体验；建立金融科技营销能力；构建金融科技流程精简成本；迅速应用银行科技能力和开发模式；建立支持银行变革的组织架构。

总之，银行通过加快战略转型以提升服务实体经济的效率和水平，就像在斜坡上推球，需要精心把握好力量的平衡，既需要充分运用助推上升的客户需求驱动力和信息技术拉动力，也要掌握好防控下滑的风险控制止动力，而有效应用 Bantech 有益于银行掌控好转型力量的平衡使用。

新社会、新经济、新规则、新金融，万事万物都是新的，其本质还是"人"的追求在变化，消费者的期望正在发生根本性的变化，如何找到这个期望并利用新的时代特征、新的技术手段来顺应这股新的期望，决定了结果是"一路朝阳"还是"日薄西山"。

———————————— 第 9 章 ————————————

中国保险科技创新发展建议

　　保险科技概念诞生于大数据和人工智能等新科技技术蓬勃发展之际，它是金融科技在保险领域的分支，具有彻底改变保险业务的潜力与能力，是赋能保险行业的各类新兴科技和创新性商业模式的总和。同时，保险科技也帮助保险公司和保险市场能够逃离无序竞争、同质竞争的环境，在碎片化、场景化、生活化的镜头切换中凭借技术"自发"地产生保险需求，实现保险生态的整体跃迁。

　　相信在不久的将来，保险科技将渗透到保险行业的方方面面，也渗透到人们的日常生活中，并通过多种方式参与到高精尖的医疗产业、前沿的科学创新研究、复杂的基础设施建造工程、大型体育赛事及演出活动甚至是永恒的哲学思考领域中去。到那时，"普惠"的保险服务也将自然而然地成为人们生活的一部分，进而使保险真正成为社会与经济发展的助力引擎。

9.1 创新伊始：保险科技在
新经济环境下发展的意义

9.1.1 保险科技的背景

　　随着保险业的发展壮大及世界金融危机的蔓延，金融业所留给市场创新的空间逐渐缩小，一些创新者开始寻求其他金融服务的机会市场。从目前阶段来看，保险科技的发展得益于以下三个方面的事实。

（1）由于保险市场与保险行业的成长，直接导致市场对保险科技关注度的极大提高。毋庸置疑，"风险管理 + 风险保障"是保险本源，也是保险公司最为关键的核心能力。然而，随着互联网时代的发展节奏，保险市场不断涌现出新的场景、新的风险、新的诉求。传统意义上的风险识别、风险控制与风险定价手段在成本、效率、产品、价格多个方面已经无法满足日益增长的保险市场需求。

事实上，早在 2005 年，全球保险科技生态系统就已开始呈现急剧增长。2005 年开始，通过"IT"赋能开展医疗险业务、进行理赔和给付处理以及投身于"数据保护"领域的早期机构已多达 660 家，融资总额达到 177 亿美元；2010 年，车险、房屋保险、产险相关经营机构、大数据及分析相关机构、理赔管理相关机构、寿险和养老金及储蓄相关机构纷纷出现。2017 年，保险公司与创新公司的合作进一步增强，超过 45% 的保险公司建立了与科技创新企业的合作关系，而在 2016 年，这一比例仅为 28%。[①]

随着新科技越来越多地融入人类的日常行为、商业策略与经济模式中，这些尚未通过足够时间检验的新兴技术将带来新的不确定因素，由此产生的风险标的、风险因素、风险场景将无法获得传统保险的风险管理与保障，从而产生极大的风险暴露。与此同时，新科技在风险管理中的应用，也带来了风险管理工具的创新。

目前，基于互联网、云计算、大数据等新兴技术的全新保险产品与服务已经产生，而基于物联网、车联网、地理信息系统、人工智能系统等新兴技术手段的全新风险管理模式，也在逐渐渗透到整个行业中。

（2）全球政策环境为新技术与保险业深度融合打下良好基础，为各国在下一轮经济竞争与发展中积累实力和培养驱动力。从国际上看，由于保险业是金融行业的重要支柱，在一国经济社会发展中扮演着重要的角色，因此，保险科技本身也得到了不同国家和地区政府的高度重视。例

---

① 根据保险公司网站公开信息整理得到，截至 2018 年 6 月 30 日。

如，美国白宫监管政策对于金融科技/保险科技相对比较友好，各管理部门以及监管机构通过一系列手段刺激金融科技/保险科技的创新，美国政府同时对于新兴金融科技/保险科技生态提供了 10 项鼓励原则；英国政府所实施的"项目革新"计划与"监管沙盒"（regulatory Sandbox）制度，保证了英国的金融科技/保险科技处于相对领先的地位。德国财政部与德国联邦金融监管局共同对推动德国金融科技/保险科技发展采取了一系列的措施；德国财政部推出 FinCamp 的系列活动，活动旨在通过促进财政部、传统金融业以及联邦金融监管局（BaFin）与金融科技企业的对话，探讨金融科技未来的发展。这项活动有利于鼓励德国金融科技的发展，聚焦金融科技的发展前沿。德国政府、欧盟复兴计划（European Recovery Program，ERP）专项基金以及欧盟都为金融科技/保险科技初创企业提供了创业支持计划。这些支持计划将会提供给初创企业优惠率更高的长期贷款，并且有更长的宽限期。

而在我国，国务院在《关于加快发展现代保险服务业的若干意见》中，积极鼓励和支持保险产品服务创新，切实增强保险业自主创新能力，积极培育新的业务增长点。支持保险公司积极运用网络、云计算、大数据、移动互联网等新技术促进保险业销售渠道和服务模式创新。原中国保监会在 2017 年上半年启动《保险业新技术应用促进办法（征求意见稿）》起草工作，提及软件无形资产可计入险企偿付能力认可资产，提议设立非营利性质的行业新技术应用促进基金，为具备行业推广价值的新技术研究和孵化提供专项资金支持。而诸如《国务院关于印发"十三五"国家信息化规划的通知》《国务院关于印发促进大数据发展行动纲要的通知》《国务院关于印发新一代人工智能发展规划的通知》更是从国家规划层面指出新科技对于国家发展的重要性。保险行业应抓住机遇，在新兴数据科技版图中提前布局，对诸如大数据、云数据、人工智能、区块链等新兴技术领域进行系统考察，引领行业及社会整体风险管理水平的不断进步与完善。

（3）面对行业多元化发展的未来，在大金融体系下，保险业必须顺势而为。保险业的触手遍布日常经济生活中的各个角落，其所提供的服务与产品具有覆盖面广、融合度高、必要性强的特点，与国民经济生活的稳定与发展息息相关，特别是在诸如医疗产业、汽车及零部件产业、建筑行业、跨国运输行业、农业等关键产业中具有广泛影响；此外，保险行业自身的上下游产业，例如，保险经纪公司、保险代理公司等各类保险中介也构成了广阔的关系网。而随着行业边界逐渐模糊，保险行业在技术、产品、服务、资本多个层面融合的逐步深化，保险公司的身份将发生转化。凭借新科技的运用，保险行业将有机会提高风险管理效率，降低行业运营成本，从传统单一的保险产品与服务的提供者，转变为场景化风险管理与服务的整合者。

2017 年，诸如区块链技术、人工智能、无人驾驶汽车、基因检测、可穿戴设备等新兴科技与保险行业的结合发展，帮助保险公司在产品创新、产品营销、公司运营与信息咨询等方面搭建了全面的创新平台与渠道：行业多家公司计划构建或已经开始构建新一代云平台核心系统；大数据开始集中应用在保险营销和理赔环节；凭借新型随身设备，基于细微个体差异化分析，保险公司开始提供高度个性化的产品，以满足个性化需求；人工智能在保险业的应用上也取得了明显进步。

综上所述，保险科技必将在保险公司、新兴科技企业与初创企业的战略布局与产品发展规划中获得极高的关注。

9.1.2　保险科技的内涵

保险科技，从概念上讲可以理解为科学技术在保险行业中的具体运用。保险科技以保险产品与服务为外在表现形式，以诸如大数据、云计算、车物联网、人工智能、区块链等新兴科技为内在核心基础，在保险公司产品创新、产品营销、公司运营与管理方面得到广泛应用，为消费者提供个性、全面、高效的风险管理与保障服务。从这个维度上讲，保险产品或保险服务是科技的载体。

然而，与制造业不同的是，"金融服务"为消费者带来的"满足感"才是实现经济利益的本质所在。从这个维度上看，在"保险科技"概念所涵盖的内容中，保险作为一种风险管理技术，其优先级要高于"科技"

的地位。保险作为一种特殊的风险补偿机制，对其依赖的内在要素与外部
环境有特殊的要求，一旦偏离保险的本质，那么保险科技本身也失去了价
值。因此，在理解保险内涵的基础上，研发或寻找适合保险业发展的科技
技术，似乎更加重要。

当然，科技同样不是一个死板而固化的概念。当今时代，科技的发展
使得保险能够更细微地渗透进普通人的一个行为中；有时只是一闪而过的
念头，如果被技术捕捉到了，也能转为各类服务。

9.1.3 保险科技发展的促动因素

互联网、数据科技的不断发展，引领着新一轮的全球信息技术革命，
新技术的触手不断深入经济社会发展的各个领域。随着全球互联网进入中
速发展阶段，全球互联网行业整体出现两大特点：一方面，用户规模、网
络流量持续保持增长，互联网服务覆盖面显著提高；另一方面，全球移动
互联网的极速扩张浪潮开始退却，互联网增长引擎开始由"人人互联"
到"物物互联"方向转变。这种倾向，对保险行业的发展模式也产生了
巨大的影响，而快速发展的技术也正从三个方面对保险行业施压。

（1）客户需求的不断提高。随着诸如阿里、腾讯、百度等互联网科
技巨头带来的优质的便利化与个性化服务体验，客户的需求已经无法被传
统的保险产品所满足。鉴于保险市场上产品同质化问题严重，产品功能与
服务缺乏个性化，产品条款复杂，理赔条件烦琐，这些都将影响传统保险
产品在互联网背景下的存活。然而，随着可穿戴设备与智能车载数据收集
系统的逐渐普及，保险公司有机会收集更多的客户数据来为消费者提供个
性化的健康险与车险，并对传统保险市场带来颠覆。

（2）潜在竞争者的威胁。相比于传统保险公司，拥有科技技术对旗
下产品加持的保险公司更易获得消费者的青睐；而随着技术的进步，本来
无法度量和定价的可保风险不断增多，也带来了更多的市场机会，而传统
的保险公司则无力涉足这些领域。区块链技术的发展进一步加快了新兴创
业企业抢占传统保险公司市场份额的节奏。区块链产品去中心化、合约智
能化与高可靠性、高安全性、高隐私性的特点，将帮助创业公司瓜分现有

市场。

（3）内部管理流程的优化。借助大数据技术、人工智能技术、机器学习技术、区块链技术的拓展应用，使保险公司降低内部管理成本、提升准备金效费比、提高产品定价收益成为可能。目前，传统保险公司在理赔处理、保险诈骗预防以及风险定价方面投入了大量的成本，而凭借大数据技术与机器学习技术而产生的全新风险预测算法，将帮助保险公司实现承保、核保流程的自动化；而通过区块链技术管理用户和保单信息，则将极大的降低部分用户实施保险诈骗行为的可能性。时代和技术的压力将迫使传统保险公司加速内部的流程优化，落后者将面临被竞争对手甩开的风险。

9.1.4 保险科技发展的战略意义

我们应该注意到，由于保险行业本身的回溯性与长期性，大多数传统保险企业普遍依赖于历史数据与以往客户，而在面对未来新用户的差异化需求时，其往往无法依靠曾经已获得的数据与信息，而失去了新的发展机遇与增长点。因此，在新技术与新消费思维不断发展的今天，传统保险公司必须在现有业务模式的基础上，积极寻求全新发展机遇，在新科技领域发掘创新机会，以迎合快速变化的消费需求。

9.2 承前启后：大市场下的保险科技生态体系建设

9.2.1 中国保险科技的发展历程

根据最新的统计，全球保险科技一共分为十个板块，如图9-1所示，医疗险、寿险、车险、理赔给付、资产管理、分销是核心市场，基本和保险市场的主业密切相关。另外一部分是科技服务市场，多是服务保险业的，包括IT赋能、比特货币区块链、大数据及分析和数据保护四大部分。

无论是核心市场还是科技服务细分市场，保险科技都将通过加工数据、优化流程以及提供附加服务等方面为经营主体带来新的盈利来源；与此同时，保险科技在企业内部的应用也将大幅提升企业运转效率。

医疗险	寿险、养老金和储蓄	车险、房屋保险、产险	理赔和给付处理	分销
健康险 预约管理 实践管理	退休 （自动化）投资组合管理 投资人 财务顾问	驾驶员辅助系统 责任保险以及针对消费者 需求的相关服务 如：移动和旅行	理赔和给付的日常 管理及管理解决方案	零售保险服务、经纪、 市场（销售平台）、 虚拟助手
示例： OSCAR INSUREON ZOCDOC PRACTICE FUSION TELADOC ZENEFITS	示例： NUTMEG BETTERMENT PERSONAL CPITAL WEALTHFRONT WOBI	示例： MOBILEYE TELOGIS EDAIJIA THUMBTACK SERVICE MARKETPLACE	示例： BENEFITMALL MAXWELL HEALTH IPIELINE	示例： POLICYBAZAAR COVERHOUND ASSURONE COMPARE ASIA INTERACTIONS

图 9 - 1　全球保险科技市场板块分布情况

资料来源：www. pbcsf. tsinghua. edu. cn《保险科技创新报告》。

虽然从全球范围来看，保险科技的产生时间与发展速度要远落后于金融科技的发展，但从国内情况来看，中国保险科技在很长时间内也是以"互联网保险"的概念存在，在产生时间及发展速度上与"互联网金融"相比差距并不太大。

中国保险科技发展至今，大约经历了四个阶段的发展。

第一阶段（1998～2004 年）。原中国保监会成立伊始，传统保险机构开始着重 IT 建设和数据保护；直到 2000 年左右，出现了第一批着手建立自己网站的保险公司，成为中国保险科技的萌芽阶段。

第二阶段（2004～2011 年）。2004 年起，伴随着中国平安保险公司网销的奠基及第三方支付公司出现，行业内开始出现类似于传统大超市的网上保险超市，顾客可以按需选择投保，网络销售和电话销售在这一阶段快速发展。即便如此，保险的电商化依然在行业中处于较边缘的地位。

第三阶段（2011～2013 年）。2011 年开始，伴随着移动互联网崛起与移动支付超高速的发展，保险科技开始运用于移动端；行业内开始出现了为互联网而设计的各类保险，包括创新型保险、场景类保险等；同时，保险公司根据互联网的特点，也衍生出了一系列风险管理的新方式。在这一阶段里，各种各样的互联网保险创业公司涌现，基本覆盖了整个保险的价值链。

第四阶段（2013年至今）。2013年对于保险科技的发展具有开创意义，众安在线作为国内首家互联网保险公司顺利开业，保险行业逐渐开始认识到，互联网保险绝不是将传统保险复制到互联网上来销售，而是对于传统保险模式的结构性改变。人工智能、物联网、大数据、基因工程、区块链等各类技术的出现，正逐步渗透到保险的核保、承保、理赔等各个环节。

9.2.2 中国互联网保险科技现状

保险科技现阶段的发展，本质上归功于互联网技术对保险行业的赋能。保险随着互联网技术的进步，保险业界对互联网保险的认识也在持续不断的体验和探索过程中不断发展，并逐步形成了体系化认识。而保险科技随着互联网保险的演变，从单纯的营销渠道变革、保险业务全流程的变革逐渐深化为商业模式、价值链实现方式的变革。从影响关系的角度讲，我们认为保险科技会从线下和线上两个角度作用于保险市场生态主体，而互联网保险业务的发展也将为保险科技提供更广阔的"用武之地"。因此，有必要准确判断互联网保险的发展潜力。

概括来说，互联网已经从保险的前端销售，中端风险管理、控制与保险产品定价，以及后端保险资金运用对保险行业产生了全面影响。未来，保险科技的进一步发展将从更高维度激活互联网保险发展的潜力。我们首先从互联网保险市场现状、参与主体、驱动因素及发展趋势四个方面简述互联网保险对保险科技未来的影响。

9.2.2.1 互联网保险市场现状

根据中国保险行业协会的统计显示，2017年，互联网保险保费收入1 876.67亿元，较2012年互联网保险保费收入实现了二十余倍的增长。尽管近两年互联网保险保费收入增速放缓，表现不温不火，但在保险科技第一股众安在线上市的带动下，或将在未来三年迎来新的发展期，有数据预测中国保险科技市场2021年将达到1.4万亿元的总规模。

截至 2017 年，我国已成立四家互联网保险公司，分别是众安保险、泰康在线、安心保险和易安保险，四家互联网保险公司与生俱来的互联网基因为保险业注入新的活力。第一，互联网思维不仅从产品设计、营销方式等多方面颠覆了保险的传统模式，且互联网保险更注重对场景的捕捉，主动去发现消费者的需求，为消费者提供更符合需求的保障。第二，客户可以通过互联网更加便捷有效地获取保险信息，很大程度上改善了传统保险存在的信息不对称的问题，而此问题的改善提高了消费者对于保险的认可和信任度。第三，互联网使用人群偏年轻化，与传统互联网保险市场相比，互联网渠道为保险业注入了大批年轻化的消费者。

9.2.2.2 互联网保险市场参与主体

根据原中国保监会披露的数据统计，2012 年我国只有 39 家保险机构经营互联网保险业务，到 2015 年则达到 110 家，而 2017 年累计有 72 家人身险公司、68 家财产险公司以及 266 家中介公司获批开展互联网业务，总体来看，开展互联网保险业务的公司数量在不断增加，而且传统的保险公司大多通过自建网站或者与第三方平台合作等模式开展了互联网保险业务，保险公司已全部触网。互联网保险市场主体不仅数量不断增加，其主体多样性也在不断增加。

互联网保险主体主要包括保险公司、保险专业中介机构、第三方网络平台以及互联网巨头、初创科技公司等。目前互联网保险市场主体开展业务的形式主要分为以下四类。

（1）传统保险行业巨头通过外包、平台间合作或自主技术研发，建立线上营销渠道，形成线上线下数据互通与协同发展。

（2）互联网行业巨头（例如，百度、腾讯、阿里、京东等）凭借自身的客户优势，参与互联网保险行业竞争，建立大金融平台与综合金融服务体系。

（3）新兴互联网保险公司，凭借自身在互联网与保险领域的双重优势，开辟新兴保险领域，创造全新保险需求，针对各类碎片化需求设计针对性的险种（例如，退货运费险、手机碎屏险等）。

（4）线上销售/比价等中介机构或第三方平台，此类第三方平台通过帮助保险公司开拓市场，或为消费者提供咨询服务获得收益。这些熟悉客户偏好，且知晓各家保险公司产品特点的中间人将会具有较强的议价能力。

9.2.2.3 互联网保险驱动因素

一切内在的互联网保险的驱动因素都依托于互联网精神的培育，而互联网精神可以用"自由、开放、平等、协作、共享"几个关键词来概括。基于这样的互联网精神，互联网保险的思想内涵如图9-2所示。

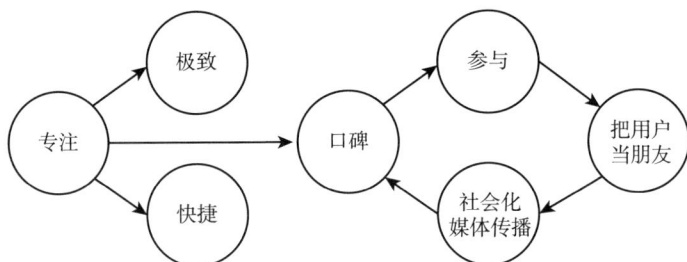

图9-2 互联网保险的思想内涵

具体来说，互联网保险发展的驱动因素主要包含以下几个方面。

（1）碎片化/场景化需求。在新时代下，生活因为场景不同被切割成无数碎片，相应的风险需求随之而生。与此同时，随着互联网日益成为人们获取知识和信息的重要来源，移动支付、全球定位、生物识别等技术的赋能使得互联网能够直接掌握潜在的保险场景资源，精准把握消费者的碎片化/场景化需求。

（2）流量优势。中国拥有世界最大的互联网用户人口，互联网渗透率增长较快，各网络平台流量规模和增速较快，消费者对于互联网消费的接受程度高。而互联网保险业务的快速增长亦得益于平台的流量优势，互联网保险的核心亦是"流量变现"。

（3）互联网信息技术优势。信息技术让这个世界重新洗牌，而日益复杂的生产生活和环境水平因素使得人们暴露在高维风险当中。为了解决高维风险带来的隐患，互联网信息技术逐渐显现其优势，通过最大限度地降低成本及信息不对称带来的影响，使保险产品更易于消费者所接受。

（4）互联网思维。传统企业所依赖的稀缺和不可复制资源构成了行业巨头们的竞争优势：专利技术优势、企业文化优势、地理位置优势、人才优势、成本优势似乎是新兴企业无法轻易复制和获取的。但是，互联网思维可以降低此类优势的稀缺性和必要性，使这些竞争优势荡然无存，并重构新的竞争优势。凭借庞大的流量、用户体验及运营模式建立起的全新竞争维度，通过跨维度整合资源，以免费对抗收费、以简单战胜烦琐来解决传统保险的痛点。

9.2.2.4　互联网保险发展趋势

现有的互联网保险盈利模式空间有限，虽然短期内保费增量仍然可观，但其商业模式易于复制、保险产品较为单一的特点都增加了互联网保险发展的不确定性。

但是值得欣喜的是，互联网所连接内容的逐渐丰富，将极大地拓展智能设备与互联网络的功能。通过智能设备和互联网，我们可以随时把自己和身边的朋友联系起来；把我们驾驶的汽车、居住的房子、自身的健康和安全连接起来；我们可以自主地定制符合自身的偏好、需求和期望。互联网开始彻底改变我们的生活，对于保险公司来说，客户对保险的要求和期望也会发生根本性的改变，所以，保险公司的运营必须跟上这种不可逆的变革。

发扬互联网精神，实践互联网思维，应用互联网技术，构建广阔、持续、快捷、简约、低廉、精准的网络服务平台，支持社会大众实现商务、社交的各种需求，成为移动互联时代成就大事业的基本特征。作为金融业的重要组成部分，保险公司和监管机构也在高度重视互联网保险的发展，对互联网保险概念的认识不断深化。

从根本上来说，无论是互联网保险还是保险科技，都是基于新兴技术或平台进行保险商业模式的创新与产业价值链的优化，行业中希望在未来引领商业潮流的企业都需要正视保险科技所带来的正面效应，并确定如何将保险科技融入自身业务中。无论是通过并购具有专利优势的初创企业，还是选择与已有成熟技术的科技巨头之间合作，抑或是选择建立适宜于自己的研发平台，还是成为创新公司的数据来源与实验对象，保险公司都应妥善利用长期经营而产生的商业品牌优势与客户资源，并将创新思维融入公司文化，从战略层次思考未来保险公司的发展。

9.2.3 保险科技生态圈

建立利于保险科技发展的市场生态体系，是保险科技发展的前提条件与基石。为此，我们提出保险科技生态圈概念。保险科技生态圈主要分为三个层次，八个主体：以保险公司、保险中介渠道机构、保险消费者等为内层的保险科技市场层；以保险科技公司、信息咨询公司、产业行业巨头等为中层的保险科技维持层；以监管机构、金融投资企业等为外层的保险科技监管层。三个层次之间互相嵌套影响，不同主体间以保险科技为纽带，加强不同主体间正负反馈的连贯性，构成了互惠互利、合作共赢的闭环结构，如图9－3所示。

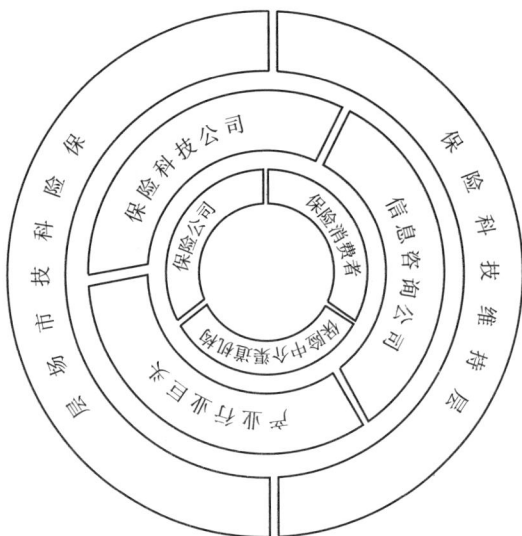

图9－3 保险科技生态圈

（1）保险科技市场层是保险科技实际服务于保险行业的主战场，也是传统保险行业主要根植的生态层次，整个保险科技生态圈，都是为了服务由保险公司、保险中介渠道机构、保险消费者三方主体而构成的生态内环。保险公司作为保险产品与服务的提供者，需要保险科技为其产品开发、渠道拓展、风险控制、公司管理等多方面业务进行支持；保险中介渠道机构在专注于客户拓展与维护的同时，需要依靠保险科技为其拓展快捷的线上线下联动方式，并提高保险中介在整个产业链中的地位；保险消费者作为保险产品与服务的消费者，在获得保险科技带来的物美价廉、公开透明的产品同时，也会为保险科技的发展带来积极的反馈作用。

（2）保险科技维持层由保险科技公司、信息咨询公司与产业行业巨头组成，三者共同保证了保险科技本身的研发、拓展与进步，依靠三者之间的沟通与合作，信息、数据与技术产生了"1+1+1>3"的协同效应，为整个保险产业的进步提供了有力的技术支持。保险科技公司是保险科技的主要研发主体，凭借技术优势不断拓展保险服务的外延，通过提升信息采集、分析的效率与质量，帮助内层企业提供更高效、更精确、更稳定、更直观的服务；信息咨询公司是保险科技的预期使用者与概念重塑者。通过自身在信息使用手段上的先天优势，信息咨询公司可以有效利用保险科技所带来的海量数据，为保险生态圈中的各个主体提供深刻而独到的见解与思路，帮助各个主体拓展新的市场；产业行业巨头是保险科技的主要输入端，汽车厂商和车联网技术的结合，运输物流企业和物联网技术的结合，医疗机构与便携技术、大数据技术的结合，将会为保险生态圈注入源源不断的海量数据，使保险产品的精准化、差异化实现可能。

（3）保险科技监管层包裹了保险科技市场层与保险科技维持层，构成了保险科技生态圈的外层结构。在保险监管机构与金融投资企业的引领、监管与调节下，保险科技生态圈得以在制度框架内有效运行，并规避可能产生的大规模系统风险。保险监管机构承担着鼓励、引导和监管的职能，确保保险科技发展的风险底线，是整个保险科技生态圈的晴雨表与稳定器；金融投资企业是保险科技发展的风向标，提升了保险科技发展的上限，通过充足的资金、先进的管理经验，帮助保险科技公司良性发展。

9.2.4 中国保险科技的应用领域

中国保险科技可分为三大类，第一类是数字化保险技术，包括电子保单、自动核保、大数据处理等；第二类是连接型保险技术，包括远程定损、SaaS 保险分销、物联网等；第三类是智能化保险技术，包括无人驾驶、虚拟现实、保险机器人等。下面列举一些我国主要的保险科技类型。

9.2.4.1 电子保单

电子保单是指保险公司借助遵循 PKI 体系的数字签名软件和企业数字证书，为客户签发的具有保险公司电子签名的电子化保单。电子保单由签名服务器、时间戳服务、PKI 应用密码机以及 USB Key 等电子设备的分工合作完成相应功能，具有安全、高效、省心、便捷、环保等独特优势。目前，各大保险公司基本都可以提供电子保单，并且依靠较为成熟的技术手段，保证电子保单的不可篡改性和不可否认性。电子保单的应用，降低了保险公司的营业成本，成功解决了保单递送的实效问题，提高了用户体验。

9.2.4.2 大数据

大数据技术就是通过数量庞大、价值密度低、动态高速、多样性强的数据信息，运用人工智能、机器学习技术，从点到线，从线到面地对数据进行深入挖掘，发现依靠传统手段无法发觉的热点和难点问题，辅助企业和政府进行战略性的布局。

借助大数据技术，保险公司可以对客户进行细致化的分类，使精准营销成为可能。大数据背景下的精准化定价和差异化产品，将成为保险行业市场风险管理与营销的利器；同时，大数据技术可以加快对索赔请求的处理，降低失误率，提升保险行业收益管理。

9.2.4.3 远程定损

远程定损是中国电信基于 IP 技术和宽带网络技术提供的一种远程视频监控业务。远程定损网络视频监控业务主要用于现场管理，适用于自上而下的垂直管理体系中。它通过网络视频监控业务平台，将分散、独立的采集点图像信息进行联网处理，实现跨区域的统一监控、统一管理及分级存储，满足进行远程监控、管理和信息传递的需求。

远程定损主要应用于保险理赔环节，可以帮助各方节约时间，保险公司定损人员只需要坐在保险公司监控室内通过远程实时观看定损的出险标的物，通过电话与现场工作人员沟通，及时调整位置，再通过远程的图像抓拍、存档，就可以完成定损全过程，大幅缩减案件处理时间。

9.2.4.4　SaaS 保险分销

软件即服务（Software as a Service，SaaS）是一种通过互联网提供软件的模式，SaaS 提供商为企业搭建信息化所需要的所有网络基础设施及软件、硬件运作平台，并负责所有前期的实施、后期的维护等一系列服务，企业无须购买软硬件、建设机房、招聘 IT 人员，即可通过互联网使用信息系统。

目前，SaaS 在保险领域主要运用于产品和渠道的分销，使用者多为中小型保险中介机构，通过 SaaS 平台不仅能更智能地服务用户的需求，还降低了企业的 IT 部署成本，增强了解决方案的易用性。

9.2.4.5　物联网

物联网以互联网为基础，通过传感设备搭建一个物品识别和管理的自动化系统，物联网目前较为成功的使用，主要包括车联网和可穿戴设备。

车联网（Internet of Vehicle，IOV）是指车与车、车与路、车与人、车与传感设备等交互，实现车辆与公众网络通信的动态移动通信系统。它可以通过车与车、车与人、车与路互联互通实现信息共享，收集车辆、道路和环境的信息，并在信息网络平台上对多源采集的信息进行加工、计算、共享和安全发布，根据不同的功能需求对车辆进行有效的引导与监管，以及提供专业的多媒体与移动互联网应用服务。车联网通过装载在车辆上的电子标签通过无线射频等识别技术，实现在信息网络平台上对所有车辆的属性信息和静态、动态信息进行提取和有效利用，并根据不同的功能需求对所有车辆的运行状态进行有效的监管和提供综合服务。在保险领域的运用主要是车载 OBD。

可穿戴设备即直接穿在身上，或是整合到用户的衣服或配件的一种便携式设备。可穿戴设备不仅仅是一种硬件设备，更是通过软件支持以及数据交互、云端交互来实现强大的功能，可穿戴设备将会对我们的生活、感知带来很大的转变。在保险领域的运用主要是健康管理。

9.2.4.6　区块链技术

区块链技术（Blockchain）通过建立电子信息、加密、确认交易、实时广播、添加区块和网络复制记录六个步骤完成工作，通过这些步骤，区块传递和储存的信息具有了去中心化、开放性、透明性、匿名性、数据不可篡改性和自治性六大特征，这些特征使得过去信息安全性低、信息连续性差、信息采集成本高、推广渠道限制多、信息不对称问题突出等状况有了一个可靠的解决途径。

目前，区块链在保险领域的运用主要包括做数字资产的流通、金融合约的自动执行和个性化风险定价、评级和服务等。

9.2.4.7 无人驾驶技术

无人驾驶技术包括无人驾驶汽车、无人机等。无人驾驶汽车是人工智能在汽车领域的突破，是自动驾驶的升级版本，它通过车载的传感系统对环境进行感知，模仿人类对行车路线进行规划，最终对车辆实现完全控制，已完成人类的预设目标。目前，对无人驾驶汽车的研究已经在世界各地如火如荼地展开，一些自动驾驶车辆也已经出现，并将对车险及相关保险产生极大的冲击。

无人机是无人驾驶航空器的简称，指的是驾驶员无须登记操作的各种航空器，通常利用无线电遥控设备和自备程序对飞机进行操控，包括了地面系统、飞行系统、任务载荷和使用保障人员四个组成部分。无人机机内无驾驶员的特点使得无人机代替人类进行一些危险的、复杂的、费时的工作，在保险领域主要表现在查勘定损人员亲临现场，既能够有效指导客户开展灾前预防，应付突发灾难，及时赶赴受灾现场，也可以保护查勘人员的安全，降低人工成本，并用过无人及设备和计算机的链接，更精准、更全面地对损失进行评估。目前无人机主要运用于保险大面积的核保勘测与理赔查勘关节。

9.2.4.8 人工智能

人工智能（Artificial Intelligence，AI），是研究、开发用于模拟、延伸和扩展人的智能的理论、方法、技术及应用系统的一门新的技术科学。人工智能是计算机科学的一个分支，它企图了解智能的实质，并生产出一种新的能以人类智能相似的方式做出反应的智能机器，该领域的研究包括机器人、语言识别、图像识别、自然语言处理和专家系统等。

人工智能目前可以解决保险行业痼疾，主要集中在运用大量人力进行处理，但极易产生委托代理问题和信息不对称问题的领域，在保险营销、核保和理赔、定价过程中都可发挥积极的作用。目前一些保险公司更是开始使用保险机器人，解决部分机构劳动产能低下问题。

9.2.4.9 虚拟现实

虚拟现实（Virtual Reality，VR），也称灵境技术或人工环境，是利用电脑模拟产生一个三度空间的虚拟世界，提供使用者关于视觉、听觉、触觉等感官的模拟，让使用者如同身历其境一般，可以及时、没有限制地观察三度空间内的事物。使用者进行位置移动时，电脑可以立即进行复杂的运算，将精确的 3D 世界影像传回产生临场感。虚拟现实中看到的场景和人物全是假的，是把人的意识代入一个虚拟的世界。

虚拟现实在保险领域的运用尚未起步，但已有一些初创公司开始构思将保险销售、保险事故现场还原、保险售后增值服务等环节融入 VR 之中。

9.2.5 保险科技应用的实践案例

保险行业正迎来翻天巨变，有些公司尚未觉醒，有些公司却已先人一步。

9.2.5.1 传统大型保险公司地位稳固

中国保险市场的龙头企业积极发展保险科技，让保险公司布局科技而非让科技公司引领保险，在这股科技浪潮中扎稳脚跟，并让这股浪潮带着保险业大步迈进。

（1）中国平安。近十年来，中国平安建立了科技驱动发展的新业务模式。通过每年数十亿美元的科研专项投资，中国平安深掘金融科技、医疗健康科技、人工智能技术，通过科技手段变革传统金融服务模式。中国平安拥有我国金融机构中规模领先的大数据平台，拥有超过 500 人的大数据科学家团队，科技研发人员超过两万名。凭借着实力雄厚的研发平台与强大的科研团队，平安的专利申请数高达 1 458 项，已经在多项保险科技领域取得了全球领先地位：人脸识别技术、人工智能预测技术、声纹识别技术、区块链技术已经在上百个场景中得到应用；人脸识别技术准确率达99.8%，处于世界领先水平；号称市场上唯一真正落地运用的人工智能定损服务"智能闪赔"，有效解决了车险理赔行业时效慢、纠纷多、渗漏风险高的痼疾；平安首创的图像定损技术，通过智能定损、智能风控、智能理算、智能支付，案均定损时效提速到惊人"秒级定损"，较传统流程提速4 000倍。上线后客户净推荐值NPS提升到了82%，2016年就控制了约52亿元的风险渗漏。①

（2）中国太保。中国太保也在发力保险科技。一方面，太保在2017年启动实施"数字太保"战略，与华为、百度、中国移动等互联网与移动设备供应商洽谈合作；另一方面，太保今天准备在成都建立旗下直属科技公司。"数字太保"以"创新数字体验、优化数字供给、共享数字生态"为使命，以数字化应用产品讲话为路径，为客户带来直达、精准、简单、个性化的数字化体验。其原创的业内首款人工智能保险顾问"阿尔法保险"用户访问量在四天内就突破了200万人次。基于太保1.1亿保险客户的大数据积累，阿尔法保险通过网络图谱、协同过滤等机械学习算法，初步建立了家庭保险保障体系模型。通过六组调查问卷，基于不同家庭的生命周期、财务状况等因素，测算"家庭风险防御能力指数"，为用户进行风险评估，并在此基础上为客户量身定制"家庭理想保险建议"。2017年9月5日，中国太保与华为在上海签署深化战略合作备忘录。未来，双方将进一步巩固和发挥联合创新优势，在数据中心与企业云、大数据、人工智能、数字化安全等领域加强合作，共同为消费者提供最贴心的服务体验，推动并引领下一个保险产业爆发点。

（3）中国人保。2017年，人保财险在北京举行"心服务·芯理赔"服务产品发布会，正式对外发布"零单证不等待的拇指理赔"和"零烦恼管家式的全程托付"两项暖心服务。"拇指理赔"即理赔难度只有"拇指滑一下"那么简单，极大地降低了理赔时效，提升了客户体验。在车主遇到单车事故时，通过中国人保App、中国人保官方微信，只需完成"一

---

① 根据中国平安公布的数据整理。

键报案、三张照片、确认账号"三个简单动作，即可现场在线自主完成从出险报案到收取赔款的全流程。

前端优质的理赔服务供给，离不开强大科技实力的有效支撑。中国人保财险以"科技理赔＋智能人伤云平台"两大行业领先的技术工具，支撑服务产品，为客户持续打造全方位、全流程的理赔服务，降低理赔复杂程度，提升客户服务体验："科技理赔"是中国人保财险自主研发的"智慧＋智能"的新型理赔方式，通过自主研发、合作引进了连杆测量工具、数码内窥镜、测温仪、听诊器以及云诊断平台等科技理赔工具，公司自主开发的智能水淹模块在这些科技理赔工具的辅助下，可通过大数据分析完成车辆水淹事故智能损失确定。利用发动机免拆检测、智能云诊断等技术手段，不但可以快速完成对事故车辆的精准定损，还可为修理厂提供车辆维修指导，并有效实现对保险车辆事故的预防，全面覆盖预防、定损、维修全过程，主动帮助用户预防风险降低损失。

（4）中国人寿。中国人寿在 2017 年中期业绩发布会指出，"十三五"期间，"科技国寿"的主要任务就是要实现中国人寿在科技创新之路上的"三级跳"。第一跳是已经初具成效的"网上国寿"，目前升级推广了国寿 e 宝、国寿 e 店两个移动互联网平台。第二跳是"智慧国寿"，在人工智能上加大投入、超前布局。第三跳是"数字国寿"，即全面利用"大智区云物移"（大数据、人工智能、区块链、云计算、物联网、移动互联）等下一代信息技术，实现公司经营管理的全面数字化。

国外传统保险行业巨头也积极布局保险科技。通过参与投资新兴保险科技企业，传统保险公司将获得未来话语权的提升。

（5）慕尼黑再保险公司（Munich Re）。慕尼黑再保公司（以下简称"慕再"）成立专门的创投子公司 HSB Ventures Inc，2016 年以来投资了 Bought By Many、Slice Labs 等多家保险科技公司；2017 年 4 月，慕再联合 AXA 领投了美国按需定制保险公司 TROV 的 D 轮融资，共计 4 500 万美元，目前 TROV 公司总计融资了 8 500 万美元；此外，慕再美国子公司参与投资了 Lemonade 初创公司，利用该公司自助投保技术，慕再可以减少对保险经纪人的依赖，向租客和房主提供保险，与直保公司直接竞争。

从合作方式看，慕再对保险科技的投资主要聚焦于提供承保能力、产品开发、数据分析、支持 API（应用编程接口）的后台技术以及对分销领域初创公司的风险投资。其中，慕再主要通过战略合作及战略合作 + 投资方式（9 家）、投资（4 家）、收购（1 家）进入保险科技领域。[1] 这反映了慕再重点是通过发展战略合作伙伴关系而非主要通过风险投资来获得超额收益。从动机上看，慕再通过提供新产品和向消费者或小企业出售保险的方式，创新价值主张，当前，重点是寻找能够提供自动数据收集和机器学习技术的合作方提升自动承保能力，同时关注能够改进索赔服务的技术。

此外，安联集团 2016 年投资了 Simplesurance，该公司于 2012 年成立，为在线电商提供产品保障；XL 公司建立了风投资本，投资保险科技企业，参与投资了 Slice Labs、Embroker 等新兴科技公司；AXA 在 2015 年投资了 2.3 亿欧元，用于相关风险投资，项目约 22 个，[2] 如在线保险经纪人 Policygenius，区块链、集资型创投公司（Crowd funding）。

国内外互联网巨头同样在保险科技领域内积极布局，利用技术优势与用户流量优势，进行保险科技的大规模实践。

（6）谷歌 Google。互联网科技先驱谷歌很早便开始布局保险科技。Google Compare 作为提供保险比价服务的平台，率先于 2012 年在英国上线，随后于 2015 年在美国得到推广和应用。作为谷歌公司布局保险业的首次尝试，该平台提供了包括车险、家财险在内的多种保险产品以及包括贷款等其他金融产品的比价服务。2016 年 3 月，谷歌在其致合作伙伴的公开信中表示，虽然 Google Compare 的流量尚可，但是其带来的营业收入未达到预期，最终决定关停了该项业务。谷歌进军保险业的第一次尝试以失败告终，他们也暂时退出了保险市场。

尽管 Google Compare 的快进快出可能意味着谷歌还没有搞懂这个行业，但是，谷歌在特定时间段放弃一些产品线并不代表其退出该市场，这家公司正在做着各种各样的尝试，其对保险科技企业的布局并没有终止。

---

① 数据来源：慕尼黑再保险网站，https：//www.munichre.com。

② 数据来源：安盛保险网站，https：//www.axa.com。

谷歌在保险科技的尝试与失利，虽然并未颠覆保险生态的整体格局，所带来的改变十分有限，但它向整个行业敲响了警钟：随着越来越多的科技公司进入保险领域，传统保险公司将会面临更加严峻的挑战。新科技、新功能将引发的消费者期望的转变，从而导致传统行业的衰败，这一点已经在多个行业得到验证；而几十年来由于技术的局限，保险行业并未受到这一因素的冲击，但现在情况将发生转变。

（7）"BATJ"，所谓百度—阿里巴巴—腾讯—京东。阿里巴巴做平台、拿牌照，京东、腾讯、百度亦不甘示弱。

阿里巴巴对保险行业的深入有目共睹。除与腾讯一同设立众安保险之外，其还发起设立信美相互人寿，旗下蚂蚁金服和天弘基金分别出资 3 亿元和 2.05 亿元；阿里健康与太平洋保险旗下太保安联健康签署合作协议；蚂蚁金服还以 12 亿元增资入股国泰产险，占比 60%。近年来，众安保险、国泰产险亦成为"双 11"退货运费险的主要提供者。而现在，阿里巴巴广泛布局包括财产险、寿险、健康险、相互保险在内的多个保险行业细分领域。与此同时，蚂蚁金服凭借其技术优势，也将自己纳入了保险生态圈，成为保险公司精准定位客户、制定产品方向的策略提供者，形成了与保险公司的共生生态系统。

百度于 2015 年开始对布局保险行业的探索，其先后与安联保险、高瓴资本以及太平洋产险签署战略协议，共同宣布发起设立互联网保险公司，并主要定位于汽车保险与服务，凭借自身的数据科技优势，致力于成为国内首家基于大数据的科技互联网汽车保险公司。目前，百度旗下的百度金融已将黑龙江联保龙江保险经纪有限责任公司纳入"麾下"，拿下一张保险中介牌照，初步获得了保险市场的"准入证明"。

2017 年 10 月，由腾讯持股 57.8% 的微民保险代理有限公司正式获得了原中国保监会批准，微信新设"保险"入口。这是腾讯布局保险以来拿下的首张自有保险牌照，使得腾讯可以经营所有保险公司、全险种的保险代理销售业务。意味着腾讯可正式依托微信、QQ 开展保险业务，微信客户端一旦嵌入"保险"入口，势必将掀起保险行业变革的狂风暴雨。腾讯在积极布局保险的同时，也在悄然布局医疗健康行业，包括健康元、好大夫在线以及丁香园等多家大健康企业，建立保险行业的垂直一体化布局。2016年3月25日，腾讯宣布正式启动"腾爱医疗"战略，战略由智能终端、医生平台、金融医保、健康大数据四部分组成，依托自身互联网大数据，通过与丁香园、微医、众安保险等合作，形成"软硬件结合＋医疗平台"的模式，此外还包括了智能硬件"糖大夫"和"腾爱医生"，旨在构建一个医院、医生、患者三者紧密连接，互联网与医疗产业合作共赢的医疗闭环。

京东金融凭借自身的平台优势，于2015年发布了一些创新型险种，并意欲在四川申请互联网财产保险公司。之后，京东金融联合阳光财险，于2017年成立"智能保险实验室"，开始向车险领域发起进军。

此外，包括小米、国美、苏宁、网易、携程等一系列门户网站、旅游平台、电商平台同样对保险牌照保持着高度关注，希望凭借保险与自身所在行业的结合，占据保险科技生态圈内的一席之地。但是，我们认为这些互联网企业对保险的布局不会撼动互联网巨头在保险市场占领的重要位置。

9.2.5.2 初创保险公司引领保险科技发展

（1）英国链塔公司（Chain That）。Chain That是一家为再保险市场提供区块链解决方案的公司。它设计了一款区块链平台，在该平台上，再保险业务的撮合流程可以高效透明地自动化运行，并且杜绝了信息造假的可能。正如该公司网页上所说的，我们面对的是一个需求不断增长且需要做出快速决策的保险市场，并购和全球化推动我们建立更高效的运行模式。保险的流程和解决方案已经发展了几十年甚至几百年，以保持与不断变化的需求同步。ChainThat致力于利用新的分散技术为对等处理实现跨越式发展提供服务和解决方案，通过集中处理奖励数据处理的成本，提升数据处理速度，提高数据质量。

（2）瑞典团伞公司（Teambrella）。Teambrella宣称是业内首家以比特币作技术支持的P2P保险服务公司，用户互相之间进行参保。比特币的多重签名地址允许用户以无须信任的去中心化方式来管理资金，但Teambrella本身并不是去中心化的。用户的资金一直都处于自己完全控制状态，信用系统会激励所有人在其他人需要帮助时进行支付。如果 Teambrella 能获得关注，专业的保险机构可能会出现在系统中，以减少可能的欺诈，并为所有参与者梳理保险流程。最开始，Teambrella 平台允许两种类型的保险。一种是可扣除补充覆盖碰撞保险，这涵盖了用户的自付费用，除非他们已经采用了非常昂贵的保险条款；另外一种就是宠物保险，涵盖了兽医账单。Teambrella 团队认为刚开始最好以相对基本的保险种类开始，以后再进一步扩充。

（3）英国商标保障公司（Tego Cover）。Tego Cover 为认购了 Axa Insurance 保险的运输司机提供个人按需保险。Tego 已经获得了英国金融市场行为监管局（FCA）的许可。个人按需保险市场和 P2P 行业一样，是保险科技领域一个正在不断发展的分支。在成功从 Horizon Ventures 和 XL Innovate 获得 390 万美元的种子轮融资后，该公司正式在美国地区开始运营。

（4）英国街道保险公司（Insure Street）。Insure Street 公司希望建立起一个全新的保险科技平台，致力于解决租房一代面临的问题。凭借公司创始人塔希尔·法罗奎 Tahir Farooqui 丰富的履历，Insure Street 将以独家启动合伙人的身份同慕尼黑再保险公司展开合作，为客户提供生活类按需保险产品。公司还设有咨询委员会，成员包括 Farooqui 的前同事、毕马威的 Sam Evan，及 Charles Burgess。Charles Burgess 同时还为 Bought By Many 提供咨询服务。可以说 Insure Street 的创业启动背景非常强大。

此外，美国的 OSCAR 公司将保险变成个人的健康管理专家；德国的 Friendsurance 利用"团购"的概念通过朋友圈构建保险场景；美国 Metromile 按照机动车驾驶里程收取保费，利用保险引导"绿色出行"。

保险科技催生了新的市场，构建了新的生态，并形成了引领行业发展的新引擎：Lemonade 公司借助人工智能技术，为客户提供自助投保服务与保险方案推介服务；Audatex 公司同样凭借人工智能技术，实现了对车辆的自动定损：客户按照要求对出险车辆进行拍摄，并将图片上传至定损系统，系统会在短时间内评估受损程度，快速给出损失报价；保险经纪公司 Insurify 使用人工智能模拟保险代理人，与客户进行简单交流，如询问车辆情况、咨询保险计划等，藉此发送适合客户需求的保险方案。在遇到复杂情形时，它将自动联系人工客服，转由人工服务。Carpe Data 公司通过构建系统管理平台，获取社交数据，运用大数据技术构建定价和反欺诈模型，评估客户承保过程中的风险。该平台不仅能提高承保效率，而且有助于降低欺诈风险。

（5）众安保险。众安的存在证明了，一个大规模的保险平台也能实现自动化。2017 年 9 月 28 日，国内首家互联网保险企业众安在线在港交所成功上市。公开认购超过 400 倍，三日狂涨 50%，市值一度突破 1 300 亿港元。拥有得天独厚的"互联网基因"的众安保险，确实是中国保险科技公司"第一人"。

为了应对旗下产品海量、碎片化的特性，众安建立了自有核心系统"无界山"。"无界山"能够保证每秒万张级别的保单处理速度，依靠这一系统，众安成功推出了第一个"爆款"产品——退货运费险。退运险成功后，众安开始针对场景化产品的复制。如，和小米合作推出的"手机碎屏险"，与华大基因联合推出的针对乳腺癌基因检测的知因保，与平安合作推出的"网红"产品"尊享 e 生"，与蚂蚁金服合作推出"好医保"等。不过，尽管如此，众安也面临退运险份额降低等方面的挑战，目前，众安保险的盈利能力承受较大压力。但众安保险仍在不断深化创新，长远发展仍然强劲。

（6）微保。2017 年 10 月，由腾讯持股 57.8% 的微民保险代理有限公司（以下简称"微民保险"）正式获得原中国保监会批准，腾讯也由此获得一张宝贵的保险代理牌照。2017 年 11 月，腾讯在微信钱包九宫格中添加了新任务"保险服务"，与此同时微保 WeSure 官网也正式上线。作为腾讯首家控股的保险平台，携手泰康在线、安盛天平、大地财险等国内保险公司，通过微信与 QQ 为用户提供优质的保险服务。目前微保已经推出了"微医保、微车宝"两款产品。

借助腾讯旗下社交软件平台的强大获客能力，依靠大数据技术与人工智能技术，微保可以帮助用户从众多产品中严选出性价比高的保险产品，并提供微保独家的优惠与增值服务。此外，微保还将结合腾讯不同的场景，为新一代保险消费者提供简单、时尚、个性的保险服务，帮助客户在需要的时候即使获得适合个人条件的保障。依托腾讯"连接、大数据、安全、场景"的核心能力，微保将与保险公司展开深度合作，结合微保的用户触达、风险识别、网上支付，跟保险公司的精算、承保、核赔和线下服务能力，实现全行业的生态共享共赢。

9.3 渤澥桑田：保险科技市场发展与重塑

9.3.1 保险业的价值构成

保险行业的价值，可以概括成三个方面的内容：产品贡献、品牌价值和竞争策略。

产品贡献是保险的核心价值，应该充分体现在产品研究、发展与设计的各环节中。保障性是保险产品最为基础、最为关键的核心价值所在，虽然为整个保险业界都非常注重保险产品的保障性，但不同公司的产品理念和经营方式却各有千秋。处于关键节点的 2017 年，保险市场需要重新审视保险产品的"保障性"内涵。

2017 年，原中国保监会下发《关于规范人身保险公司产品开发设计行为的通知》，是监管部门关注保险产品贡献、坚定价值回归的具体体现。监管密集出台相关政策，引导寿险产业从以往重收益、重规模的杀鸡取卵型、竭泽而渔型产品模式，向重保障、重价值的可持续发展型产品模式改变，有利于保险行业重塑整体形象，净化发展态势，实现行业持久健康发展。

保险公司品牌价值同样对行业发展有重大影响。由于保险行业所提供产品与服务的滞后性，也即保费缴纳时间点与保险赔付时间点的时间差异，需要极大的商业信任作为支撑，才能保证保险商业行为的延续性，这就导致了保险公司在人们心目中的品牌价值至关重要。当前，人们进行消费决策时考虑的因素越来越专业化、深入化，他们需要了解更多产品的背后知识，来促成最后的消费行为。保险产品，尤其是寿险产品的兑现时间差较长，对保险公司品牌公信力提出了要求。保险公司的品牌价值不仅源于业务能力、服务模式及市场前景，履行社会责任亦成为评判保险品牌的标准之一。

保险市场各主体的竞争策略对市场健康发展至关重要。在保险市场中，各方利益互相交织，构成了复杂的价值网络。包括保险服务提供者、以保险经纪代理公司为代表的保险中介、第三方机构（医院、汽车修理厂等）、保险公司股东、政府在内的诸多利益实体，构成了保险价值网络的关键节点，这些关键节点将保费以已赚保费、销售佣金收入、主营业务收入、利润分配、税收等形式进行分配，形成了完整的保险市场竞合体系，每个节点的竞争策略，将会影响保险市场的有序性与有效性。

目前，中国保险市场集中度仍然较高，大型老牌保险公司占据了渠道、品牌、技术等多方优势，构成了寡头垄断式的保险市场竞争格局，中小型保险公司需要寻找更加适宜其差异化发展的细分市场，实现弯道超车；而新兴的互联网保险公司与第三方互联网中介平台，则是凭借互联网价格低廉、覆盖面广、渗透度高的渠道特点以及后发信息技术优势，逐渐抢夺了部分传统险企的市场份额，并在各类新型保险产品上获得了竞争优势。

综上所述，在当前阶段，保险科技能够助力这三个方面的发展，在产品端帮助保险公司寻找新的运作模式，在品牌建立方面帮助保险公司瞄准市场定位，在竞争策略方面帮助保险公司降低运营成本。

9.3.2 保险科技创新视角

9.3.2.1 保险业务拓展

保险业务拓展的核心在于：帮助消费者了解保险产品，来促使消费活动的产生。从这个层面上看，传统保险公司通常从公司自身情况出发，以保险公司保费收入与盈利为核心，具有较强的任务导向性。而在保险科技背景下，保险业务拓展应以客户价值为核心，充分考虑客户的个体特征与需求，设计和推荐有针对性的保险产品。

国外一些初创公司在这方面具有明显特色，如 Knip、Cuvva 等公司。他们设计的保险产品更为便捷按需，同时也具有个性化、透明化和数字化的特征。

9.3.2.2　中小型险企

保险科技运用规模的逐渐提升，促进了新兴企业级软件提供商的发展。依靠大数据、车联网、物联网等数据科技，这些软件供应商构建了符合消费购买规律的产品定价模型，对传统保险行业巨头耗时许久、耗费甚多的传统产品形成了替代优势。这些保险科技公司使中小型险企在寡头垄断的保险行业中获得后发优势、赢得市场份额成为可能。

9.3.2.3　互助模式

P2P 商业模式的兴起，使保险回到了互助、共担、分享的传统保险观念。互助模式建立在人类社会性的基础上，通过客户之间的社交网状关系发挥作用，并吸引更多的客户加入，最终实现风险的分摊。这种基于人合的保险模式，一方面从一定程度上降低了保险费用与保险赔付支出，提高了保费运用效率；另一方面也减少了营销欺骗与保险欺诈现象，避免了道德风险。

9.3.2.4　形成交易共识

区块链技术将从根本上改变金融行业的工作原理，对于保险公司来说，虽然目前保险公司对于区块链的应用场景尚且有限，但这种技术应用非常有前途。不管是身份验证的智能合约方面，还是理赔管理的欺诈预防方面，区块链技术都将会提供底层技术支持，保证整个流程的一致性和对参与各方的透明度。

9.3.2.5　用户参与

笔者认为，这是保险科技在个性化服务创新中最具代表性的特色。在国外许多独角兽保险公司或科技公司中，保险产品演变成了客户生活方式的一部分，产品凭借其陪伴性而更加具有黏性。数字原住民（打小儿就在互联网环境中成长的人群）更喜欢构筑于保险产品之上的生活方式 App。

9.3.2.6　提升用户体验

消费者只有在申请索赔或给付时，才会发现保险的真正价值。新的技术解决方案不仅能够改善客户在索赔过程中的体验，还能够降低索赔成本和索赔支出。未来，"智能保顾""保险助手""VR 赔付"或将出现，进一步提升消费者在保险全流程中的体验满意度。

9.3.2.7 *应用数据*

保险科技能够识别并获取包括有关赔付比例、承保风险的新数据源，并通过云端进行存取。此外，保险生态主体还能以全新方式使用数据科学、机器学习、人工智能和高性能计算等处理数据的技术。

当保险展业成为改变客户与保险公司交互关系的关键因素，数据玩家才是握有保险行业基础变革钥匙的主导者。

除了从上述角度进行创新外，保险科技还能够从监管层面进行创新，监管科技（RegTech）也将成为世界各国保险监督管理机构在当前及下一个阶段的研究重点。相信通过运用保险科技，监管流程能够更加顺畅、反馈机制能更具效率、监管手段能更加多样、数据传输能更具安全性和时效性。

总而言之，保险科技的创新角度非常丰富，既涉及保险业全业务流程，又涉及保险市场的内外部环境及生态系统架构，是全方位创新的视角。

而保险科技创新的阶段性结果即是生态系统的初步搭建完成。从全球保险业发展态势来看，一个新的保险科技生态系统正在形成中，传统保险公司、初创保险企业、非保险机构以及监管机构可结合自身优势，捕捉保险科技发展机遇，共推行业发展。

9.3.3 保险价值链的重塑

保险公司通过设计和运作保险机制为消费者提高完整、系统的风险转移服务。这一服务包括一系列环节和步骤，其中每一个环节和步骤都在为客户创造和传递一些新的价值，从而构成了保险公司的价值链，如图 9 - 4 所示。保险公司的价值链包括产品设计、市场营销、定价核保、保险赔付服务等环节，保险科技领域的生态企业正在衍生和重构保险的价值链。保险科技赋能后的保险不是人们理解的简单的销售渠道变迁或风险控制模式、理赔流程的简单优化，而是利用科技模式改变保险业的运作逻辑，从而改变整个行业所遵从的价值体系，提升其所在价值链的生产效率。

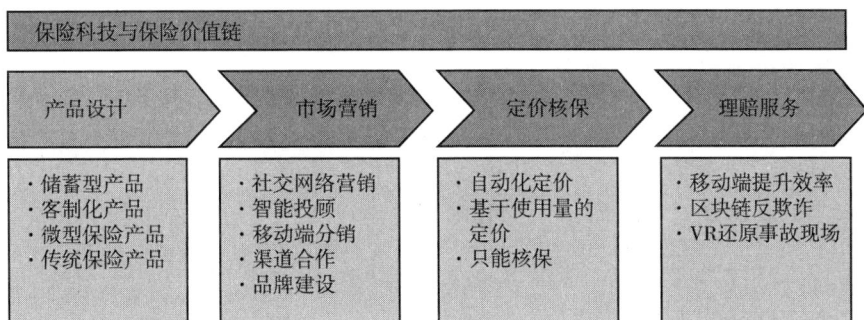

图 9 - 4　保险科技与保险价值链

保险科技创新重塑价值链的情景有以下三种。

第一种，保险公司仍掌握着客户资源。在这种情况下，价值链变化较小，保险公司仍负责产品开发、销售、核保、核赔、与客户互动等工作。一部分组织架构更为灵活的保险公司由于充分意识到科技创新的重要性，能够在产品定价、风险识别及反欺诈方面积极运用信息技术获得竞争优势并节约成本。而那些无法融入科技创新的保险公司，由于利润空间被压缩，只能另辟蹊径，通过与消费者建立互信互惠关系、提升主观感受等提高品牌忠诚度，甚至会将商业模式变为预防，成为风险预防专家。另一部分则有可能在日益激烈的竞争环境中被驱逐出市场。

由于自然、社会、监管或资本壁垒等原因，科技公司参与保险业的程度不深，只能作为保险消费者的信息中介方存在，并通过并购、风险投资或内部激励等方式维持生存。

从客户角度而言，保险公司仍然是产品与服务的关键供应商，产品价格、投保流程仍然会受到保险公司的控制，客户可选择的商品仍然有限。但由于整个市场保险科技水平的提升，客户能享受到的保险服务体验将会得到提升。

第二种，保险价值链分解，生态系统进入更多参与者。目前我国保险公司业务链条上的各个环节大多为自己运营，但从技术和平台带来的精细化分工趋势的角度讲，保险公司完全可以将包括产品设计、查勘定损在内的多种环节，交给效率更高、成本更低廉的外部机构来完成，而保险公司则可以将有限的资源投入到自身最具有竞争优势的其他环节中去，保险生态体系的分工也会更加明晰。

因此，保险生态系统需要不断整合、丰富，生态系统整合者需要建立"先人后己"的商业模式。尤其是在一个生态系统建立之初，参与者往往需要让出部分利益，吸引加盟者和强大的合作伙伴，以此将生态系统的核心平台运营得更加成熟，焕发生态系统的生命力，引导市场主体的良性竞争，创造良好的市场秩序。

而随着科技的进步，更有效率且更加廉价的产业连接将促使产业融合的发生。在这种情况下，科技公司开始掌握客户资源，但多会选择与保险公司结盟。保险公司依然作为最终的风险承载人，在模式上会更加专注。而科技公司则成功建立了一种客户关系，客户互动点的复杂数据分析由科技公司负责，为消费者提供最佳的保险购买选择，甚至将保险产品嵌入其他服务中。客户的保险需求将逐步被科技公司所提供的服务所驱动。但科技公司仍然不能够替代保险公司，因此，科技公司会选择一些更大、服务更好的保险公司合作。而整个保险市场的竞争也将会逐步转变为科技公司间及与保险中介间的竞争。

从客户角度而言，由于科技公司满足了客户的个性化需求，也减少了客户对保险的比较与选择，客户可能不会再知道或关心他们所选择的保险公司是哪一家，而更为看重科技公司提供的服务体验。

第三种，大型科技公司将传统中小保险公司挤出市场。这种情况下，科技公司可以利用资本实力及其在数据挖掘和数据管理方面的优势来选择自己承担风险，将保险服务作为自身服务的一个组成部分，提供完整的分类保险产品，从而获取整个保险价值链。一些科技公司甚至可以开发出比保险公司更为强大的理赔和预防措施，从而使其能够比传统保险公司更具有竞争力。大部分传统中小保险公司将会因此出局，而再保险市场的作用将会因此变大。

需要注意的是，无论基于上述哪种情景，基于生态系统内部主体、市场供需双方、技术与场景融合的"连接"功能是保险科技重塑价值链的核心内容之一。

（1）连接用户的需求和承保能力。消费群体的主力在改变，金融服务的需求在模糊。当前，我们面对越来越多线上 C 端的用户、企业 B 端的用户甚至是政府 G 端的用户以及通过第三方平台整合、聚集的特定人群，为捕捉他们的消费模式和差异化需求，保险科技将通过个性化定价实现千人千面。除了产品，在服务模式的选择上，基于生活圈的一站式综合服务平台成为趋势，打造此类平台或为平台用户的特定风险和需求提供综合增值服务，能够更好地连接用户需求与承保能力，增加用户黏性和留存。

（2）随着数据科学与定价策略的不断演变，过去无法获得、不可测量的数据都展现在人们面前，驱动定制化技术与生活场景深度融合。使用互联网等技术连接的设备，如可穿戴设备、物联网 RFID 设备等的数量预计持续增长，这些设备收集和分析的数据也将呈指数级增长。基于电商背景崛起的淘宝运费险、基于房屋共享经济诞生的 Airbnb 房东保障险、基于 P2P 诞生的 Lending Works 违约保险和平台保证险、基于网络创业项目众筹诞生的 Indiegogo 项目的跳票险等，新时代下，凡是有分散风险的需求并且能够定价，保险就有发挥作用的一席之地。

9.3.4 保险市场观的重塑

在这个崇尚资源整合和资本运作的时代，同行是冤家的历史正在被改写，不同的行业有不同的生态和竞争环境。到底是"合作"还是"对抗"，不能一概而论。越来越多的公司在与另一家公司直接竞争时，宣布与竞争公司达成重大合作。IBM 和 SAP 以及微软和 Salesforce 之间的合作，表明企业之间的竞合关系变得愈发复杂。这两起合作都发生在云服务领域，尽管公司想开展激烈的市场竞争，但消费者们却更希望两方进行联合，彼此取长补短，将产品进行组合，以提供更加优质的服务。

毫无疑问，中国保险市场的竞争将日益激烈，而消费者对于保险服务的需求日趋个性化、多样化。在此背景下，保险企业与中介机构、保险企业与其他行业巨头、初创科技企业及金融机构之间的"竞合关系"（Coopetition）将会从以下三个方面展现出来。

（1）重塑服务。人们消费习惯的改变引发了消费需求的升级，这就需要保险市场应将自身的服务模式加以转型，以适应客户更为苛刻的需求。而科技创新在产品定价、风险管控、理赔反欺诈等各方面带来明显优势。保险企业需要持续通过自主研发或与其他机构合作，引入保险科技技术，用更便捷的渠道、更安全的方式，帮助消费者获得符合自身需求的保险产品和服务，获得最优的用户体验。

（2）重塑数据。保险业在长期发展过程中，积累了海量的数据，如何利用这些数据，使其成为企业的资产，帮助企业在未来获得持续竞争力，成为摆在保险行业巨头面前的现实问题。而数据体量与维度的大幅增长，也吸引更多竞争者进入保险行业。保险产业链包括年金保险、车险、P2P保险、小微企业保险、保险分析软件、手机移动支付、产品保险、租赁或业主保险、健康保险和宠物保险在内的多个细分市场，都在海量数据与全新数据处理技术的帮助下获得了显著的成长。

同时，许多先进的数据分析工具使企业能够比以往任何时候都能获取更多关于个人的信息，并通过将其与与日俱增的计算能力和越来越多的智能算法相结合，让企业能够更准确地阐释投保人行为，改进包括保险在内的产品、渠道、风险、授信与决策等，推动管理智能化及服务体验个性化。这也是重塑数据过程中最为核心的问题。

（3）重塑平台。从淘宝、滴滴、美团、今日头条这些大平台中我们可以初见端倪，大平台＋小个体时代正在逐步到来。保险企业拥抱科技，打造基于平台的生态圈或基于生态圈的平台已经成为当前阶段的竞合主题，前者有保险企业主导，如"平安一账通"等平台；后者由生态圈所属企业主导，如腾讯微信"Wesure微保"平台等。

平台技术支撑着企业业务与数据，平台技术应以满足高性能、开放、安全、云端化诸多特征以适应业务的发展和数字化转型的需要。

9.4 未来已来：保险科技创新趋势与实现路径

9.4.1 中国保险市场发展潜力

2017 年，中国保险业保费收入达到 3.66 万亿元，总资产达到 16.75 万亿元，市场份额占世界保险市场份额的 11.44%。保险密度 348.2 美元/人，同比增长 7.23%，保险深度为 4.42%，同比增长 0.26 个百分点。保险业为全社会提供风险保障 4 154 万亿元，同比增长 75%；理赔款和给付金共 11 180.8 亿元，同比增长 10.63%。保险业增速达 18.16%。全年保险行业投资收益率达 5.77%。我国保险行业的国际地位大幅提升，世界排名从 2010 年的第 6 位上升至 2017 年的第 2 位，我国对国际保险市场增长的贡献度达 30% 以上，居全球首位。[①]

当前，中国已经成为排名世界第二的保险大国，保险市场规模已经超过了日本，仅次于美国。[②] 但保险大国并不意味着保险强国。整体上看，中国保险市场仍然存在着保险密度和保险深度不高、渗透率低、行业影响力不足等问题，和银行业、证券业相比，同为大金融体系三大支柱之一的保险业总资产占比极低。

究其原因，就在于中国目前的保险行业存在着严重的供需不匹配问题。一方面，供给端保险产品同质化问题严重；分红、投连、万能保险等非保障类险种占比极高；缺乏灵活、适应性强的定价机制等问题，使传统保险公司无法提供具有足够吸引力的产品；另一方面，需求端的风险保障及相关服务需求远远得不到满足；健康、养老、巨灾产品相对缺乏，客户体验有待提高。处于新经济形式大背景下的传统保险公司，必须以回归保险保障本质为目的开始转型，积极服务大众，提供更多符合市场需求的保险产品，满足客户日益提高的风险保障需求。

---

①② 根据中国银保监会网站公布的数据整理而成。

　　这些问题暴露出了行业发展的缺失，也是行业未来发展潜力和发展空间巨大的有力证明。未来，在新常态的经济发展背景下，监管变化和保险科技同时驱动保险行业向黄金发展期迈进。保险科技将促进保险行业的商业模式和产品组合继续深度创新。全球多家顶级咨询机构一致认为，技术是保险行业最重要的颠覆性力量。保险公司可以基于移动互联网技术、云计算、大数据、人工智能、物联网、认知计算和生物识别等技术制定自身的科技战略，并着手构建新阶段的核心能力，保险生态体系的其他主体可以积极探寻行业内空白机会，创新业务模式，通过竞合策略，实现多方共赢。

9.4.2　全球保险科技发展趋势

　　金融行业变革发展的脚步不断加快。尽管保险业无法在一夜之间发生巨变，但随着技术不断涌入金融市场，全球保险公司都在积极布局，以便寻求机遇、主动出击。伴随着新技术的不断出现，新的保险产品与服务模式也不断涌现，以提升风险洞察能力和增进客户体验为主旋律的保险科技应用逐渐吸引了全球保险市场生态主体的关注。

　　在消费者数据与风险数据与日俱增的背景下，大数据技术为人们提供大量信息和方便的同时，也将对传统精算技术产生冲击，提高了风险因子的度量难度。因而，这两者之间的取长补短成为保险行业需要关注的问题之一。与此同时，作为保险行业主要创新点的"精准量化风险""以数字化交互方式服务客户"，逐渐被保险市场生态主体所重视。

　　而在欧洲，人们对于过多依赖数据分析甚至出现意想不到的后果而愈加担忧，信息技术的安全隐患亟待解决。在引进新技术的同时，全球保险行业也注意到与之共同上升的网络风险。

　　保险科技在世界各地的发展相当活跃，北美洲市场以美国为主，欧洲市场有英国、法国和以色列等，亚太市场上，中国和印度所占市场份额较大。但是，各个国家和地区的创新侧重点不同。首先以美国为例，其创新重点主要与 IT 赋能新业务、大数据、个人数据相关，如与保险科技紧密相关的健康险业务。在欧洲，车险比价、房屋险市场需求旺盛，其中英国市场对于创新起主导作用。另外，在亚太地区，车险比价、IT 公司发展迅速。纵观全球，保险科技已广泛应用于各个国家的保险市场。

同时，正是由于保险科技的广泛扩展，很多行业均有涉足，这也引起了监管当局和规制者的关注，监管科技便应运而生。国际金融协会（IIF）将监管科技（RegTech）定义为"能够高效和有效解决监管和合规性要求的新技术"，这些新技术主要包括机器学习、人工智能、区块链、生物识别技术、数字加密技术以及云计算等。监管科技能够应用在包括客户管理、合规检测、监管报告和预防欺诈等方面。

我们应当注意到，投资保险科技相关的项目，对于保险公司而言是扩大产品和服务的范围、拓宽客户基础以及更好地利用分析能力的绝佳机会。现阶段，保险科技类投资呈现多样化、区域性显著的特点。尽管目前保险科技类的风险投资规模较小，但其在未来仍有非常大的发展空间。

截至 2017 年上半年，保险科技的融资总额达 6.22 亿美元，环比增长 205%，交易笔数为 49 起，环比增长 81%。虽然第三季度保险科技类投资速度放缓，但发展潜力仍然较大。从世界范围来看，2016 年是公认的保险科技的时代：保险科技公司在这一年共获得了 17 亿美元的投资；自 2015 年起，北美地区一直是保险科技投资较为集中的地区，投资总额占比 67%，欧洲地区保险科技市场较为分散，投资总额占比 9%，亚洲地区的技术进步不容忽视，保险投资占比有持续攀升趋势。[①]

9.4.3 保险科技创新趋势研判

根据传统公司战略理论，企业的创新过程可以分为两类：渐进式创新与激进式创新。渐进式创新是在原有产品的基础上，温和的进行产品改良与升级；激进式创新则是开发全新的产品，实现产品的升级换代。然后从商业本质上看，这两种创新模式都是将产品的功能与效用不断提高，不断获取高端消费者的市场份额。换言之，这种创新是针对尚不满足的消费者进行的产品或服务模式的升级。

---

① 数据来源于 CB Insights 发布的《2017 年第 2 季度金融科技发展趋势》。

而对于新市场和低阶市场来说，技术的变革往往带来的是破坏性的创新（Disruptive Innovation）形式。狭义上讲，这种形式的创新致力于生产更便宜、更便利和更简单的商品，并提供给尚未消费或要求不高的消费者，破坏性创新的关注重点是"低阶"需求；广义上说，能够给业界和市场在竞争格局上或者生态系统里带来颠覆的创新成果就可以被称之为破坏性创新。从某种意义上来说，与互联网的"降维打法"有异曲同工之妙，二者相结合后，加以政策引导，便可为"普惠金融"提供更便捷的服务。

目前，保险科技带来的破坏性创新成果及思考主要包含以下三个方面。

（1）保险产品及服务形态多样化发展。首先，智能推荐系统可以使第三方比价平台或中介平台结合消费者的需求及消费习惯向消费者进行产品的推荐和比较；其次，基于使用量的保险将依托移动终端的数据积累和模型架构实现真正落地，使得保险定价更加精准、合理并富有弹性；再其次，保险事故现场查勘、理赔流程实现优化，通过让用户上传汽车损坏照片或视频，实现智能定损、快速核赔；最后，细分消费者市场及标的类型，拓宽承保领域。

（2）行业的边界性正在消失。保险科技对保险业发展的一个直接影响是：保险行业与其他行业的边界性正在消失。例如，以往寿险产品保障的是人的生老病死，是人的一种生命状态。而现在，中国人寿、中国平安、泰康人寿等大型寿险企业依托专业的核保技术及健康保险数据，纷纷将自身定位于"大健康"产业的践行者，保险与健康管理、医学等领域的界限逐渐模糊。美国 Clover Health 作为一家独角兽初创公司，将保险的职能范围进一步扩大，他们通过运用大数据技术实现对被保险人获得某种疾病的"提前预警"，借助该预警机制帮助被保险人降低患病概率，减少患病支出。在非寿险领域，通过运用物联网技术和遥感技术等实现对巨灾风险、农业风险的监测与预警同样成为保险科技攻克的重点，相应的，保险与灾害学、地理学、农业、养殖业等专业领域的边界也在逐渐消失。

（3）一个思考："自动化"世界的新风险。科技已经改变了人与人、人与金融、人与服务的交互方式，很快，它也将改变人与家居、人与街道、人与交通，甚至是人与自然的交互方式。在这种趋势下，在智慧城市、电子医疗、无人驾驶和智能交通等不同的领域，保险产品和服务将会产生不同程度、不同方向的颠覆性创新。

不过，与此同时，我们应当保持清醒，自动化、程序化、智能化的世界的背后事实上是万事万物的"数据化"。这种"数据化"带来的隐患是——一旦发生保险事故，问责将成为一个十分困难的问题。设想一下，传统的车辆碰撞事故，无非就是一方全责、一方负主要责任和双方同等责任三种情形，而无人驾驶汽车的碰撞事故将会变得非常复杂，虽然对于车况及行车数据的查勘将变得简单，但背后仍存在数据设定对错或哪方数据"承担责任"的科技"伦理"问题。类似的，在保险科技领域，大数据征信逐渐成为保险定价的重要依据，而大数据建模的合理性却鲜有人问之，这在承保、核保和核赔等领域都会带来新的问题。

未来，中国保险市场中源于科技创新的破坏性创新模式仍将延续。借助全新技术手段，保险公司将有可能破坏原有的市场格局与竞争规则，并拓展自身的产品外延与价值体系。通过颠覆传统市场格局，凭借新科技发展起来的全新保险机构将成为行业的先行者与标准的制定者，不断推动自身的发展，促进行业的进步。

在互联网、数据化、人工智能、物联网的大背景下，未来国内保险行业也将迎来产品、技术和服务升级的高潮。保险科技能够改变的领域和内容越来越多，保险科技的应用场景也会随着社会的发展常变常新，破坏性创新的趋势仍将延续下去。

9.4.4　保险科技创新发展机遇

随着保险流程日益转向移动平台，大众风险保障的需求越来越强烈，消费者看待保险的方式也正在从"没必要购买"转向"保险必不可少"。在这样的发展背景下，保险科技赋能保险业发展，将真切地变革保险业的整条价值链与发展格局，如图 9-5 所示，非常明显的七个变化就是：核心导向发生变化；数据价值日益凸显；产品形态更符合个性化/长尾需求；

定价手段发生变革；业务场景更加多元；业务流程更加迅捷；降低运营成本，解放低端劳动力。

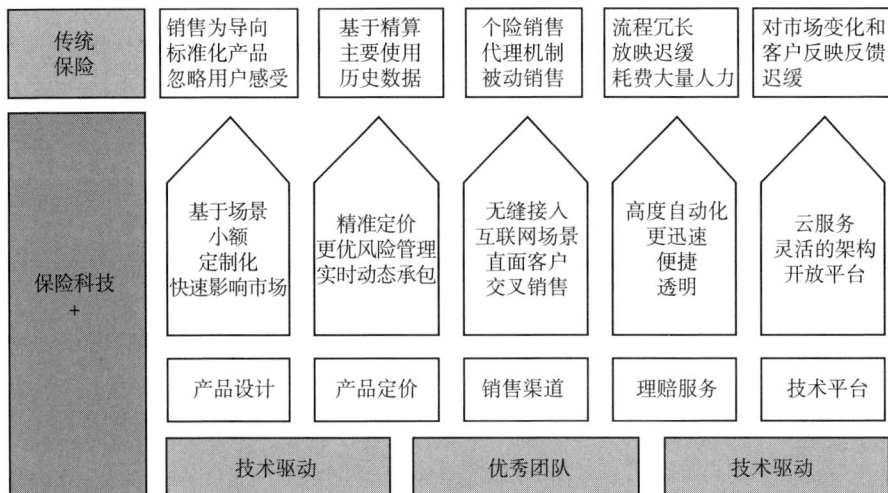

传统保险	销售为导向标准化产品忽略用户感受	基于精算主要使用历史数据	个险销售代理机制被动销售	流程冗长放映迟缓耗费大量人力	对市场变化和客户反映反馈迟缓
保险科技＋	基于场景小额定制化快速影响市场	精准定价更优风险管理实时动态承包	无缝接入互联网场景直面客户交叉销售	高度自动化更迅速便捷透明	云服务灵活的架构开放平台
	产品设计	产品定价	销售渠道	理赔服务	技术平台
	技术驱动		优秀团队	技术驱动	

图 9 - 5 "保险科技 +"下的保险创新机会

保险科技风口带来的创新机会主要包含以下五个方面。

（1）定价手段精准化。凭借数据收集与处理方式的进一步进化，保险科技能够对不同个体的风险进行精确的分析，并设计高度个性化的产品，满足消费者更具体的消费需求。而对于共享经济，符合不同用户的差异化需求的产品，才更有可能获得成功。例如，凭借大数据与物联网技术，可穿戴设备将获取不同个体之间的身体情况信息，保险公司据此可以对重疾险、健康险进行更精准的定价；而车险则可以通过车载行车记录仪，形成"个性化"风险管理数据及定价。伴随着大数据技术的逐步推广，定价手段精确化将帮助保险行业提供更优质的服务。

（2）投保方式智能化。智能投保已经在保险行业得到了推广与应用，随着人脸识别技术、信息自动匹配技术的引入，极大地提高了保险公司经营服务效率，改善了客户的投保体验，使客户从投保开始即感受到保险的人性化关怀。借助智能投保顾问系统，消费者可以将自己的需求对接保险产品供应商丰富的产品库，并可以随时根据自己的需求，定制个性化的保险产品。在这个业务系统中，多元化的产品供应平台是实现客户差异化需求、提供精准定制化服务的关键。借助丰富的产品以及销售管理规范的支持，智能投保系统将打破保险市场信息不对称的桎梏，为消费者提供更加丰富、平等、个性、透明的服务。

（3）设备与渠道多元化。远程通信技术、多功能传感器、便携物联网设备已经成为保险科技运用的经典范例，长期来看，这些全新设备与技术能够为保险公司带来了符合预期的市场效益。例如，亚马逊公司的Echo 设备通过名为"Alexa"的语音助手与用户进行交互，用户足不出户，就可以通过该服务让 Alexa 为自己普及保险知识，以及查询保险代理人的联系方式。

健身追踪器、智能手表和其他可穿戴设备也成为推动远程医疗发展的主要动力。更为重要的是，在处理索赔和风险管理方面也出现了新的方式——用数字代理或无人机取代对自然灾害造成损害所需的人工评估。

保险科技的最新技术成果能为保险公司提供最有用的数据以降低成本、提高消费者和保险公司双方的效率并确保各个环节都有品质如一的用户体验。

（4）服务范围扩张化。纵观保险业的发展，保险业的供给总是随着科技的进步呈现扩张趋势。在科技水平不断提高的带动之下，保险领域中一些过去不可保、不愿保的风险逐渐转化为可保、能保、愿保的实际产品，扩大了保险人的服务范围。可以预见，随着保险科技的发展，未来将会有更多曾经超越我们认知的保险产品出现，弥补风险防范的空白区域。

（5）中国保险业产销分离加速化。随着保险科技的创新，无论是保险公司还是保险中介机构，其销售模式将会随着保险科技的变化而进行相应调整。从当前中国保险市场的初创科技公司类型来看，绝大部分保险科技公司都是以保险销售渗透作为首要任务，其作用更类似于保险中介机构。这些保险科技公司会更着眼于通过更有效率、高质量的方式提出建议、提供服务，以此接触大众市场；同时，将会采用全面以客户为中心的方式，完善和简化的保险服务流程，再通过直通渠道实现与保险供应商的连接，包括直接与保险公司连接以及与代理人、经纪人的渠道连接，为客户打造一站式综合服务，实现以更小的销售渠道达成更高的产能，在保险销售方面形成优势。另外，产销分离也符合国际成熟市场的发展惯例，保险公司通过运用保险科技，可以在产品定价、理赔服务等方面形成核心优势，养成可持续的竞争能力。在这种影响之下，中国保险业的产销分离将提速。

附录

金融拥抱人工智能的路径与障碍[①]

金融科技，Fintech 是最近几年才出的新名词，但其相关研究和应用要早很多。以笔者为例，因为博士研究方向是自动推理（也就是人工智能的符号派），在高校从事金融研究时就一直试图将人工智能与金融结合起来，之后在加拿大有幸参加了源自深度学习之父多伦多大学辛顿（Hilton）教授的讨论小组，就开始思考在金融中应用深度学习，这都是金融科技的研究范畴，只是在过去十多年都属于学术范畴，而没有真正引起金融行业的注意。

从历史上看，金融行业对大数据和人工智能技术的关注时间点是不同的。

由于金融业从一开始就是基于数据的行业，例如，保险需要积累保单数据、根据保单数据估算人口死亡率，这使得金融业较早关注到了大数据技术，并促使金融行业的数据库建设发展迅速，但很遗憾的是，正是这种没有考虑"应用"的单纯的"存储"要求，使得大多数金融企业在数据存储上投入巨资却在技术上处于落后，例如，很多企业的数据库仍然以关系型数据库为主，以 MongoDB 为代表的非关系型数据库尚未成为主流，这样的结果反过来又影响了企业发展"智能化"。

与大数据相比，人工智能在金融行业的应用则要慢很多，可以不夸张地说，金融行业应用人工智能实际上是落后于所有行业平均水平的。这一点，可能出乎许多人工智能专家的估计，他们认为金融行业是人工智能最

[①] 该文原载于《新理财：政府理财》，2018 年第 9 期。根据内容修改，作者张宁。

好的落脚点，并提出很多理由：例如，金融行业有很多数据，有雄厚的信息基础设施，金融从业人员数学基础扎实等。但实际上，当前金融业应用人工智能的状态如同刺猬一样——适当应用，保持距离。

具体来说，在金融业务中的那些非核心业务，金融企业逐步使用人工智能技术，这些技术一般都已经在其他行业得到验证或者积累了充足经验。举例来说，银行中诸如身份核验、信贷审核等非核心业务已经开始大量使用人工智能技术，同样，保险公司的客服、票据审核、甚至损失评估等也已经引入了诸多人工智能技术。但是在金融的核心业务中，金融企业刻意避免人工智能化。

那么，什么是金融的核心业务？为什么金融行业刻意避免核心业务人工智能化？

这要从金融的基本定义开始，作为经济学的一个分支，金融的任务是在不确定条件下进行资本资产定价和优化配置。这个定义包含了三层意思，分别是：在不确定条件下，定价、优化配置，这对应了金融的三类核心业务。实际中的金融核心业务可能会同时牵涉三者中的两者甚至三者，一类业务如果是金融的核心业务，就意味着它的处置是基于充分的专业知识和人类技能的，这些业务是金融作为学科的基础，是金融作为行业的支柱，同时也是金融从业人员的行业壁垒。从这个角度说，来自金融行业的既有优势和地位，决定了它会刻意避免被机器取代，也就是避免人工智能化。

还有一个原因与金融特殊的行业地位有关，2008年金融危机充分显示了金融极端风险的跨行业影响，由此，世界各国强化了系统性金融风险的监控和防范，这使得监管层面很难允许金融核心业务由机器管理和支撑，特别是当这些机器还不能够充分被证明"可靠"的时候。

当然技术进步不以人的意志为转移，勒德谬论不会在金融业出现，核心业务人工智能化是必然趋势，但该过程仍然需要时间，因为当前的人工智能技术还不能保证"精确可靠"，更不可能成为责任担当的"行为人"，从深层次来讲，有三大障碍在阻挡人工智能进入金融的核心业务场景。

首先，第一个障碍是人工智能（更确切地说是机器学习和深度学习）

的可解释问题。现代金融学所依赖的数理模型构建的体系已经成为市场解读的重要基准，在此体系内，相关因素有充分含义，并且能够对比，能够解释。很遗憾，深度学习和许多机器学习方法不能进行解释，它们端到端的方法可以在许多测试集上超越（甚至远远超越）传统金融模型，但是却无法提供任何可解释的信息。当模型不具有"可解释"特性的时候，意味着它是一个黑箱，即便它在千百万次的应用中都取得了很好成绩，但是人们仍然难以相信下一次它不会出现"极端风险"，从宏观角度来说，极端风险在金融业是不能被允许的，稍有差错，它就会引起系统性金融风险。

这个障碍是当前横亘在金融和人工智能两股力量的天堑，事实上也是唯一的天堑，只有突破了这一点，金融和人工智能才能充分融合，核心业务人工智能化才能被行业和监管层接受。这个障碍所联系的是人工智能的基础理论，这也恰恰是当前以深度学习为代表的新一代人工智能最大的"缺陷"。世界上的所有研究力量都在向此发出挑战，我们也基于信息几何、符号计算以及几何代数的基础数学理论对此做了一些工作，可以对特定的金融时间序列的循环深度网络给出具体解释并实质性证明存在最优训练，在工程上，我们能够对一大类金融深度学习模型的极端风险和异常通过特定方法给予提前预警。

其次，第二大障碍是人工智能处理"不确定"情况的能力尚无定论。与既定规则的棋类比赛不同，金融本质上是处理或者说"理解"不确定性。行业内有许多企业声称用人工智能来进行投资，但其实大多数只是量化投资程序，这种既定人类规则的方式目前看不是金融核心业务人工智能化的正确方向，因为就理解市场这件事来说，人类也做得不太好，这就相当于 Alpha GO 把某围棋 5 段的棋谱都学通了，也不会产生出 6 段或者 7 段的能力。离开人类的经验和理解，直接理解市场才是正确的途径。我们团队也对此进行了实际探索，基本肯定了人工智能在此方面的潜力，通过大约两年多的时间，基于我们提出的随机强化学习理论，我们训练了没有任何人类经验的金融脑系统，然后，在校友支持和前期量化投资的基础上，与人类基金经理和量化投资程序进行实战比赛，在 112 个交易日中，金融脑系统取得了最多的收益，同时在大局观和偏好投资周期上领先于人类，尽管其极端风险控制能力在人类的视角下看似不足，但这其实进一步启发作为人类投资者的思考：大量人类理性非理性参与形成的金融市场，其最佳的风险和收益平衡点可能并不在人类的经验中。

最后，第三个障碍是金融中的通用学习尚需发展。通用学习是当前人工智能热点的研究领域，与此对应，金融的不断创新、金融企业集团化、监管一体化等发展，要求金融中的人工智能具备通用学习能力，尽管这不是关键的障碍，但是却是未来的方向。金融理论发展也继续推进这个需求，定价和优化配置在抽象层面是统一的。通用学习当前最主要的形式——自动构建人工智能模型最适合首先引入到金融的，我们据此构建了 768 个金融人工智能细胞和 1 024 个数据智能细胞，然后通过一个动态的二值宽和深网络来针对金融问题和数据自动生成金融的人工智能模型，并提供可靠的参数结果。但这显然距离真正的通用学习定义还有一段距离，也需要更多人进一步探索。

随着技术进步和研究进展，上述这些障碍将会在二十年内成为历史，也就是说，金融和人工智能的融合不可避免地发生，对于这样的方向，行业和学界几乎有了出奇一致的认识，所不同的主要是需要的时间和路径。

在时间上，金融企业彻底融进人工智能一定是不同的，这取决于企业的实力、业务特点、管理层认知以及多方面因素：大规模的企业，例如，四大行都独资成立了自己的金融科技公司，以公司形式实质性的为母公司服务；一般的企业，可能更多的是选择金融科技公司提供服务，当然这种方式所面临的问题就是核心数据和业务的安全。

在路径上，很多人提到人工智能赋能、科技赋能，但是这只是企业融合科技和人工智能的第一个阶段而已，从长期来看，人工智能融入金融企业，一定有以下三个阶段。

第一个阶段是赋能，或者叫作被动赋能。所谓赋，即赋予，是借由外界力量来形成，这非常清晰地说明了这个阶段的特点，即人工智能技术已经在其他行业引领了变革，得到了充分的应用，它们超越传统人工的效率也已经得到验证，在这种情况，金融企业将金融业务链条的一部分或者一些具体任务拿出来使用人工智能技术，例如，在生物验证环节用机器人脸识别代替人工身份验证，在信贷数据评价审核中用机器学习技术代替人工判断等。

这是一种典型的被动赋能，由于人工智能技术成本更低，准确率（或者成功率）更高，其在市场上有更多优势，将逐步占领这些业务的相应环节，该过程本质上是基于市场选择的被动过程。金融企业在这个阶段的主要目标是提升效率和降低成本，主要方式是用人工智能替代人力劳动。

第二个阶段是增能。与赋能区别在既有能力不同，增能是企业整体能力的提升。此时，金融企业能够主观认识到人工智能的作用，并能够基于企业自身的业务模式清晰看到人工智能技术融合的可能性，从而在业务中主动使用人工智能技术，这些技术的使用，很可能使得企业具备了以前不具备的能力。这个阶段，企业的主要目标是增加能力，而降低成本成为次要目标。

增能最典型的说明就是企业非结构化数据的应用。传统金融企业擅长处理行列 Excel 表形式的结构化数据，而将大量的非结构化数据（例如声音、视频、图像、笔迹）等束之高阁，仅用于投诉或者应对监管使用。但是在大数据时代，特别是在当前人工智能技术的支撑下，人类已经可以有效地处理这些非结构化数据：例如，声纹识别可以识别具体个体也可以识别人的紧张、高兴等情绪；计算机视觉可以识别照片中的物体、甚至照片所表达的内容，也可以识别一段视频中的动作和个人习惯等。联想到金融企业中所存储的那些非结构化数据所蕴含的庞大信息，将这些技术应用其上并获得这些信息，这是巨大的变革，对金融企业来说，这就是一个能力迅速增长甚至飞跃的过程。

参考一些具体场景：在互联网经济时代，任何企业都希望能够强化客户链接，金融企业也希望能够捕捉到更多客户的需求，从而提供有针对性的服务，这些不是基于大众的个性化服务是增强链接的最好方式，但是捕捉客户需求是非常困难的事情，在传统模式下也是成本巨大的任务。此时，如果充分利用企业的非结构化数据，只需要客户与客服对话的电话录音或者客户建议意见电话语音数据，人工智能技术就可以利用机器学习、深度学习以及自然语言处理技术确定客户的焦点以及客户的需求，从而提供有针对性的服务，这样的分析过程在普通的计算能力下可以在数秒内完成。一些金融企业已经开始内部测试这类技术，结果显示它能使产品推荐成功率从3%提升到47%，这在传统模式下是难以想象的。

第三个阶段是产能。产能是金融企业与人工智能彻底融合的阶段，也就是说金融企业的价值已经完全建立在"智能"的基础上，由数据驱动、智能控制、感知链接。此时，金融企业的核心业务也已经人工智能化，即前面提到的三个障碍已经彻底消除。其他行业发展和转型为金融企业进入人工智能产能阶段提供了愿景，未来的金融企业最核心的部分是企业的智能大脑，它是由人工智能以及未来的人工智能技术所组成，在宏观和微观层面进行企业的管理、对企业资源进行动态最优配置、对外界感知数据进行即时迭代和及时反应。这当然并不意味着企业不需要人，而是企业的人类经营人员可以将更多的精力放在企业软环境和文化建设上。

整个企业根据业务不同特点进行特定的数据驱动，包括区块链等模式都作为企业调控的资源，而所有企业与外界（包括客户、监管、市场、媒体等）的交互本质上以数据形式记录和传递。这些交互形象的类比就类似于人的各种感觉器官。

金融行业的未来参与者必然是这样的企业智能体，这符合金融本身在经济学中的定位——资金融通、优化配置的推手，对应的，金融行业本身的效率也会因此提升、成本由此下降，基于人工智能对风险的更好理解，或者说摒弃了人性缺点后的更好理解，还可以降低最令人类头痛的金融危机的发生概率。这本身也是人工智能间接推动实体经济的一种方式。

可以肯定地说，大数据和人工智能对金融的变革将沿着这样的路径执着前行，这条路的方向不是"毁灭"，而是"新的水平上的再生"，是金融行业近百年来的最壮丽的一次"进化"，由此所带来的是不断提升效率的精准服务水平和不断扩展边界的专业服务水平。

参 考 文 献

［1］张宁：《保险公司 2013 年度信息披露质量评估研究》，载《保险研究》2013 年第 7 期。

［2］张宁：《考虑模型不确定性的中国死亡率预测——基于贝叶斯模型平均方法》，载《保险研究》2017 年第 5 期。

［3］Ning Zhang, Liang Zhao, Convergence of ground state solutions for nonlinear Schrödinger equations on graphs. *Science China: Mathematics*, Vol. 61, No. 8, 2018.

［4］Liang zhao, Ning Zhang, Existence of solutions for a higher order Kirchhoff type problem with exponential critical growth. *Nonlinear Analysis: Theory, Methods & Applications*, Vol. 132, 2016.

［5］G. E. Hilton and R. R. Salakhutdinov. Reducing the Dimensionality of Data with Neural Network. *Science*, Vol. 313, 2006.

［6］H. Altwaijry, E. Trulls, J. Hays, P. Fua, and S. Belongie. Learning to match aerial images with deep attentive architectures. In Proc. CVPR, 2016.

［7］Geoffery E. Hinton, Salakhutdinov RR. Reducing the dimensionality of data with neural networks. *Science*. Vol. 313, No. 5786, 2006.

［8］Geoffrey E. Hinton, Simon Osindero, Yee – Whye Teh, A fast learning algorithm for deep belief nets. *Neural Compute*, Vol. 18, No. 7, 2006.

［9］ImageNet Classification with Deep Convolutional Neural Networks, Alex Krizhevsky, Ilya Sutskever, Geoffrey E. Hinton, NIPS, 2012.

［10］Q. V. Le, M. A. Ranzato, R. Monga, M. Devin, K. Chen, G. S. Corrado, J. Dean, A. Y. Ng. Building high – level features using large scale unsupervised learning. ICML, 2012.

后　记

　　本书是研究内容的总结和分享，当然书中内容实际上不足以说明整个研究探索的内容：我们的研究实际上是想给出金融科技创新或发展的一种评价方法。我们在报告中列出了这种方法的结果，而与这些结果相比，其中的方法、思想和工作基础更加重要。

　　我们之所以强调方法、思想和工作基础，是因为大多数评价方法是从固定维度开始的，评价过程也几乎和大数据思想和人工智能无关。既然是智能的方法，它的维度应该是开始于智能的土壤：此种土壤一种是人类的知识，这类似于传统方法提出者们的知识汇聚并根据经验提炼出来的维度；另外一种就是来自当前的人工智能技术形成的认知，这种认识就像本书提到的包括知识图谱、词云等诸多来自原始信息所自动提炼的高阶特征——这本质上和人类学习知识并提炼知识的过程是一样的。当然，我们相信在未来，这一过程更加完美，即使在现在，它已经能够解决"信息流"变化，知识经济日新月异的状态所带来的"维度不稳定"和"模型不确定性"问题。

　　在金融科技指数研究过程中，除了三位作者以外，还有其他一些朋友和公司参与，这些研究是本书出版的基础，在此一并感谢，他们是：邹玉岩女士为具体工程实现、报告制作、数据处理做了许多工作；学生孙辉参与和承担了研究项目、报告制作和数据整理的许多细致工作；学生宁安然、王崧涵参与了前期的数据搜集和整理；学生杨浩淼、宋佰秩等其他同学也部分参与了相关的研究项目；英烁智能、巨鲸科技、布卡互动等企业

244

也为数据工程提供了支持。

此外，本书的出版得到了诸多方面的支持和帮助，在此深表感谢：

感谢中央财经大学史建平副校长的大力支持！

感谢学校科研处张舰处长和宋双权老师以及其他老师的大力协助！

感谢中央财经大学学术著作出版基金的资助！

感谢中国精算研究院和保险学院、金融学院的中财同事提供的帮助和经济科学出版社王娟老师在出版过程中付出的努力！

感谢中央财经大学金融科技编委会各位专家、学者的讨论和丰富建议！

此外，在笔者进行金融科技和人工智能在金融保险中应用的研究中，得到了中国银保监会赵宇龙主任等各位领导和朋友的支持，也得到了中国银保监会偿咨委各位同仁的支持，在此一并感谢！

特别强调一点，本书数据来源于公开渠道，相关内容仅代表作者和课题组研究的结果，不代表其他人和相关机构的观点！

最后也感谢支持我们前进的家人！

张 宁

2018 年 12 月 1 日